Seminar

TEXT SERIES IN
BUSINESS & ECONOMICS

ゼミナール
コーポレート
ファイナンス

Daisuke Asaoka | Nobuyuki Isagawa | Noriko Okada
朝岡大輔 | 砂川伸幸 | 岡田紀子

Corporate
Finance

日本経済新聞出版

はじめに
本テキストの特徴と使い方

　本書は，大学生，大学院生，そして社会人という幅広い読者層向けのコーポレートファイナンス（企業財務）とバリュエーション（企業価値評価）のテキストです。「企業価値の向上」「価値創造経営」「持続可能な成長（サステナブル成長）」という現代のビジネスのキーコンセプトは，コーポレートファイナンスから生まれたといっても過言ではありません。本テキストの内容をきちんと学ぶことで，これらの重要な考え方を正しく理解することができます。

　本書は三名で執筆しました。金融業界でコーポレートファイナンスの実務に携わった後に大学に移った朝岡。大学でコーポレートファイナンスとバリュエーションの研究と教育を行っている砂川（いさがわ）。そして，事業会社で投資家との対話やESG・サステナビリティ関連の役割を担っている岡田。各自が得意分野を書き，オンライン会議による意見交換を繰り返しました。事業会社，金融，そしてアカデミックという三方向からアプローチし，最終的な形になりました。

　本書の特徴は，大きく三つあります。第一に，事業戦略や経営戦略との関係を重視していることです。コーポレートファイナンスとバリュエーションでは，企業価値，価値創造，サステナブル成長などを財務的な数値で分析します。当然ですが，企業の事業戦略や経営戦略は，財務数値と密接に関係しています。このことを常に意識しながら，本テキストを執筆しました。

　第二に，ESG（環境，社会，ガバナンス）を取り入れていることです。ESGはサステナビリティと関係があり，コーポレートファイナンスとの親和性は高いと思われます。実務も研究も進行中であるため，現時点においてテキストの主要パートにするほど確立されたものがありませんが，この潮流を無視するわけにはいきません。本書では，第13章と終章「コーポレートファイナンスの広がり」及び一連のコラムにおいて，ESGを重点的に取りあげました。

エクセルシートの例

	A	B	C	D	E	F	G	H	I	J	K
1		サステナブル成長モデルと評価					価値評価（定率成長モデル）				
2		仮定					1,000				
3		投下資本	1,000								
4		資本利益率（ROE）	10%				感度分析（データテーブル）		再投資比率（成長率）		
5		再投資比率	40%					20%	40%	60%	80%
6		資本コスト	10%				9%	878	844	783	643
7						ROE	10%	1,000	1,000	1,000	1,000
8		サステナブル成長率	4.0%				10.5%	1,063	1,086	1,135	1,313
9							11.0%	1,128	1,179	1,294	1,833
10							11.5%	1,195	1,278	1,484	2,875
11											
12		年度	1	2	3						
13		期首資本	1,000	1,040	1,082						
14		利益	100	104	108.16						
15		再投資	40	41.6	43.264						
16		FCF（配当）	60	62.4	64.896						
17		期末資本	1,040	1,082	1,125						
18											
19		利益成長率（確認）	—	4.0%	4.0%						

練習用のエクセルシート

	A	B	C	D	E	F	G	H	I	J	K
1		サステナブル成長モデルと評価（練習）					価値評価（定率成長モデル）				
2		仮定									
3		投下資本	1,000								
4		資本利益率（ROE）	10%				感度分析（データテーブル）		再投資比率（成長率）		
5		再投資比率	40%					20%	40%	60%	80%
6		資本コスト	10%				9%				
7						ROE	10%				
8		サステナブル成長率					10.5%				
9							11.0%				
10							11.5%				
11											
12		年度	1	2	3						
13		期首資本	1,000								
14		利益									
15		再投資									
16		FCF（配当）									
17		期末資本									
18											
19		利益成長率（確認）	—								

その他の章でも，ESGとコーポレートファイナンスの関係を紹介しています。

　第三に，実際に手を動かして理解を深めてもらうために，エクセルによる財務モデルを活用していることです。前頁のエクセルシートの例は，第3章で説明するサステナブル成長モデルに対応しています。エクセルシートには，空欄のある練習用のシートも付けてあります。読者の皆さんには，次の要領で実際のエクセルシートを配布します。手を動かしながら，コーポレートファイナンスとバリュエーションの理解を深めてください。

エクセルシートの配布について

　本書で用いているエクセルシートは，書籍の購入者特典としてウェブサイト「日経の本 日本経済新聞出版」から無償で入手できます。

　https://nikkeibook.nikkeibp.co.jp/item-detail/13524

　ファイルを開く際のパスワード：Cf135242022

〈2022年4月下旬より新ウェブサイト「日経BOOKプラス」(https://bookplus.nikkei.com)に移行予定です。同サイトの本書紹介ページより入手してください。〉

（利用にあたっては記載している注意事項を守ってください。また事前の予告なく配布方法を変更したり中止することがあります）

　エクセルシートには，それぞれ本文中の図表の番号をつけてあり，本書で用いている実際のエクセルシートと練習用のシートがあります。（練習）とあるシートの色付きの空欄を埋めて，自身でモデルを完成させてください。

　本文中の図表では理解しやすいように，セルの数式や関数，コピー元のセルナンバーなどを表示していますが，配布シートについては，それは表示されていません。

大学や大学院での講義について

　本書を大学や大学院でのテキストとして使っていただく場合，第7章，第8章，第9章に5回の講義を割り当てていただき，その他の章（第1章〜第6章，第10章〜第13章）をそれぞれ1回の講義で取りあげていただくと，ちょうど15回になります。京都大学の講義や京大MBA短期集中講座（企業価値評価とファイナンス）では，そのような時間配分にしています。

ブックガイド

　本書を読むに際して，用語に馴染みのない方は，インターネット上で用語を調べながら，読み進めてください。

　本書の内容がやや難解であると思われる方は，次の日経文庫から入ってください。

　『コーポレートファイナンス入門（第2版）』　砂川伸幸，日経文庫
　『戦略的コーポレートファイナンス』　中野誠，日経文庫
　『ビジネススクールで教える経営分析』　太田康広，日経文庫

　本書を読んだ後に，より専門的な勉強をしたいと思われた方は，次の分厚い専門書に進んでください。

　『コーポレートファイナンス』(上)(下)　リチャード・ブリーリー，スチュワート・マイヤーズ，フランクリン・アレン，日経BP
　『コーポレートファイナンス』(入門編)(応用編)　ジョナサン・バーク，ピーター・ディマーゾ，丸善出版
　『企業価値評価 バリュエーションの理論と実践』(上)(下)　マッキンゼー・アンド・カンパニー，ダイヤモンド社

謝辞

　本書の執筆において，われわれの講義やセミナーを受けてくださった学生や社会人の方々からの意見やコメントは，非常に有益で参考になりました。本書の出版に際しては，京都大学経営管理大学院のシスメックス寄附講座，プルータス・コンサルティング寄附講座，みずほ証券寄附講座から支援をいただきました。日経BPの平井さんには，本書の企画から出版に至るまで，大変お世話になりました。厚くお礼申し上げます。

　2022年1月　　　　　　　　　　　　　　朝岡大輔・砂川伸幸・岡田紀子

コーポレートファイナンス

　2020年，NTT（日本電信電話）とNTTドコモは，次世代通信基盤の構築，スマートライフ事業の強化，新規事業の創出などを目的として，経営を統合しました。NTTがドコモの株式を買収し完全子会社化したこのケースでは，買収価格の算定（バリュエーション），シナジー効果の評価，買収資金のファイナンス，投資家への情報開示などが，コーポレートファイナンスのテーマになります。

　2018年，ソフトバンクグループは，携帯事業子会社のソフトバンクを上場させ，上場子会社としました。ソフトバンクグループは，ソフトバンクの株式の売り出しによって，約2.4兆円の資金をファイナンスしました。その資金は，投資や負債返済に充てられたようです。このケースでは，ソフトバンク株式の評価（バリュエーション），上場のタイミング，調達した資金の使途に関する判断，上場子会社のコーポレートガバナンスなどが，コーポレートファイナンスのテーマに含まれます。

　日立製作所は，事業ポートフォリオと収益構造の転換に成功した事例として取りあげられることが多い企業です。同社は，2010年代の後半から，親子上場による一般株主との利益相反の問題も考慮しつつ，大胆な事業の再編を進めました。例えば，2017年に日立工機を投資ファンドのKKRに，2020年には日立化成を昭和電工に売却し，2021年には日立金属を投資ファンド

のベインキャピタル等に売却することを決定しました。一方で，2020年に日立ハイテクを買収（完全子会社化）し，2021年には米国のグローバルロジックを買収しました。日立製作所は，ESGを重視していることでも知られています。投資家は同社の経営を評価し，株価は10年間で3倍以上になりました。全社と事業のキャッシュフロー分析，資本利益率と成長性の分析，事業ポートフォリオの分析と評価，全社と事業会社の資本コストの算出，事業の売却価格や買収価格のバリュエーション，投資家との対話と説明など，本書で取りあげるコーポレートファイナンスやバリュエーションのテーマが集約されています。

　現代の企業経営には，コーポレートファイナンスとバリュエーションが多く含まれています。それらを活用しなければ，経営の選択肢が少なくなります。経営とコーポレートファイナンスとバリュエーションは，密接に関係しています。

1. コーポレートファイナンスとバリュエーション

(1) 投資家の期待収益率と企業の資本コスト

　コーポレートファイナンスの目的は，企業と様々なステークホルダーとの良好な関係を通じて，企業価値の向上や価値の創造を実現していくことです。コーポレートは企業，ファイナンスは財務を意味します。企業における財務の主要な役割は，投資家からの資金調達，調達した資金を用いた事業投資と価値創造，事業の成果を還元するペイアウトです。これらの役割から分かるように，コーポレートファイナンスでは，企業と投資家の関係に焦点をあてることが多くなります。最近では，気候変動やESGを重視した経営やファイナンスも重要になっています。

　図表1−1は，コーポレートファイナンスのテーマをまとめたものです。投資家から企業への矢印，企業から投資家への矢印という順で見ていきましょう（便宜上，章の構成とは順序が異なっています）。

　投資家は，集中投資のリスクを回避するため，多数の企業に分散投資する

図表1-1 | コーポレートファイナンスとバリュエーション

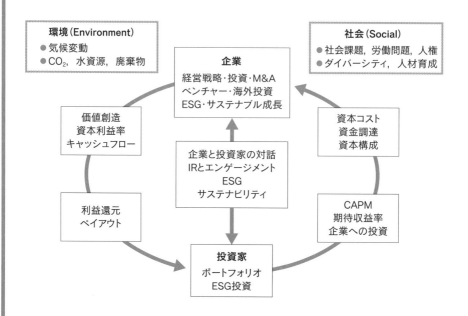

ポートフォリオを保有します。ポートフォリオ投資を前提としたリスクとリターンの関係は，**CAPM**（資本資産評価モデル）で表されます。コーポレートファイナンスでは，CAPMを用いて，リスクのある資産に対する投資家の期待収益率を算出します。ポートフォリオとCAPMについては，第5章で詳しく説明します。

　投資家の期待収益率が分かると，企業価値や株式価値，債券の価値を評価することができます。企業価値などを評価することは**バリュエーション**（valuation）といわれます。第2章では，バリュエーションの考え方と具体的な算出手法である**DCF法**を取りあげます。DCF法では，企業経営の成果であるキャッシュフローが分子，投資家の期待収益率が分母の割引率になります。すなわち，バリュエーションには，企業と投資家の双方が関与しています。企業の経営が企業価値の向上に結びつくか否かは，バリュエーションをベースに評価・判断をすることになります。そのため，バリュエーションは，コーポレートファイナンスにおける最も重要なテーマであり，ツールでもあ

ります。

　企業が価値を高めるためには，投資家の期待を上回る成果を出すことが必要です。期待を上回る成果が見通せると，評価が高くなります。企業にとって，投資家の期待収益率は，価値を高めるために越えなければならないハードルレートです。コーポレートファイナンスでは，このハードルレートを企業の**資本コスト**とよびます。投資家の期待収益率は，企業の資本コストです。資本コストとその算出については，第6章で説明します。

　株式や債券が取引される資本市場を通じて，企業は資金を調達します。資金調達の際，企業は資本コスト（投資家の期待）を意識し，投資家は企業経営の成果を期待します。期待を下回る成果しか見通せない企業に対して，投資家は資金を投資しません。資本コストを上回る成果が期待できる企業のみが，資金調達をして価値創造や価値向上の機会を得ることができます。

　企業の資金調達方法は，大きく負債調達とエクイティファイナンス（株式発行を伴う資金調達）に分けられます。負債調達した資金は，利息と元本を返済する必要があります。エクイティファイナンスには，返済義務や期限がありません。その代わり，株主は経営陣を選出する権利をもちます。自分たちが選出した経営陣の経営戦略が成功して企業価値が大きく向上すると，株主は多額の配当やキャピタルゲインを得ることができます。第11章のテーマは，企業の資金調達と資本構成（企業の負債とエクイティの比率）です。そこでは，資本構成と企業価値や資本コストの関係について説明し，資本構成を決める諸要因や諸仮説について紹介します。

(2) コーポレートファイナンスと経営戦略

　価値を創造し，価値を向上する主体は企業です。企業は，資金，人材，情報，ブランド，技術，ノウハウ，組織力などの経営資源を用いて，経営戦略を実践し，社会に貢献することで価値を生み出します。本書では，第7章から第10章にかけて，企業の重要な意思決定である事業投資やM&Aなどの経営戦略と企業価値の関係を議論します。

　第7章では，投資プロジェクトや事業投資の評価を取りあげます。事前の

一策は事後の百策に勝るといいます。企業経営における事前の一策は，投資や戦略の立案，評価，検討，選択です。事後の百策は，投資や戦略を実行した後のモニタリングや修正といえます。事前の一策で大切なことは，大きな価値を生む投資や戦略を選択することです。価値の大きい投資プロジェクトを選択するためには，全社的な観点から価値評価を行い，正しい選択をすることが必要になります。

第8章では，理論と現実妥当性の双方の観点から，企業価値評価（バリュエーション）について説明をします。企業価値の向上を目的とする企業は，自社の企業価値がどのように評価されるかを理解する必要があります。第7章の投資評価と第8章の企業価値評価は，とくに時間をかけて理解していただきたいテーマです。

企業価値評価を理解した後の第9章では，経営戦略とバリュエーションの関係について解説します。経営戦略の概念である**競争優位**とは，資本コストを大きく上回る経営成果（資本利益率）が持続することです。価値を生み出す期間が長い企業は，競争優位のポジションにあります。競争優位にある企業の評価額は，投資家が提供した資本を大きく上回ることになります。競争劣位にある企業はその逆です。競争劣位から脱却し，競争均衡のポジションを得るために事前の策を練り，それを実践することが求められます。M&Aを通じた迅速な事業再生も選択肢になります。いずれにせよ，戦略を立案し，評価し，検討し，判断することが必要です。コーポレートファイナンスやバリュエーションは，評価の方法と判断の基準を示してくれます。

国内における既存事業が成熟化してくると，企業は海外に進出をしたり，新規事業を行ったりします。海外進出におけるクロスボーダーの投資評価においても，DCF法が適用されます。その際，割引率とキャッシュフローの通貨の整合性をとることが必要です。新興国における投資や企業のバリュエーションでは，カントリーリスクを反映することもあります。クロスボーダーのバリュエーションは，第10章で解説します。

新規事業や新興ベンチャー企業の評価においても，DCF法は有効です。新興国のカントリーリスクと同様に，新規事業や新興ベンチャー企業には，利益やキャッシュフローが大きく下振れしたり，事業継続が困難になったり

するリスクがあります。実務では，この種のリスクを高い割引率を用いることで評価に反映させます。第10章の後半では，ベンチャー企業の評価について紹介します。

(3) 企業と投資家の対話

次は，企業から投資家への矢印です。経営戦略や事業投資の成果は，**資本利益率**や**フリー・キャッシュフロー**の財務指標に表れます。企業経営の成果である資本利益率が，投資家の期待である資本コストを上回るとき，価値が創造され，企業価値が向上します。同様に，投資家に配分できるキャッシュフローの評価額（時価）が投下資本（簿価）を上回れば，投資家の資産価値が増えます。第3章では，価値創造の考え方について説明します。第4章では，資本利益率とキャッシュフローの意味，経営戦略との関係について解説します。

企業経営の成果は，投資家に還元されます。コーポレートファイナンスでは，企業から投資家への還元を**ペイアウト**といいます。第12章では，ペイアウト政策を取りあげ，企業価値や株式価値に与える影響について説明します。

投資家が企業に投資した資金は，企業の価値創造を経て，投資家に利益還元されます。この資金の流れを**インベストメント・チェーン**ということがあります。インベストメント・チェーンは，経済産業省が2014年に公表した「持続的成長への競争力とインセンティブ〜企業と投資家の望ましい関係構築〜」のプロジェクト報告書（通称「伊藤レポート」）が用いたことで，有名になりました。コーポレートファイナンスの目的は，インベストメント・チェーンを持続的に強くすることであるともいえます。

インベストメント・チェーンを持続的に強くするためには，企業と投資家が良好な関係を構築し維持することが必要です。第13章では，企業と投資家が良好な関係を構築・維持し，企業価値の向上を目指す様々な行動を意味する**IR**(Investor Relations)と**エンゲージメント**（建設的な対話）を取りあげます。最新の潮流であるESGをベースにした対話についても紹介します。い

ずれも，IRの黎明期からこの活動に取り組み，IR優良企業賞を3回受賞した
ことで大賞に選出されたシスメックスの事例がベースになっています。

(4) ESGの潮流

　近年，社会や投資家からの注目度が高い企業の一つに，電気自動車(EV)
メーカーのテスラがあります。同社は，創業当初から二酸化炭素を排出しな
い電気自動車のみを生産するという方針によって，気候変動や環境問題に対
する企業としての解を提示してきました。テスラの経営は，競合他社のEV
シフトの契機になっていると考えられます。また，ESGという大きなテー
マに対する投資家のニーズにも合致しており，自動車産業では世界最大の時
価総額という高い評価を受けています(2021年12月)。

　テスラの事例からも分かるように，新しいテーマとしてESGがあげられま
す。2015年に国連で採択されたSDGsは，サステナブルな社会を実現するた
めの目標を掲げ，世界各国で様々な取組みが進んでいます。社会のサステナ
ビリティを実現するためには，環境や社会を意識することが必要です。環境
(Environment)，社会(Social)にガバナンス(Governance)を加えたESGは，
企業が積極的に取り組む課題といえます。本書では，コラムを含む様々な箇
所でESGとコーポレートファイナンスの関係を取りあげます。終章では，
ESGとサステナビリティの時代におけるコーポレートファイナンスの広がり
について紹介します。

2. ビジネスのコア科目

　バリュエーションを含むコーポレートファイナンスは，ファイナンスの一
つの分野です。ファイナンスには，主に企業と投資家の関係を領域とする
コーポレートファイナンスと，証券市場や金融市場を領域として資産運用や
証券価格をテーマにするインベストメント(証券投資論)があります。

　コーポレートファイナンスとインベストメントは，相互に密接に関係して

HBS（required）	京大MBA
Finance I	ファイナンス基礎
Financial Reporting and Control	財務会計，管理会計
Leadership and Organizational Behavior	リーダーシップ，組織行動
Marketing	マーケティング
Technology and Operations Management	サービス経営，プロジェクトマネジメント
Business, Government, and the International Economy	国際経営，ミクロ経済，マクロ経済
Strategy	経営戦略，事業デザイン
The Entrepreneurial Management	アントレプレナー講義（全学横断） Global Social Entrepreneurship
Finance II	コーポレートファイナンス，証券投資論
Leadership and Corporate Accountability	Leadership Development, ビジネスエシックス

います。例えば，第2章で説明するDCF法や第5章で取りあげるポートフォリオ理論とCAPMは，インベストメントの教科書にも必ず載っています。企業の事業投資に付随するリアルオプション（第7章）は，インベストメントの分野で展開されてきた金融オプションが基になっています。新しいテーマであるESGは，インベストメントの分野においてESGファクター投資として研究が進んでいます。

　もう少し視野を広げると，コーポレートファイナンスを含むファイナンスは，ビジネスの主要な分野といえます。図表1－2の左の列は，ビジネススクールとして最も歴史があるハーバード・ビジネススクール（HBS）の必須科目（コア科目，required）です。HBSの学生は，1年目に必須科目，2年目に専門科目を勉強します。必須科目には，会計，組織，マーケティング，戦略などがあります。その中にファイナンスも含まれています。

　ファイナンスだけⅠとⅡ（Finance I，Finance II）があることに注意してください。HBSの1年生は，前期（秋学期）にFinance I を履修し，後期（春学期）にFinance II を学びます。他の科目は半年で修得するのに対して，ファイナ

ンスだけは1年かけて学ぶ構成になっています。

理由はいくつか考えられます。先に述べたように，ファイナンスはコーポレートファイナンスとインベストメントという二つの分野からなります。これらは，共通する部分もありますが，それぞれ独自のテーマもあるため，授業の回数が多くなります。

理論的に確立されているテーマが多く，時間をかける価値があることも理由の一つです。本書で取りあげるものだけでも，ポートフォリオ理論，CAPM，資本構成の無関連命題，ペイアウトの無関連命題が，ノーベル経済学賞を受賞した研究者たちの業績です。現代のファイナンスは，ノーベル賞を受賞した研究者たちが長い年月をかけた研究成果が基礎になっています。それらのエッセンスを理解するには，ある程度の時間がかかります。時間をかける価値もあります。

重要性が高まっていることも理由の一つであると思われます。いまでは多くの企業が企業価値の向上を経営目標に掲げています。企業の経営陣は，企業価値の向上に合致した経営判断を行う必要があります。そのためには，ファイナンスの考え方を修得し，企業価値について正しく深く理解することが必要です。昨今では，投資家との対話や投資家による株主提案と向き合うことも求められます。その際にも，ファイナンスの考え方や企業価値をベースにした議論が役に立ちます。

インプットに要する時間はかかるかもしれませんが，ファイナンスは数ある科目の中で，最もグローバルスタンダードが確立されている科目です。本書で説明する考え方や用語は，世界中どこでも通用します。

図表1−2の右列は，京都大学経営管理大学院(京大MBA)の科目をHBSのコア科目に対応させたものです。

3. 経営とコーポレートファイナンス——M&Aによる成長

仮想事例を用いて，企業経営におけるコーポレートファイナンスを概観しましょう。図表1−3は，M&Aによる成長を行ってきた企業(X社)の財務数

図表1-3｜経営とコーポレートファイナンス：M&Aによる成長

損益計算書 主要項目	10年前	5年前	直前期
売上高	1,000	6,000	10,000
営業利益	60	560	750
支払利息（負債利子率）	0	▲80（2.0%）	▲300（3.3%）
当期純利益	45	280	300
貸借対照表 主要項目			
① 有利子負債	0	4,000	9,000
② 純資産（エクイティ簿価）	1,000	4,000	6,000
投下資本（①＋②）	1,000	8,000	15,000
評価指標			
資本利益率（営業利益÷投下資本）	6.0%	7.0%	5.0%
③ 株式時価総額	1,200	8,000	7,000
PBR（③÷②）	1.2倍	2.0倍	1.17倍

値の推移です。実際の事例を参考にして作成しました。

　大規模なM&Aを繰り返すことで，X社の売上高は10年間で10倍になりました。営業利益と総資産は10倍以上になっています。M&Aにおいては，企業価値評価を行い，買収価格を決める必要があります。コーポレートファイナンスとバリュエーションの知識が必要になります。

　大規模なM&Aには資金調達も必要です。有利子負債が大幅に増えていることから分かるように，X社は負債調達によって買収資金をファイナンスしました。後に取りあげるNTTや武田薬品工業による大規模なM&Aにおいても，負債調達が行われました。X社の純資産に対する有利子負債の比率は，10年前はゼロ，5年前は1.0倍（4,000÷4,000），直近では1.5倍（9,000÷6,000）まで上昇しました。有利子負債比率の上昇に加え，金融危機時に高い利率の社債発行を余儀なくされたため，負債利子率は2%から3.3%になりました。

　有利子負債と純資産の合計額は，投資家（債権者と株主）が企業に投下した資金です。コーポレートファイナンスでは，投資家の投下資本をインプット，経営成果の利益やキャッシュフローをアウトプットとみなします。両者の比

率が**資本利益率**です。表では，本業からの利益である営業利益を用いて資本利益率を算出しました。資本効率の指標である資本利益率は，価値創造のキーファクターです。

　株式市場では，株価や株式時価総額が経営の評価になります。資産規模を調整するため，株式時価総額を純資産で割りましょう。専門用語では，**PBR（株価純資産倍率）**といいます。経営に対する評価が高ければ，PBRも高くなります。評価が低ければ，PBRは低くなります。

　資本利益率とPBRの推移は似ています。資本利益率が高かった5年前，PBRは最も高い水準にありました。直近では，企業規模は大きくなりましたが，資本利益率が低下してきたため，PBRは低くなっています。今後は，資本効率を高めていくことが経営と財務の課題になりそうです。M&Aの成果（事業）によって，有利子負債を返済する（財務）ことも必要です。

4. 経営とコーポレートファイナンス──事業再生

　次に事業再生のケースをみましょう。図表1−4は，業績不振でデフォルトの可能性がある状態から再生を果たした企業（Y社）の財務数値の推移です。これも，実例を参考にして作成した仮想事例です。

　売上至上主義であったY社は十数年前に赤字に陥りました。営業利益が赤字になると，純資産を上回る有利子負債が重くのしかかり，返済が懸念されます。営業利益の赤字が続く中，一部の負債の返済期限がくる年度（10年前）を迎えました。当時，PBRは0.125倍まで低下していました。PBRが1.0より低い状態が続く場合，株式市場や投資家は，企業経営に対して懸念をもっていると考えられます。

　債務返済の期日が迫る中，Y社は投資ファンドからの出資（増資）を受け入れ，事業再生を目指すことを決断します。当時の経営陣は，責任をとって退陣しました。新株主の保有比率が出資に見合うよう，資本金の減資を決議しました。銀行と交渉をして債務の返済を繰り延べ，一部を免除してもらいます。Y社は資本と負債のリストラクチャリングを行い，事業再生へと向かい

図表1-4 | 経営とコーポレートファイナンス：事業の再生

損益計算書 主要項目	10年前	5年前	直前期
売上高	300	150	200
営業利益	▲20	3	25
当期純利益	▲15	2	20
貸借対照表 主要項目			
在庫	350	70	120
① 有利子負債	500	50	80
② 純資産（エクイティ簿価）	200	100	120
投下資本（①＋②）	700	150	200
評価指標			
資本利益率（営業利益÷投下資本）	−2.9%	2.0%	12.5%
③ 株式時価総額	25	80	360
PBR（③÷②）	0.125倍	0.8倍	3.0倍

ました。

　過剰な在庫は，売却や証券化によって現金化しました。本社ビルは売却してリースバック，その他の固定資産も処分して，有利子負債の返済に充てました。財務に関するこれらの実務は，新しいCFOと管理部門が担当しました。

　投資ファンドは，Y社のブランドと生産システムに価値を見出し，新経営陣と協力して事業再生に取り組みました。製品ごとの損益管理を徹底し，赤字が続いている製品からは撤退しました。これらが奏功し，5年前にようやく黒字化を達成することができました。売上高は半分になりましたが，営業利益は黒字になり，負債利息を支払った後でも利益が残るようになりました。損益計算に加え，キャッシュフローを重視する管理体制にしました。

　この時点において，Y社は復配を行い，株価は純資産の0.8倍まで評価されるようになりました。その後，新しく投入した製品ブランドがヒットし，プロモーションや価格設定にも成功しました。業績は改善し，直前期の資本利益率は，資本コストを大きく上回る水準に達しています。資本利益率が資本

コストを上回る状態で成長が持続すると，企業価値は大きく向上します。株式時価総額は増え，PBRは3.0倍になりました。増配も行いました。今後は，資本利益率を維持した状態で，海外展開を含む成長が持続できるかどうかがポイントになります。成長投資のための資金調達も必要になります。

5. 事業と財務——CEOとCFO

　最初のX社のケースにおけるコーポレートファイナンスの役割は，次のようなものになります。M&Aによる成長戦略の財務計画の作成と評価，M&Aにおける資金調達の検討と実施，負債の返済や借換えと資本構成（負債比率）の管理，買収価格の算定（シナジー効果の算定）とM&Aが企業価値を高めるか否かの評価と判断。既存株主への説明や成長ストーリーの作成も含まれます。成長を志向するか，資本利益率の向上を目指すかを判断するための財務的・定量的な分析も，コーポレートファイナンスの役割になります。

　事業再生のY社のケースでは，コーポレートファイナンスが，次のような役割を果たします。事業再生計画の作成と評価，資本・負債のリストラクチャリング，負債返済計画の作成，新株主への増資価格の決定，在庫等の運転資本の管理，固定資産の売却価格の算定，黒字化後の成長戦略の策定と投資家への説明，成長投資の評価，配当政策。株主との対話，資本利益率と資本コストの比較検討なども含まれます。海外成長戦略を展開する場合，クロスボーダーのバリュエーションや資金調達もコーポレートファイナンスの役割になります。

　このように，コーポレートファイナンスの役割や機能は，事業や戦略の立案，評価，実践と密接にかかわっています。以前は，事業はCEO（最高経営責任者），財務はCFO（最高財務責任者）の役割といわれることもありました。企業価値向上の経営が当たり前になった現在，役割を区分する必要性は薄れてきたような気がします。これからのCEOは，コーポレートファイナンスやバリュエーションを理解していることが必要になります。CFOは，コーポレートファイナンスだけでなく，経営戦略や事業のオペレーションに精通

していることが求められます。

　本書でしばしば取りあげるソニーグループの現CEO（2021年12月現在）の吉田憲一郎氏は，2018年にCFOからCEOになりました。それ以前にも財務部門での経験が豊富です。2021年4月にNECのCEOとなった森田隆之氏もCFOからの昇格です。スリーエムジャパンの昆政彦社長は，長年CFOをされ，共著『CFO最先端を行く経営管理』（中央経済社）も出版されています。CFOからCEOへというキャリアパスは，企業価値の向上を目指す経営の流れと合致しています（残念なことに，昆氏は本書を執筆中の2021年4月に亡くなりました）。

　時代を代表するアメリカのS&P500とフォーチュン500の構成企業を見ると，CFOからCEOに昇格するケースが事業会社で14％，金融業界では26％になっています。CFOの方々の5割は，他社でCFOを務めていたか，社内のコーポレートファイナンス部門から昇格してきたかのいずれかです。そして，CFOの約半数の方々がMBAを保有しています。そのMBAでは，ファイナンスをしっかりと教えています。企業価値の向上や価値ベースのマネジメントが謳われる時代において，コーポレートファイナンスが重視される傾向は，今後も続くと考えられます。

バリュエーションの基礎

1. バリュエーションの考え方	7. 株主と債権者
2. リスク・リターンと価値	8. 定率成長モデルと定額モデル
3. DCF法	9. 株式の評価——配当割引モデル
4. 債券の評価	10. 配当割引モデルの応用
5. ローンの評価	11. PERと配当割引モデル
6. エクセルによるローンの分析	

第2章のテーマとポイント

● 2020年9月29日，NTT（日本電信電話）が一株3,900円，総額4兆円以上をかけて，NTTドコモの株式を買収し，完全子会社化することを発表しました。買収価格の算出には，コーポレートファイナンスが教える通り，DCF法が適用されました。

● 将来のキャッシュフローの割引現在価値を求めるDCF法は，最も理に適ったバリュエーション（価値評価）の方法です。企業価値，事業価値，投資プロジェクトの価値，株式価値，債券やローンの価値，土地の価値などは，すべて将来のキャッシュフローの割引現在価値として算出することができます。例えば，NTTが買収資金を調達するために発行した計1兆円の社債の評価額は，将来の元本と利息の割引現在価値の総和として求められます。

● 将来のキャッシュフローは不確実でリスクがあるため，DCF法では，リスクプレミアムを反映した割引率を用います。分子に将来キャッシュフローの期待値，分母にリスクプレミアムを含む割引率を用いることが，DCF法の特徴です。

● 企業と投資家の関係を扱うコーポレートファイナンスでは，DCF法の分子に企業の経営成果であるフリー・キャッシュフロー（FCF），分母の割引率に投資家の期待収益率を用います。投資家の期待収益率は，企業にとって資本コストになります。DCF法は，企業の経営成果を投資家の期待収益率（資本コスト）で割引く方法であり，企業と投資家の双方の見方や意見が含まれています。

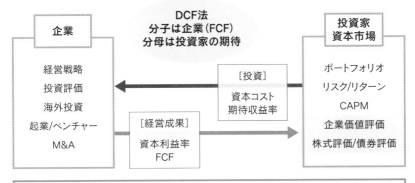

- リスク回避的な投資家は，リスクを負担する見返りとして，リスクプレミアムを期待します。リスクが大きいほど，リスクプレミアムやそれを含む期待収益率（割引率）は高くなります。これが，ハイリスク・ハイリターンの関係です。リスクプレミアムが高ければ，DCF法の分母である割引率が大きくなるため，現在価値は低くなります。ハイリスク・ローバリューの関係といえます。ハイリスク・ハイリターンは，ハイリスク・ローバリューを意味しています。

- 将来のFCFがサステナブル成長する定率成長モデル（サステナブル成長モデル）は，バリュエーションに関する明確なメッセージを示しています。すなわち，収益力がありキャッシュフローが多いほど，安定性があり（リスクが小さく）割引率が低いほど，そして成長ポテンシャルがありサステナブル成長率が高いほど，企業や株式の評価額は高くなります。

- 定率成長モデルを用いると，よく使われる株価指標であるPER（株価収益率）に影響する要因が，割引率（リスク）と成長率であることが分かります。割引率が低いほど，また成長率が高いほど，PERは高くなります。

- DCF法の分子に株主が受け取る配当，分母に株主の期待収益率を用いて株式価値を算出するモデルを配当割引モデルといいます。配当と割引率に現実的な仮定をおいてNTTドコモの株式価値を評価すると，実際の買収価格にほぼ等しい値が算出できます。

1. バリュエーションの考え方

　バリュエーション(valuation)とは価値を評価することです。価値を評価する対象は様々ですが，本書では将来に収益を生み出す資産をバリュエーションの対象とします。具体的には，企業や事業(ビジネス)，株式や債券，土地などです。

　バリュエーションの基本的な考え方は，将来に得られる収益の現時点における評価額を求めることです。現時点における評価額を**現在価値**(PV, Present Value)といいます。企業価値は企業が生み出す将来の収益の現在価値，株式価値(理論株価)は株式から得られる配当の現在価値です。債券価格は将来受け取ることができる利息と元本の現在価値，土地の評価はその土地を利用することで得られる収益の現在価値になります。

　この考え方を適用すると，東京の銀座の土地価格(路線価や公示地価)が高い理由を理解することができます。富裕層が買い物をする銀座でビジネスを行うと高い商品が多く売れ，高い収益を得ることができます。すると，高いテナント料を支払っても採算がとれるという見込みが立ちます。テナント料は銀座の土地という資産が生み出す収益です。高いテナント料が将来にわたり継続するという期待が，銀座の土地の評価額を高くしています。

　収益をキャッシュフローと読み替えましょう。資産の評価額は，キャッシュフローの現在価値です。コーポレートファイナンスでは，投資家が受け取るキャッシュフローを**フリー・キャッシュフロー**(FCF, Free Cash Flow)といいます。経営の成果である利益から将来の事業活動や成長戦略に必要な投資を行った後に残るキャッシュフローです。企業活動や事業活動からフリーになったキャッシュは，投資家に配分することができます。キャッシュフローやフリー・キャッシュフローについては，後の章で詳しく説明します。それまでは，投資家が受け取ったり，実際に投資(出資)をしたりするキャッシュであるとして，読み進めてください。

　フリー・キャッシュフローをFCFと表示しましょう。バリュエーションとは，将来のFCFの現在価値(PV)を求めることです。将来のFCFと現在のPV

の交換関係を決めることであるといってもよいでしょう。将来は不確実であるため，将来時点におけるFCFは一つに決まるわけではありません。外部環境が良好でビジネスがうまくいけば，その成果であるFCFも多くなります。経済環境が悪化すれば，ビジネスのパフォーマンスが低下し，FCFが少なくなることやマイナスになることもあります。マイナスのFCFは，資金が不足することを意味します。

　将来の不確実なFCFにはリスクがあります。コーポレートファイナンスやバリュエーションでは，不確実な成果を期待値で表現します。FCFの期待値を**期待FCF**といいます。

　図表2−1は，バリュエーションの考え方を示したものです。将来(1年後)の期待FCFが100，現在価値が95になっています。将来の期待FCFから現在価値に向かっている上の矢印(←)が，バリュエーションです。ここでは，**割引率**(discount rate)を5％にして，現在価値を求めています。将来のキャッシュフロー(期待FCF)を割引くため，この方法を**DCF法**(Discounted Cash Flow method)といいます。

　逆に，現在価値から1年後の期待FCFに向かっている矢印(→)は，投資とその成果を示しています。いま95を投資すると，1年後に100の期待FCFを得ることができるという意味です。この場合，5％は投資の**期待収益率**(expected rate of return)になります。

　将来の期待FCFの現在価値を求める際の割引率は，投資の期待収益率に一

図表2−1｜バリュエーションの考え方

[DCF法]100÷(1.05)＝95(割引率5％)

現在価値(PV)＝95　←　　　　1年後の期待FCF＝100

[投資]95×(1.05)＝100(期待収益率5％)

● 割引率＝期待収益率＝リスクフリー・レート(金利)＋リスクプレミアム

● リスクプレミアム＝期待収益率−リスクフリー・レート

● 期待収益率(割引率)は資本コストともいわれる

致します。図表に記載してあるように，割引率(期待収益率)はリスクフリー・レート(金利)とリスクプレミアムの和です。後に述べますが，企業経営や価値創造経営では，投資家の期待収益率(割引率)を企業の**資本コスト**(cost of capital)とみなします。

2. リスク・リターンと価値

(1) ハイリスク・ハイリターン

　手元にある資金を1年間運用することを考えましょう。投資対象の資産には，国債や銀行預金，企業が発行している社債や株式などがあります。これらの資産には様々な特性がありますが，コーポレートファイナンスやバリュエーションでは，とくにリスクに焦点をあてます。

　日本政府が発行する国債は，利息と元本の支払いが確実に行われるという意味で，リスクフリーです。投資家にとって，将来のFCFにリスクがない投資対象といえます。リスクフリーな投資の収益率は，**リスクフリー・レート**(risk-free rate)です。リスクフリー・レートの値は，金利や国債利回りになります。

　民間企業が発行している株式は，1年後の配当や株価が不確実であるため，リスクがある投資対象といえます。一般的に，投資家はリスク回避的であり，リスクがある投資に対して追加的な報酬を期待します。追加的な報酬が期待できるからリスク資産に投資をする，すなわちリスクテイクをするといえます。

　リスクテイクに対する追加的な報酬を**リスクプレミアム**(risk premium)といいます。リスクフリー資産のリスクプレミアムはゼロです。リスクがある資産やビジネスのリスクプレミアムは，プラスの値になります。リスクプレミアムは，リスクの大きさに依存します。リスクが小さいローリスク資産のリスクプレミアムは低く，リスクが大きいハイリスク資産のリスクプレミアムは高くなります。ハイリスク・ハイリターン(high risk-high return)の関係が成り立ちます。

図表2−2には，期待FCFが等しい三種類の資産のバリュエーションが示されています。リスクフリー資産のFCFは，将来の経済環境によらず100です。リスクフリー・レートが1.0％のとき，リスクフリー資産の現在価値（PV）は99になります。リスクフリー資産の割引率は，リスクフリー・レートです。同じことですが，現時点で99の資金をリスクフリー資産に投資すると，1年後に100の成果が得られます。投資の収益率（期待収益率）は，リスクフリー・レートの1％になります。

　ローリスク資産のFCFは，経済が好況であれば120，中立であれば100，不況であれば80です。将来のFCFの値が確定しておらず，リスクがあります。リスクの大きさは相対的なものです。下のハイリスク資産に比べてFCFの変動が小さいため，ローリスクとしてあります。リスクがある資産の期待収益率（割引率）は，リスクフリー・レートにリスクプレミアムを加えた値です。ローリスク資産の割引率は，1％のリスクフリー・レートに4％のリスクプレミアムを加えた5％になります。

図表2−2 ｜ ハイリスク・ハイリターンとハイリスク・ローバリュー

将来（1年後）の 経済環境と確率	好況 （確率=25％）	中立 （確率=50％）	不況 （確率=25％）	期待FCF
リスクフリー資産 ［割引率=1％］ リスクプレミアム=0	100	100	100	100
	期待FCF=(0.25)(100)+(0.50)(100)+(0.25)(100)=100 PV=100÷1.01=99　期待収益率=(100÷99)-1=1.0％			
ローリスク資産 ［割引率=5％］ リスクプレミアム=4％	120	100	80	100
	期待FCF=(0.25)(120)+(0.50)(100)+(0.25)(80)=100 PV=100÷1.05=95　期待収益率=(100÷95)-1=5.0％			
ハイリスク資産 ［割引率=20％］ リスクプレミアム=19％	150	100	50	100
	期待FCF=(0.25)(150)+(0.50)(100)+(0.25)(50)=100 PV=100÷1.20=83　期待収益率=(100÷83)-1=20％			

　ハイリスク・ハイリターン ⇔ ハイリスク資産の期待収益率（割引率）は高い
⇔ ハイリスク資産の評価額は期待FCFが等しいローリスク資産の評価額より低い

(2) ハイリスク・ローバリュー

　図表2-2の計算式から分かるように，期待FCFは各状態のFCFと確率を掛けたものを合計して求めます。ローリスク資産の期待FCFは，リスクフリー資産の期待FCFと等しくなっています。しかしながら，ローリスク資産の現在価値は，リスクフリー資産より低くなります。その理由は，割引率がリスクフリー・レートより高いためです。このように，期待FCFが等しくても，リスクがある資産の評価額は，リスクがない資産の評価額より低くなります。

　現時点でローリスク資産に投資すると，期待収益率は5％になり，リスクフリー・レートを上回ります。このように，リスクがある資産の期待収益率は，リスクフリー・レートより高くなります。期待収益率とリスクフリー・レートの差は，リスクテイクに対するリスクプレミアムです。ただし，リスクプレミアムが正であっても，常に高い成果が得られるわけではありません。経済が不況になると，ローリスク資産のFCFは投資額(PV)を下回り，損をします。

　ハイリスク資産のFCFの変動は，ローリスク資産より大きくなっています。リスクとリターンの関係に注目すると，ハイリスク資産のリスクプレミアムと期待収益率は，ローリスク資産より高くなります。ハイリスク・ハイリターンです。リスクと価値の関係に注目すると，ハイリスク資産の評価額は，期待FCFが等しいローリスク資産の評価額より低くなっています。ハイリスク・ローバリュー(high risk-low value)です。

　期待FCFが等しいリスクフリー資産，ローリスク資産，ハイリスク資産を比較しましょう。期待収益率は，リスクフリー資産＜ローリスク資産＜ハイリスク資産，となります。ハイリスク・ハイリターンの関係です。現在価値は，リスクフリー資産＞ローリスク資産＞ハイリスク資産，となります。ハイリスク・ローバリューになっています。ハイリスク・ハイリターンとハイリスク・ローバリューは，同じことを意味しています。

3. DCF法

　図表2-1や2-2で示したように，リスクに応じた割引率を用いて，将来の期待FCFの現在価値を求める方法をDCF法といいます。DCF法を用いると，将来にFCFを生み出すあらゆる資産の現在価値を求めることができます。バリュエーションの対象となる企業や事業，株式や社債などは，継続的にFCFを生み出します。DCF法では，複数個の期待FCFの割引現在価値を合算することで，価値評価を行います。

　図表2-3の上の計算式が，一般的なDCF法です。計算の煩雑さを避けるため，FCFが年度末(1年後，2年後，……)に生じると仮定しています。各項の分子は，毎年のFCFの期待値です。本書では，割引率は年率の値とします。そのため，1年後の期待FCFは1回，2年後の期待FCFは2回(2年分)，3年後の期待FCFは3回(3年分)割引きます。右辺の各項は1年後の期待FCFの現在価値，2年後の期待FCFの現在価値，3年後の期待FCFの現在価値，……です。各項がすべて現在価値になっているため，足したり引いたりすることができます。年に代えて月や週，1日という期間を用いることも可能です。その場合，割引率も月次，週次，日次の値にします。

図表2-3｜DCF法と現在価値

- t年後の期待FCF＝FCF$_t$，割引率(期待収益率)＝r。FCFが期末(年末)に生じる場合。

$$PV = \frac{FCF_1}{1+r} + \frac{FCF_2}{(1+r)^2} + \frac{FCF_3}{(1+r)^3} + \cdots$$

- 年間を通じて定期的にキャッシュフローが生じる場合，FCFが期央に生じると仮定してDCF法を適用。FCF$_1$, FCF$_2$, …は，それぞれ1年目(現時点から1年後までの1年間)に生じるFCFの期待値，2年目(1年後から2年後までの1年間)に生じるFCFの期待値，……。期待FCFが期央に生じると仮定するため，割引回数は0.5回，1.5回，2.5回，……となる。

$$PV = \frac{FCF_1}{(1+r)^{0.5}} + \frac{FCF_2}{(1+r)^{1.5}} + \frac{FCF_3}{(1+r)^{2.5}} + \cdots$$

年間を通じて定期的な収益がある場合，期待FCFが年央に生じると仮定して，DCF法を用いることがあります。図表2-3の下の計算式を見てください。右辺の第1項は，今後1年間に生じるFCFの期待値です。定期的に生じるFCFの現在価値は，年度末に生じるFCFの現在価値より高くなります。DCF法では，より近い将来に生じるFCFを高く評価するからです。計算では，割引回数を0.5回，1.5回，2.5回，……とすることで，この考え方を反映しています。

エクセルを用いて計算する場合，べき乗に0.5や1.5を用いても，それほど手間はかかりません。しかしながら，手計算をしたり，読んで理解をしたりする場合，0.5乗や1.5乗は複雑です。そこで以下では，とくに断らない限り，FCFが年度末に生じるとして現在価値の計算をします。

本書では，割引率は一定とします。現実の世界では，年次ごとにリスクフリー・レートが異なることがあります。例えば，満期までの期間が1年の国債の利回りは，5年満期の国債の利回り（年率）より低い傾向が観察されます（図表2-4(b)を参照）。現実をそのまま適用すると，FCF_1とFCF_5に用いる割引率は異なります。しかしながら，年次ごとに異なる割引率を用いると，やはり計算や分析に手間がかかり，説明も煩雑になります。加えて，後述する定率成長モデル（サステナブル成長モデル）や定額モデルを導出することもできません。このような理由から，以下では一定の割引率を用いることにします。

4. 債券の評価

債券（bond）は，決められた期日に利息（クーポン，coupon）と元本（額面）が支払われる資産です。通常，満期が決まっており，満期時には元本が返済されます。図表2-4(a)には，債券のキャッシュフローと現在価値の算出が示されています。利息は，年に一度，期末に支払われると仮定します。満期時には，最後の利息が支払われ，元本が返済されます。

定期的な利息の支払いがある債券を利付債（coupon bond）といいます。満

期が短い債券には，利息の支払いがなく，満期時に元本だけが償還されるゼロクーポン債もあります。ゼロクーポン債の分析をする場合は，毎期のクーポンをゼロ（C＝0）にします。

先に述べたように，この本では一定の割引率を用います。債券評価における一定の割引率は，**満期利回り**（yield to maturity）といわれます。単に利回り（yield）ということもあります。債券評価における満期利回りは，債券に投資をする際の期待収益率の指標になります。

図表2−4(b)には，実際の債券市場における取引価格と満期利回りが示されています。表中①のパートは，マイナス金利が導入される前の数値です。満期が1年の短期国債（国庫短期証券）はクーポンがゼロ（利率0％），元本が100円のゼロクーポン債です。当時の満期利回りは0.119％でした。満期までの期間が5年の中期国債と10年の長期国債は，ともに利付債です。三種の債券の満期利回りを比較すると，期間が長いほど利回りは高くなっていることが分かります。債券に投資をする投資家は，満期までの期間が長い債券に対して，リスクプレミアムを期待していると考えられます。

表中②のパートは，日銀がマイナス金利を導入した後のデータです。短期国債と中期国債の満期利回りはマイナス，長期国債の満期利回りはわずかなプラスになっています。この場合も，満期までの期間が長いほど利回りは高

図表2−4(a)｜債券価格と利回り（割引率）

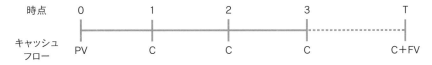

時点	0	1	2	3	T
キャッシュフロー	PV	C	C	C	C+FV

- 債券は，満期（T）が決まっており，利息（クーポン＝C）と元本（Face Value＝FV）の支払いが約束されている。
- 債券価格はクーポンと元本の現在価値の和。債券の評価に用いられる一定の割引率を満期利回り（yield to maturity）という。

$$PV = \frac{C}{1+r} + \frac{C}{(1+r)^2} + \cdots + \frac{C}{(1+r)^T} + \frac{FV}{(1+r)^T}$$

図表2−4(b) | 利付国債の価格と満期利回り

銘柄名 Issues	償還期日 Due Date	利率(%) Coupon Rate	単価(円) Price	満期利回り(%) Yield
① 2010年9月21日（マイナス金利導入前）				
国庫短期証券 136	2011/09/20	0	99.88	0.119
中期国債 91 (5)	2015/09/20	0.4	100.54	0.291
長期国債 310	2020/09/20	1.0	99.61	1.041
② 2016年1月29日の金融政策決定会合で日銀がマイナス金利導入を決定 　 2020年6月22日の債券価格データ（マイナス金利導入から約4年後）				
国庫短期証券 908	2021/06/21	0	100.22	−0.221
中期国債 143 (5)	2025/03/20	0.1	101.02	−0.114
長期国債 358	2030/03/20	0.1	100.92	0.005

（出所）日本証券業協会「公社債店頭売買参考統計値」

くなっています。

　図表2−4(a)の債券価格の評価式から分かるように，債券価格と満期利回りには負の関係があります。債券価格が下がると満期利回りは高くなり，債券価格が上昇すると満期利回りは低くなります。

　債券価格を満期利回りで微分すると，両者の関係を分析することができます。このとき，満期利回りが一定であることが役に立ちます。微分した値に若干の調整をしたものが，債券の**デュレーション**(duration)とよばれる指標です。デュレーションは，満期利回りが1%変化したときに債券価格がどの程度変化するかを数値で示しています。個別債券や債券ポートフォリオの分析，金利の影響を受けやすい資産や負債の管理(**ALM**, Asset Liability Management)などに用いられます。

　企業価値評価や投資評価においても，割引率の変化に対する評価額の変化を調べる**感度分析**(sensitivity analysis)を行うことがあります。感度分析を行う際，年次ごとに割引率が異なると計算が複雑になります。一定の割引率を用いることで，感度分析を容易に行うことができます。

5. ローンの評価

　企業の資金調達は，大きく**負債調達**（debt finance）と**エクイティファイナンス**（equity finance）に分類されます。代表的な負債調達は，借入れ（ローン）と社債の発行です。前のセクションで取りあげた債券の評価は，企業が社債を発行した場合に調達できる金額になります。社債は国債よりハイリスクであるため，社債の満期利回りは同条件の国債の満期利回りより高くなります。エクイティファイナンスは，株式発行を伴う資金調達です。

　ここでは，数値例を用いて，ローンによる資金調達について説明します。ローンや社債による負債調達では，利息と元本の返済が約束されます。返済できなければ**デフォルト**（default，債務不履行）です。デフォルトを回避するため，負債調達においては，返済計画を立案し，余裕をもって返済ができるかどうかを検討することが重要になります。

　図表2−5(a)は，期間5年，金利3％，毎年の支払い額が50であるローンの評価と返済計画です。毎年の支払い額には，利息（期首元本×金利）と元本の返済額が含まれています。支払い額から利息を引いた値が，その年度における元本の返済額です。ローンがすべて返済できることは，最終年度の期末元本（④行の右端）がゼロになることで確認できます。

図表2−5(a)｜ローンの評価と返済（均等返済）

＼年	1	2	3	4	5
①：期首元本	229	185.85	141.43	95.67	48.54
②＝①×3%：利息（期首元本×金利）	6.87	5.58	4.24	2.87	1.46
③＝50−②：元本返済額	43.13	44.42	45.76	47.13	48.54
④＝①−③：期末元本	185.85	141.43	95.67	48.54	0
⑤＝②＋③：FCF（利息＋元本返済）	50	50	50	50	50

DCF法によるローンの評価：$PV = \dfrac{50}{1.03} + \dfrac{50}{1.03^2} + \dfrac{50}{1.03^3} + \dfrac{50}{1.03^4} + \dfrac{50}{1.03^5} = 229$

＼年	1	2	3	4	5
①：期首元本	229	229	229	229	229
②＝①×3％：利息（対元本，金利3％）	6.87	6.87	6.87	6.87	6.87
③：元本返済額（満期時に一括返済）	0	0	0	0	229
④＝①−③：期末元本	229	229	229	229	0
⑤＝②＋③：FCF（利息＋元本返済額）	6.87	6.87	6.87	6.87	235.87

DCF法によるローンの評価：$PV = \dfrac{6.87}{1.03} + \dfrac{6.87}{1.03^2} + \dfrac{6.87}{1.03^3} + \dfrac{6.87}{1.03^4} + \dfrac{235.87}{1.03^5} = 229$

　表の一番下には，DCF法を用いたローンの評価が示されています。金利を割引率として毎年の支払い額50の現在価値を求め，合計した値が229です。資金の借手からすると，金利3％で229のローンを組んだ場合，毎年の支払い額が50になります。資金の貸手（投資家）は，229を貸出し（投資し），毎年50の期待FCFを受け取ります。投資の期待収益率は3％です。

　図表2−5(b)は，返済スキームが異なるローンの評価と返済計画です。このスキームでは，満期までは利息のみを支払い，満期時に元本を一括返済します。図表2−5(a)と同様に，最終年度の期末元本（④行の右端）はゼロになっています。

　最後の行は，DCF法によるローンの評価です。毎年の期待FCF（支払い額）は異なりますが，ローンの現在価値は229になっています。返済スキームが異なる二つのローンですが，同じ現在価値をもち，同じ金額を借入れることができます。

6. エクセルによるローンの分析

(1) ローンの評価と返済計画

　最近のファイナンスやバリュエーションの講義では，エクセルを用いる機

会が多くなっています。MBAのテキストでも，エクセルを用いた解説が多用されています。本書でも，エクセルを用いた分析を取りあげます。エクセルシートを入手して，使用することもできます。入手方法については，「はじめに」の5頁に記してあります。

　図表2−6(a)は，前のセクションで紹介した二つのローンのエクセルによる分析を示しています。エクセルを用いたモデルの作成と分析では，前提条件のみ数字をインプットし，それ以外のセルには数字を打ち込まないことが重要です。ここでは，割引率(セルC2)と毎期の均等返済額(セルC3)，満期が前提条件です。本書を通じて，前提条件は青色の太字で表示します。満期や年度については，色付けをしないことがあります。

　図表のエクセルシートのH列には，理解しやすいようにすぐ左側のG列のセルの数式や関数，コピー元のセルを表示しています。例えば，6行目は毎年の均等返済額であるため，前提条件(C3)の絶対参照($C$3)が入力されています。シートの7行目は，毎年の返済額の現在価値です。数式を確認してください。セルC8では，毎年の現在価値を合計しています(SUM)。図表2−5(a)の数値と一致することを確認してください。

　返済計画のパート(9〜13行)には，図表2−5(a)に対応する計算式が入力されています。最終年度の期末元本はゼロになっており(セルG13)，ローンが完済されることを確認することができます。

図表2−6(a) | エクセルによるローンの分析

	A	B	C	D	E	F	G	H
1		ローンの分析と評価						
2		割引率（金利）	3%					
3		均等返済額	50					
4		毎期均等返済ローン						
5		年	1	2	3	4	5	
6		返済額（元利均等）	50.0	50.0	50.0	50.0	50.0	=$C$3
7		毎期の返済額のPV	48.5	47.1	45.8	44.4	43.1	=G6/(1+$C$2)^G5
8		ローン金額（期首）			229.0			=SUM(C7:G7)
9		返済計画						
10		期首元本	229.0	185.9	141.4	95.7	48.5	=F13
11		利息（期首元本×3%）	6.9	5.6	4.2	2.9	1.5	=G10*$C$2
12		元本支払	43.1	44.4	45.8	47.1	48.5	=G6-G11
13		期末元本	185.9	141.4	95.7	48.5	0.0	=G10-G12
14		金利						
15		元本一括返済ローン						
16		年	1	2	3	4	5	
17		返済額	6.9	6.9	6.9	6.9	235.9	=$C$8*$C$2+C8
18		毎期の返済額のPV	6.7	6.5	6.3	6.1	203.5	=G17/(1+$C$2)^G16
19		ローン金額			229.0			=SUM(C18:G18)

元本一括返済ローンのパートは，図表2−5(b)に対応しています。表の17行は毎年の返済額(1〜4年は利息のみ，5年後は元本と利息の合計)，18行はそれらの現在価値，セルC19は現在価値の合計です。セルC19の値は，セルC8の値に一致します。

(2) エクセルモデルの長所と注意点

　エクセルを用いたモデルの利点の一つは，前提条件(インプット)の変化に対する結果(アウトプット)が，すぐに正しく分かることです。図表2−6(b)には，先のローンのモデルにおいて，割引率(セルC2)を3％から1％に変えた場合の結果が示されています。セルC8とC19の値が229から242.7になっています。毎年の返済額(期待FCF)が変わらなければ，割引率が低いほど，借入れ可能な金額(現在価値)が増加します。この結果は，割引率が低いほど現在価値が高くなるというDCF法の理論的な関係と整合的です。

　繰り返しますが，前提条件以外のセルには数字を直接打ち込まないことが大切です。途中で数字を打ち込むとモデルが動かなくなり，結果が誤ったものになります。シンプルなモデルであれば，最終結果を見て，それがおかしいことに気づくことができます。しかしながら，複数のエクセルシートを使う大規模で複雑なモデルになると，最終結果だけからモデルの誤りを判断す

図表2−6(b)｜前提条件の変化：金利が1％に変わった場合のローンの評価

	A	B	C	D	E	F	G	H	I
1		ローンの分析と評価							
2		割引率（金利）	1%						
3		均等返済額	50						
4		毎年均等返済ローン							
5		年	1	2	3	4	5		
6		返済額 (元利均等)	50.0	50.0	50.0	50.0	50.0	=$C$3	
7		毎期の返済額のPV	49.5	49.0	48.5	48.0	47.6	=G6/(1+$C$2)^G5	
8		ローン金額 (期首)			242.7			=SUM(C7:G7)	
9		返済計画							
10		期首元本	242.7	195.1	147.0	98.5	49.5	=F13	
11		利息 (期首元本×3%)	2.4	2.0	1.5	1.0	0.50	=G10*$C$2	
12		元本支払	47.6	48.0	48.5	49.0	49.5	=G6-G11	
13		期末元本	195.1	147.0	98.5	49.5	0.0	=G10-G12	
14									
15		元本一括返済ローン							
16		年	1	2	3	4	5		
17		返済額	2.4	2.4	2.4	2.4	245.10	=$C$8*$C$2+C8	
18		毎期の返済額のPV	2.4	2.4	2.4	2.3	233.20	=G17/(1+$C$2)^G16	
19		ローン金額			242.7			=SUM(C18:G18)	

［チェックポイント］
前提を変えてもゼロになる

ることは困難になります。

そこで，理論や定義が役に立ちます。モデルの途中において，理論や定義との整合性がチェックできる箇所をチェックポイントにします。いまの例では，満期における期末元本のセルG13がチェックポイントになります。ローンの返済計画では，満期における元本はゼロにならなければなりません。モデルが正しく作動していれば，満期時の元本はゼロになります。満期時の元本がゼロにならないモデルは，どこかに誤りがあります。

7. 株主と債権者

(1) 株主と債権者

企業にとって，債券やローンは負債調達に分類されます。負債調達における資金提供者は，債権者です。株式を発行して資金調達をするエクイティファイナンスの場合，資金提供者は株主(shareholder)になります。投資家の立場から債券と株式を比較すると，大きな違いが二つあることが分かります。

一つは，債券と株式のリスクの相違です。債券は，保有期間中の利息や元本が約束されています。一方，株式の配当(dividend)は約束されていません。例えば，以前は配当をしていた企業が，新型コロナウイルスの感染拡大によって収益が落ち込み，無配にした事例があります。新型コロナウイルスの感染拡大のような大きな経営環境の変化を考慮しなくても，株式会社の仕組みから，株式は債券よりハイリスクであることが分かります。

図表2−7(a)は，企業の損益計算書の各項目に関係が深い利害関係者(ステークホルダー，stakeholder)を紐づけたものです。株主の収益配分の順序は，最後になっています。売上高から営業活動に必要な諸費用を払い，債権者に利息を支払い，法人税等の税金を納めた後に残る利益が，株主への配当の原資になります。他のステークホルダーへの支払いをすませた後に利益やキャッシュが残っていて，初めて株主は企業経営の成果を受け取ることができるのです。

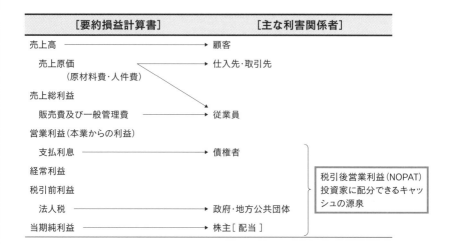

図表2−7(a) | 株式会社の収益配分

[要約損益計算書]	[主な利害関係者]

売上高 ─────────→ 顧客

　売上原価 ─────────→ 仕入先・取引先
　　　（原材料費・人件費）

売上総利益

　販売費及び一般管理費 ─────→ 従業員

営業利益（本業からの利益）

　支払利息 ─────────→ 債権者

経常利益

税引前利益

　法人税 ─────────→ 政府・地方公共団体

当期純利益 ────────→ 株主［配当］

税引後営業利益（NOPAT）
投資家に配分できるキャッシュの源泉

　経営成果の配分は最後ですが，株主には議決権があります。議決権は，株主総会において，企業経営に影響力をもつ取締役会のメンバーを選出したり，重要な議案の賛否について投票したりする権利です。企業経営の方針を決めることに関して，株主は強い権利をもっています。

　リスクに戻りましょう。株式のリスクが債券のリスクより大きいことは，図表2−7(b)の数値例で確認することができます。トップラインである売上高は，経営環境の影響を受けます。ここでは，悪化，通常，良好の三つのシナリオを考えます。売上原価は売上高の50％（変動費），販売管理費は固定費100とします。企業には社債やローン等の有利子負債があり，その利息を10支払います。また，負債の元本200を返済する必要があります。

　分析の結果から分かるように，株主への配当は経営環境の影響を受けます。環境が良好であれば，株主は多くの配当を受け取ることができます。環境が悪化すると，株主への配当はわずかになります。無配になることもあります。一方，債権者は経営環境が悪化しても良好であっても，利息と元本を受け取ることができます。このように，企業の株式は社債やローンに比べてハイリスクになります。したがって，株式に適用する割引率は，債券の割引率より

図表2-7(b) | 株式と債券のリスク

項目 ＼ 経営環境シナリオ	悪化(bad)	通常(neutral)	良好(good)
売上高	800	1,000	1,200
売上原価(売上高の50%)	400	500	600
売上総利益	400	500	600
販売費及び一般管理費(固定費 100)	100	100	100
営業利益	300	400	500
支払利息	10	10	10
税引前利益	290	390	490
法人税(30%)	87	117	147
税引後利益	203	273	343
負債(元本)返済	200	200	200
株主への配当	3	73	143

高くなります。

(2) NTTの社債と株式

　この本でしばしば取りあげる事例として，2020年に行われた日本電信電話(NTT)とNTTドコモ(ドコモ)のM&Aがあります。NTTがドコモの完全子会社化を目的として，ドコモの株式約11億株を一株3,900円で買い付けました。買収に必要な資金の総額は，4兆円以上になりました。NTTは，買収資金を短期的に大手金融機関からの借入れで調達しました。

　同時期，NTTは長期の資金調達として，総額1兆円の社債を発行しました。国内における社債発行額としては，最大級の規模であったようです。クーポンレートは，満期3年の社債が0.05％，5年社債が0.18％，7年社債が0.28％，最も満期が長い10年社債は0.38％でした。本章のセクション4でも述べたように，満期までの期間が長いほど，社債の期待収益率(割引率)は高くなっています。

　社債の発行条件が決まった時期のNTTの株価は，2,600円前後で推移して

いました。同社の決算短信によると，2021年の配当（予想）は一株当たり100円です。配当を株価で割った**配当利回り**（dividend yield）は，3.8％になります。

　割引率は期待収益率です。社債の発行条件から分かるように，NTTが発行する満期10年の債券に対する投資家の期待収益率はおよそ0.38％でした。後述するように，株式投資の期待収益率は，配当利回りとキャピタルゲイン（売却益，値上り益）の和です。したがって，NTTの株式に対する期待収益率は3.8％以上であり，債券より高いことが分かります。

　同一企業の株式と社債を比較すると，株式の方がハイリスクであるため，ハイリターンが期待されることになります。ハイリスク・ハイリターンの結果，株式の割引率は，社債の割引率より高くなります。

8. 定率成長モデルと定額モデル

(1) 定率成長モデル

　株式と債券のもう一つの違いは満期です。一部の例外を除くと，債券やローンには満期があります。対して，継続企業を前提とする株式には満期がありません。ゴーイングコンサーンというように，企業は永久的に事業を行うと考えられます。もちろん，個々の企業は倒産したり，市場から退出したりすることがあります。しかしながら，株式市場に上場している銘柄で構成されるインデックスファンドは，株式市場が消失しない限り，満期を迎えることはないと考えられます。

　永久的に収益をあげ続ける企業や株式を評価する場合，無限個の期待FCFの現在価値を足し合わせる必要があります。無限ですから紙面には書ききれません。エクセルに無限個の数値をインプットすることも不可能です。

　現代のバリュエーションやコーポレートファイナンスの理論では，**定率成長モデル**（perpetual growth model）や**定額モデル**（constant cash flow model）を用いることで，この問題を解決します。図表2-8(a)は，理論と実務の双方において，最もよく用いられる定率成長モデルについて説明したも

のです。

　定率成長モデルは，将来の期待FCFが一定の率で永久的に成長するという前提の下で導かれます。図表2−8(a)で説明しているように，永久成長率(g)は，割引率(期待収益率(r))より小さくなければなりません。成長率が一時的に期待収益率を上回ることはあります。しかしながら，そのような状態が永久的であると仮定して定率成長モデルを用いると，現在価値が収束せず，無限大になってしまいます。

　現代の経営理論や競争理論によると，企業規模や事業規模が大きくなるにつれ，成長率は安定的で持続可能(サステナブル)な水準に落ち着くと考えられます。定率成長モデルは，安定的で持続可能な成長を仮定しています。そのため，本書では，定率成長モデルを**サステナブル成長モデル**(sustainable growth model)，成長率を**サステナブル成長率**(sustainable growth rate)ということがあります。

　一般的に，利益やキャッシュの創出力が高く，それが安定しており，高い成長ポテンシャルがある企業や事業は，高く評価されると考えられます。収益性，安定性，成長性に優れたものが高い評価を受けるというのは，自然な考え方です。定率成長モデルは，まさにこのことを示しています。他の条件を一定にすると，期待FCFが高いほど，リスクが小さく割引率(r)が低いほど，永久成長率(g)が高いほど，現在価値(PV)は高くなります。シンプルなモデルであるがゆえに，メッセージは明確です。

　図表2−8(b)には，定率成長モデルの導出過程を示しました。高校の数学で学んだ等比数列の和の公式を用います。等比数列は項比が一定の数列です。定率成長モデルは成長率と割引率が一定であるため，等比数列の前提条件を満たしています。先に述べたように，一定の割引率を仮定することで，等比数列の和の公式を適用することができるのです。

(2) 定額モデル

　定率成長モデルにおいて，成長率をゼロにすると，図表2−8(c)にある定額モデル(定額キャッシュフローモデル)が導かれます。定額モデルは，毎期

- 毎期の期待FCFが永久的に定率(g)で成長する定率成長モデル(割引率＝r)。サステナブル成長モデルともいわれる。

$$PV = \frac{FCF_1}{1+r} + \frac{FCF_1(1+g)}{(1+r)^2} + \frac{FCF_1(1+g)^2}{(1+r)^3} + \cdots = \lim_{T \to \infty} FCF_1 \left[\frac{1}{r-g}\left(1 - \left(\frac{1+g}{1+r}\right)^T\right) \right] = \frac{FCF_1}{r-g}$$

- 定率成長モデルのポイント
  - 前提条件:r>g（割引率＞成長率），これが満たされないと値が収束しない。
  - [　]内の数式は有限項数の等比数列の和の公式を用いて導出（図表2−8(b)参照）。
  - 定率成長モデルの導出は割引率が一定であることが前提。一定の割引率を用いる利点の一つ。
  - 定率成長モデルの分子は評価時点の翌年の期待FCF（ここでは1年後の期待FCF＝FCF_1）。

- 1年後の期待FCF＝C，毎期の期待FCFが定率gで成長，満期はT。

$$PV = \frac{C}{1+r} + \frac{C(1+g)}{(1+r)^2} + \frac{C(1+g)^2}{(1+r)^3} + \cdots + \frac{C(1+g)^{T-2}}{(1+r)^{T-1}} + \frac{C(1+g)^{T-1}}{(1+r)^T}$$

$$\frac{1+r}{1+g}PV = \frac{C}{1+g} + \frac{C}{1+r} + \frac{C(1+g)}{(1+r)^2} + \frac{C(1+g)^2}{(1+r)^3} \cdots + \frac{C(1+g)^{T-2}}{(1+r)^{T-1}} \quad (両辺に \frac{1+r}{1+g} をかける)$$

- (下式)−(上式)をして整理

$$\left(\frac{1+r}{1+g} - 1\right)PV = \frac{C}{1+g} - \frac{C(1+g)^{T-1}}{(1+r)^T} \to \frac{r-g}{1+g}PV = C\left[\frac{1}{1+g} - \frac{(1+g)^{T-1}}{(1+r)^T}\right]$$

$$\to PV = C\left[\frac{1}{r-g}\left[1 - \frac{(1+g)^T}{(1+r)^T}\right]\right] = FCF\left[\frac{1}{r-g}\left(1 - \left(\frac{1+g}{1+r}\right)^T\right)\right] \quad (C=FCFに戻す)$$

の期待FCFが一定の資産の評価に適用されます。期待FCFは一定ですが，FCFそのものにはリスクがあります。

　図表にある定額モデルの意味のパートを見てください。第一式は，一定の割引率と期待FCFを用いたバリュエーションです。第二式は，投資の期待収益率を意味しています。投資額は現時点における評価額，投資から得られるリターンは期待FCFです。第三式は，投資家の期待に応えるために必要な経

- 定率成長モデル（$FCF/(r-g)$）の成長率がゼロのケース（g＝0）。

- 毎期の期待FCFが永久的に一定である定額モデルが導出される。

$$PV = \frac{FCF}{r}$$

- 定額モデルの意味

$$PV = \frac{FCF}{r} \leftrightarrow r = \frac{FCF}{PV} \leftrightarrow FCF = PV \times r$$

| 価値評価 | 期待収益率 | 期待に応えるための経営成果 |

営成果（期待FCFや利益）を意味しています。定額モデルもシンプルであるため，意味することは明確です。

　稀ですが，債券やローンの中には，満期がなく永久に利息を支払い続ける永久債や永久ローンとよばれるものがあります。例えば，みずほフィナンシャルグループは，2020年7月に第10回任意償還条項付無担保永久社債を発行しました。利率は2025年まで1.232％，それ以降は市場実勢に応じた変動金利が適用されます。途中での償還が可能な特約は付いていますが，永久社債として評価する際には，定額モデルを適用することになります。また，毎期の配当の期待値が一定である株式の評価にも，定額モデルが適用されます。

9. 株式の評価——配当割引モデル

(1) 定額配当割引モデル

　株式の保有者である株主には配当が支払われます。投資家からみた株式の評価額は，将来の配当の現在価値を足し合わせたものになります。分子の期待FCFに配当を用いるため，**配当割引モデル**（DDM, Dividend Discount Model）といわれます。

　日本では，中間配当や期末配当というように，定期的に配当を支払う企業がほとんどです。毎期の配当を安定的に支払う配当政策をとっている企業も少なくありません。年度末に支払われる配当が一定であると期待される場合，株式の評価には，定額配当モデルを用いるのが適しています。

　図表2-9(a)は，定額配当割引モデル（定額DDM）のタイムラインとバリュエーションです。定額配当割引モデルでは，配当を株式のリスクに応じた割引率（期待収益率）で割った値が株価になります。株式は債券よりハイリスク

図表2-9(a) | 定額配当割引モデル

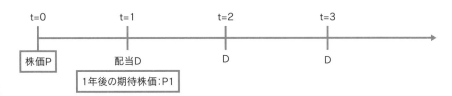

- 将来の配当が毎期定額（D）であると期待される株式の評価P，割引率＝r_e

$$P = \frac{D}{1+r_e} + \frac{D}{(1+r_e)^2} + \frac{D}{(1+r_e)^3} + \cdots = \frac{D}{r_e}$$

- 1年後の期待株価とキャピタルゲイン率

$$P_1 = \frac{D}{r_e} \rightarrow \frac{P_1-P}{P} = 0 \quad （Pは現時点の株価）$$

- 株式の期待収益率＝インカムゲイン率（配当利回り）＋キャピタルゲイン率

$$r_e = \frac{D}{P}$$

でした。したがって，割引率も債券評価における割引率より高くなります。この本では，エクイティに適用するという意味で，株式評価の割引率に添え字eを用いることにします。株式評価の割引率は，株式の期待収益率であり，**株式資本コスト**（cost of equity）ともいわれます。

定額DDMでは，将来の株価の期待値が，現時点の理論株価と同じ値になります。例えば，1年後の株価は，2年後以降の配当を割引いて求めます。前提条件が変わらなければ，2年後以降の配当の期待値は変わらず，毎期一定の配当が永久的に続くことが期待されます。割引率（株式の資本コスト）も同じです。したがって，1年後の期待株価は，現時点における株価と同じ式を用いて導出することになり，両者の値も一致します。

投資の期待収益は，**インカムゲイン**（income gain）と**キャピタルゲイン**（capital gain）に分けられます。インカムゲインは定期的に期待されるFCF，キャピタルゲインは売買益です。株式投資の場合，配当がインカムゲイン，売却益がキャピタルゲインになります。投資収益率でいうと，配当利回り（期待配当÷投資額（株価））とキャピタルゲイン率（売買差益÷投資額（株価））です。

定額DDMでは，現時点の株価と1年後の期待株価が等しいため，キャピタルゲインはゼロです。したがって，株式の期待収益率は配当利回りになります。

(2) 定率成長配当割引モデル

図表2−9(b)は，**定率成長配当割引モデル**（定率成長DDM）に関する説明です。定率成長DDMは，毎年の期待配当が一定の率で成長する株式の評価に適用されます。もちろん，配当だけが増えることはありません。経営成果である売上高や利益の成長がなければ，株主に還元できる配当を増やすことはできません。定率成長DDMは，売上高や利益が永久的に成長することを前提にしています。成長率がゼロの場合は，定額DDMになります。

定率成長DDMでは，株価が求まる条件として，配当の成長率が割引率（株式の資本コスト，株式の期待収益率）より小さいことが必要です（$r_e > g$）。ま

図表2−9(b) | 定率成長配当割引モデル

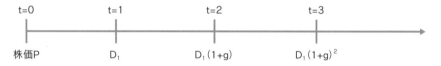

t=0　　　　　t=1　　　　　t=2　　　　　t=3

株価P　　　　D_1　　　　$D_1(1+g)$　　　$D_1(1+g)^2$

- 将来の配当(D_t)が一定の率(g)で成長すると期待される株式の評価，割引率＝r_e

$$P = \frac{D_1}{1+r_e} + \frac{D_1(1+g)}{(1+r_e)^2} + \frac{D_1(1+g)^2}{(1+r_e)^3} + \cdots = \frac{D_1}{r_e - g} \ (r_e > g)$$

- 理論株価は，リスク(割引率r_e)と成長率(g)の影響を受ける。リスクが小さいほど，成長率が高いほど，株価は高くなる。

図表2−9(c) | 株式の期待収益率

- 株式の期待収益率＝インカムゲイン率(配当利回り)＋キャピタルゲイン率(売却益)

$$r_e = \frac{D_1}{P_0} + g$$

- 1年後の期待株価とキャピタルゲイン率の期待値

$$P_1 = \frac{D_2}{r_e - g} = \frac{D_1(1+g)}{r_e - g} = P_0(1+g) \rightarrow \frac{P_1 - P_0}{P_0} = g$$

た，他の条件を一定にすると，リスクが低いほど，成長率が高いほど，株式の評価額は高くなります。

　図表2−9(c)は，定率成長DDMにおける株式の期待収益率を示しています。前提条件が変わらないとき，1年後の株価と現時点の株価で異なるのは，分子の配当です。現時点の株価が1年後以降の配当を割引くのに対し，1年後の株価は2年後以降の配当を割引くことになります。2年後の配当は，1年後の配当が定率成長した値です。このように考えると，1年後の期待株価は，現時点の株価に(1＋成長率)をかけた値になることが分かります。また，株式投資のキャピタルゲイン率は，成長率に等しくなります。

　将来の株価は不確実であり，言い当てることはできません。将来の期待株

価とは，現時点における前提条件とそれに適したモデルを用いて算出できる値です。現時点で利用可能な情報と理論モデルを用いた値といってもよいでしょう。定率成長DDMを用いる場合，将来の株価と現在の株価の関係は，成長率で表すことができます。

10. 配当割引モデルの応用

(1) 一時的な無配企業の評価

コロナ禍においては，多くの企業が一時的な業績の悪化に直面しました。最終利益が大幅な赤字になり，将来の業績を見通すことが困難であるという理由から，その年度の配当をゼロにした企業もあります。無配(配当をしないこと)を発表した企業の株価は下がりましたが，ゼロになったわけではありません。将来の業績回復による復配(無配から有配に戻すこと)が期待されるからです。

同様に，現在は赤字で無配というベンチャー企業も少なくありません。それでも株価がついているのは，将来に利益が出て，配当をすることが期待されるからです。

このような企業の株式評価をする場合，定額DDMや定率成長DDMをそのまま使うわけにはいきません。工夫をすることが必要になります。

図表2-10(a)は，1年後と2年後は無配であるが，3年後から配当支払いが期待される株式のバリュエーションを示しています。現時点から3年後に配当が支払われ，その後は定率成長するというケースです。この場合，定率成長DDMが適用できるのは，その1年先に配当が支払われる2年後になります。図表では，2年後の期待株価をP_2としています。

現時点の理論株価は，2年後の期待株価を2回割引いた値になります。2年後の期待株価は，3年後以降の配当を割引いたものです。この作業を行うことで，将来のすべての配当の割引現在価値の和として，株式評価額が算出できます。

同様のアプローチは，企業価値評価でも用いられます。企業価値評価では，

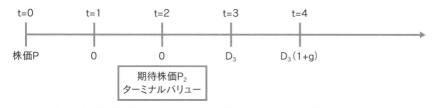

図表2-10(a)｜DDMの応用：一時的な無配企業

t=0	t=1	t=2	t=3	t=4
株価P	0	0	D_3	$D_3(1+g)$

期待株価P_2
ターミナルバリュー

● 定率成長DDMを適用

$$P_2 = \frac{D_3}{1+r_e} + \frac{D_3(1+g)}{(1+r_e)^2} + \frac{D_3(1+g)^2}{(1+r_e)^3} + \cdots = \frac{D_3}{r_e-g}$$

● 現時点の理論株価

$$P = \frac{0}{1+r_e} + \frac{0}{(1+r_e)^2} + \frac{P_2}{(1+r_e)^2} = \frac{1}{(1+r_e)^2}P_2$$

2年後の期待株価は2回割引く

図表のP_2を**ターミナルバリュー**(継続価値)といいます。ターミナルは，それ以降の期待FCFが永久的にサステナブル成長すると考えられる時点です。

(2) 配当割引モデルを用いたNTTドコモの株式評価

　一般的な配当割引モデル(DDM)では，数年間の配当を予測した後，ターミナルバリューに定率成長DDMや定額DDMを適用します。図表2-10(a)の例でも，今後2年間は無配，その後は定率成長DDMを適用しました。ここでは，一般的なDDMを用いて，NTTドコモ(ドコモ)の株式評価をしてみましょう。使用するデータは，2020年に行われたNTTとドコモのM&Aにおける開示資料とドコモの財務情報です。

　図表2-10(b)には，タイムラインと主な前提，DDMによる株価算定のプロセスが示されています。現時点(評価時点)は，NTTとドコモがM&Aを行った2020年とします。両社の開示資料によると，プルータス・コンサルティングは，2024年のドコモのFCFを6,764億円と予測し，それ以後の成長

図表2-10(b) | DDMによるNTTドコモの株式価値

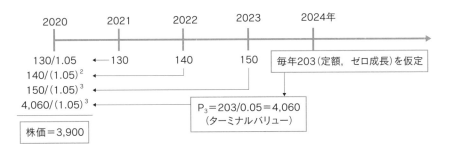

【前提条件】
- 2021年の一株当たり配当＝130円，以後毎年10円ずつ増加（過去実績）
- 2024年はFCFをすべて配当，期待FCF＝6,764億円，株式数＝33.35億株，一株当たり配当＝203円
- 2024年以降の配当成長率＝0，割引率＝5.0％（プルータス社の前提）

【DDMによる株価算定】

$$P = \frac{130}{1.05} + \frac{140}{(1.05)^2} + \frac{150}{(1.05)^3} + \frac{1}{(1.05)^3}\frac{203}{0.05} = 3,900 \text{円}$$

- 3年後の期待株価（配当後）は3回割引くことに注意

率はゼロとしています。NTTとドコモには強い資本関係があったため，ドコモは特別委員会を設けて公平性を担保しました。プルータス・コンサルティングは，特別委員会のファイナンシャルアドバイザーです。

ドコモは実質的に無借金であるため，2024年以降はFCFをすべて配当すると仮定します。当時，ドコモの発行済み株式数は33億3,523万株でした。したがって，一株当たり配当は203円になります。成長率がゼロであるため，2024年以降は毎年203円の配当が永久的に継続すると期待します。ターミナルバリューは，2024年の1年前にあたる2023年において算出します。適用するモデルは定額DDMです。

プルータス・コンサルティングは，ドコモの資本コスト（割引率）を4.96～5.01％としました。ここでは，5％としましょう。ターミナルバリュー（3年後の期待株価P_3）は，4,060円（203÷0.05）になります。

ドコモのホームページによると，2021年の一株当たり配当は130円（予想）

でした。過去3年間，ドコモは配当を10円ずつ増やしています。同社の配当は，2018年が100円，2019年が110円，2020年が120円，そして2021年が130円（予想）でした。配当実績から，2022年の配当を140円，2023年の配当を150円と予測します。これで，将来に期待されるすべての配当が決まりました。図表の通りに計算すると，配当割引モデルを用いた株式価値が算出できます。ターミナルバリュー（3年後）は，3回割引くことに注意してください。

計算結果によると，ドコモの株価は3,900円になります。実際にNTTがドコモとその株主に提示した買付価格も3,900円でした。

(3) 株価にインプライされた割引率と成長率

定率成長DDMを用いると，市場価格にインプライされる（内包されている）パラメータを逆算することができます。現実の世界では，株式の市場価格（株価）が分かります。来期の配当についても多くの企業が予想を出しています。したがって，割引率か成長率の一方が分かれば，もう一方を推定することができます。

図表2−10(c) インプライされた資本コストと成長率

①市場価格にインプライされた資本コスト
- 来期の一株当たり配当＝120，成長率＝2％，市場株価＝2,400
- 資本コスト（割引率）＝r_e
- 定率成長DDM：$2,400 = 120 \div (r_e - 0.02) \Rightarrow r_e = 7\%$

②期待収益率の確認
- 同じ状況が継続すると仮定：2年後の配当＝$120 \times (1.02)$，成長率＝2％，割引率＝7％
- 1年後の理論株価$P_1 = 120(1.02) \div (0.07 - 0.02) = (120 \div (0.07 - 0.02))(1.02) = 2,400(1.02) = 2,448$
- キャピタルゲイン率＝$(2,448 - 2,400) \div 2,400 = 2\%$，配当利回り＝$120 \div 2,400 = 5\%$
- 期待収益＝配当利回り＋キャピタルゲイン率＝7％（割引率，資本コスト）

③市場価格にインプライされた成長率
- 来期の一株当たり配当＝100，資本コスト（割引率）＝6％，市場株価＝2,000
- 成長率＝g
- 定率成長DDM：$2,000 = 100 \div (0.06 - g) \Rightarrow g = 1\%$

図表2−10(c)の①を見てください。現時点の市場株価と1年後の配当（一株当たり配当），配当成長率が分かっています。このとき，定率成長DDMを適用すると，株式の資本コスト（割引率）が算出できます。数値例では7％になります。市場株価に内包されているという意味で，**インプライされた資本コスト**（implied cost of capital）ということがあります。

　資本コスト（割引率）は，投資家の期待収益率でした。期待収益率は，インカムゲインである配当利回りとキャピタルゲインからなります。図表の②から分かるように，定率成長DDMのキャピタルゲインは，成長率に一致します（図表2−9(c)も参照）。配当利回りとキャピタルゲインの率を合わせると，投資家の期待収益率が求まります。期待収益率は，資本コスト（割引率）に一致しています。

　割引率が分かっている場合，成長率を推定することができます。図表の③の数値例では，成長率は1％になることが分かります。このようにして求められた成長率は，**インプライド成長率**といわれることがあります。

11. PERと配当割引モデル

　定率成長DDMを用いると，よく知られている株価指標である**PER**（Price Earnings Ratio）に対する理解が深まります。図表2−11で説明しているように，PERは株価を一株当たり利益（EPS, Earnings Per Share）で割った値です。

図表2−11 | PERとDCF法のファクター

- PER（P/Eレシオ, 株価収益率）＝P/EPS ⇒ EPS×PER＝株価⇒ PERは乗数
- EPS（Earnings Per Share）＝一株当たり当期純利益。予想EPSを用いることが多い。
- 配当性向（Dividend Propensity）＝一株当たり配当（D）÷EPS
- 定率成長DDM：$P=D_1/(r_e-g)$

$$PER = \frac{P}{EPS_1} = \frac{D_1}{(r_e-g)} \frac{1}{EPS_1} = \frac{d_1}{r_e-g} \quad （予想配当性向 d_1=D_1/EPS_1）$$

- PERは割引率（リスク）の減少関数，成長率の増加関数

EPSにPERをかけると株価になるため，**乗数**や**マルチプル**といわれることがあります。

　図表に示したように，定率成長DDMによる理論株価とPERの定義を用いると，割引率が低いほど，配当の成長率が高いほど，PERは高くなることが分かります。ハイリスク・ハイリターンの関係より，リスクが小さい株式ほど，期待収益率(割引率)は低くなります。したがって，ビジネスのリスクが小さく，配当や期待FCFが安定している企業ほどPERは高くなるといえます。また，将来性があり，成長率が高い企業の株式ほどPERは高くなります。

　第3章で説明しますが，企業の再投資が成長ドライバーになる場合，成長率が高くなっても，株価やPERが上昇しないケースがあります。ここでの分析は，そのようなケースは考慮していません。

　過去のデータから，株式市場の平均的なPERは15〜20倍であるといわれています。2021年11月において，インターネット関連企業のGAFAM(Google, Apple, Facebook, Amazon, Microsoft)のPERは，いずれも20倍を大きく上回っています。これらの企業は，成長銘柄(グロース株)の代表です。近年では，成長性に加えて，業績も安定してきたため，高いPERがついていると考えられます。本書でしばしば取りあげるシスメックスのPERは，2021年11月において約60倍になっています。売上や利益の規模ではGAFAM各社に劣りますが，やはり安定性と成長性が評価され，PERが高くなっていると考えられます。

ESGとコーポレートファイナンスの関係

図表 | ESGとコーポレートファイナンスの関係

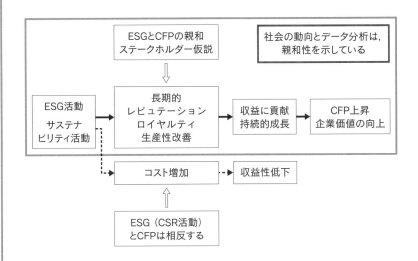

　本書の「はじめに」で述べたように，本書の特徴の一つは，ESGとコーポレートファイナンスの関係について取りあげていることです。コラムを利用して，両者の関係について解説をしていきます。

　ESGと企業の財務パフォーマンス（CFP，Corporate Financial Performance）の関係については，二つの考え方があります。一つは，ESG活動はCFPにマイナスの影響を与えるという仮説です。ESG活動には，時間，コスト，人材がかかります。それらのインプットに見合うだけのCFPの改善（財務的な効果）がないというのです。この仮説は，2000年以前のデータ分析において支持されることが多かったようです。当時は，ESGの前身であるCSR（Corporate Social Responsibility，企業の社会的責任）とCFPの関係が検証課題でした。

　2010年以降，企業のESG活動は，様々なステークホルダーとの長期的な価値創造の基盤であるという考え方が優勢になります。社会の動向に加え，データ分析の結果をみても，図表の上側のパスであるESGとCFPの親和性が確認されています。ESG活動とCFPの親和性を示すデータ分析の結果については，次のコラムで紹介します。

第3章 価値の創造

第3章のテーマとポイント

● 小松製作所，ダイキン工業，塩野義製薬。事業内容や売上規模，企業理念や組織文化が異なるこれら三社の共通点は，東京証券取引所が行っている企業価値向上表彰の大賞企業に選出されたということです。過去には，花王，ピジョン，オムロン，丸紅なども選出されています。

● 企業価値向上表彰の大賞に選出された企業は，コーポレートファイナンスを正しく理解し，きちんと実践しています。まず，経営目標として，資本利益率が資本コスト（投資家の期待収益率）を上回ることを掲げています。資本利益率が資本コストを上回ることは，財務的な価値創造や企業価値向上にとって最も重要な条件です。また，経営目標を達成するために，資本コストを取り入れた評価指標を用いて，事業投資の選別や事業ポートフォリオの管理を行っています。さらに，資本コストの重要性や価値創造の概念をマネジメントに浸透させるための取組みを継続しています。

● 図表にも示したように，価値創造のポイントは，資本利益率と資本コストの関係にあります。顧客の期待を上回る商品やサービスに価値があるように，投資家の期待収益率（資本コスト）を上回る経営成果（資本利益率）が期待できる企業や事業は，価値を創造します。繰り返しますが，価値創造や企業価値の向上にとって最も重要な条件は，資本利益率が資本コストを上回ることです。本章では，サステナブル成長モデルを用いて，価値創造の条件について説明します。

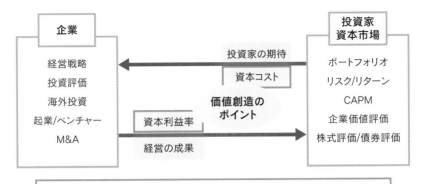

- 価値創造の条件：資本利益率（経営成果）＞資本コスト（投資家の期待）
- 成長投資が価値を高める条件：資本利益率（成長投資の利益率）＞資本コスト
- 資本利益率＜資本コストの場合，成長投資は価値を毀損する悪い成長になる
- 企業価値向上表彰企業の共通点はコーポレートファイナンス理論の実践化

- 持続可能な成長をする企業に適用できるサステナブル成長モデルは，コーポレートファイナンスやバリュエーションの本質を理解するのに適しています。資本利益率が一定である場合，サステナブル成長率は，成長投資比率（再投資比率）と資本利益率（成長投資や再投資の収益率）をかけた値になります。成長投資が価値創造に結びつくためには，やはり資本利益率が資本コストを上回ることが必要です。資本利益率が資本コストを下回る場合，成長投資は価値を毀損する悪い成長になります。資本利益率が資本コストを上回る場合，成長投資は価値創造のドライバーになります。

- ブランドは，収益性，安定性，成長性を同時に強くする可能性があります。定率成長モデルを用いると，企業価値は，収益性，安全性，成長性の三つの要素が重要であることが確認できます（第2章も参照）。企業がブランドを大切にするのは，ブランドが企業価値の向上に必要なすべての要素に好影響を与えるからです。コーポレートファイナンスでは，ブランドと企業価値が明確に結び付きます。

- 本章では，エクセルを用いたサステナブル成長モデルの構築と分析について説明します。データテーブルを用いた感度分析は，意思決定を定量的にサポートする有益な方法です。

1. サステナブル成長モデル

　国連サミットで**SDGs**(Sustainable Development Goals)が採択されて以降，サステナビリティという言葉をよく耳にします。第2章の定率成長モデルのセクションでも述べたように，コーポレートファイナンスには，**サステナブル成長**や**サステナブル成長率**という考え方があります。サステナブル成長とは，企業が内部での再投資によって持続できる期待FCFや利益の成長率を意味します。地球レベルでいうと，環境を破壊せず，人類が使用可能な資源を用いて持続できる成長率ということになります。

　企業が成長するためには，投資(成長投資)が必要です。現状維持の経営をしていたのでは，期待FCFや利益は増加しません。期待FCFや利益の持続的な成長を実現するためには，継続的にネットの投資(**純投資**)を行うことが必要です。純投資とは，減価償却費を上回る投資(設備投資や運転資本投資)のことです。利益の一部を再び社内で投資するため，再投資ということもあります。以下では，純投資を**再投資**や**成長投資**とよぶことがあります。

　後に詳しく説明しますが，減価償却費(depreciation)は現金支出を伴わない費用項目であるため，FCF計算では足し戻します。現金支出を伴う設備投資(capex)や運転資本投資は，費用項目でないため，FCF計算では減額します。運転資本(working capital)は，在庫や売上債権など，事業をスムーズにワークさせるために必要なものです。

　図表3−1の表は，サステナブル成長する企業の利益とFCF計画です。現時点で資金1,000(期首資本)を投じてビジネスを行う企業があります。有利子負債はなく，資本利益率(利益÷投下資本)は10%です。事業や経営に必要な資本をインプット，経営の成果である利益をアウトプットとしましょう。資本利益率は，インプットとアウトプットの関係を表す指標です。

　投下資本1,000を用いた企業のビジネスは，1年後に100の利益を生み出すことが期待されます。ビジネスには成長機会があるため，企業は利益の一部(4割)を再投資します。経営成果である利益から成長に必要な再投資(ネットの投資)を引くと，残りは事業からフリーなキャッシュフロー(FCF)にな

図表3-1｜サステナブル成長モデル

	t＝1	t＝2	t＝3	t＝4以降
① 投下資本（資産）	1,000	1,040	1,081.6	・・・
② 資本利益率＝10%	10%	10%	10%	10%
③＝①×②：利益	100	104	108.16	4%成長
④＝③×0.4：再投資（内部留保）	40	41.6	43.264	・・・
⑤＝③－④：FCF（配当）	60	62.4	64.896	4%成長
⑥＝①＋③－⑤：期末資本（資産）	1,040	1,081.6	1,124.864	・・・
利益・FCF・資本の成長率		4%	4%	4%

- サステナブル成長率＝資本利益率×再投資比率（内部留保率）＝10%×0.4＝4%
  ⇒ 再投資（成長投資）が生み出す利益の分だけ成長できる
- 期末資本＝期首資本＋当期利益－FCF（配当）＝期首資本＋内部留保・再投資
- FCF＝利益－再投資（設備投資＋運転資本投資－減価償却費）

ります。有利子負債がないので，FCFはすべて株主に配当することができます。現実の世界では，不測の事態に備えて，FCFの一部を現金として保有することもありますが，ここではFCFをすべて配当すると仮定します。

　純投資の分だけ，2年目の投下資本（1年目の期末資本）が増加します。資本の増加率（成長率）は4%です。資本利益率が一定であれば，2年目の利益は104になります。利益の成長率は4%です。再び利益の4割を再投資し，残りのFCFを株主に配当します。配当の成長率はやはり4%です。投資⇒利益⇒投資⇒利益のサイクルが持続します。

　このとき，企業はサステナブルに成長することが期待されます。サステナブル成長率は，再投資や成長投資の比率（再投資÷利益）と資本利益率（投資利益率）をかけた値です。表の数値例では，再投資の比率が4割，資本利益率が10%，サステナブル成長率は4%（＝0.4×10%）になります。サステナブル成長の原動力は，再投資や成長投資が継続して利益をあげることです。

2. 価値創造の条件

(1) サステナブル成長モデルの評価

　定率成長モデルを用いて，図表3−1にあるサステナブル成長企業のバリュエーションを行いましょう。定率成長モデルの公式は，図表3−2(a)の最初の行に示してあります。来期の期待FCF(FCF₁)とサステナブル成長率(g)は分かっているので，割引率が決まれば，価値が評価できます。

　割引率は投資家の期待収益率です。企業やビジネスの主体が勝手に決めてはいけません。企業やビジネス，株式や債券に資金を提供する投資家が決めるものです。もちろん，一人の投資家が決めるものでもありません。期待収益率(割引率)は，不特定多数の投資家が参加する競争的な資本市場で形成されるリスクとリターンの関係で決まります。割引率や期待収益率の詳細については，第5章と第6章で説明します。

　図表3−2(a)では，三通りの割引率(資本コスト)を仮定して，サステナブル成長モデルの現在価値(企業価値)を算出しています。

　資本コストと資本利益率が等しいケース1では，企業価値は投下資本と等しくなります。投資した資金1,000の評価額が1,000ですから，価値は増えませんし，減少もしません。投下資本を純資産，企業価値を株価(株式の市場価格)とみなすと，株価純資産倍率(PBR, Price Book value Ratio)が計算できます。ケース1のPBRは1.0です。資本コストは投資家の期待収益率，資本利益率は経営(事業)の成果でした。投資家の期待と経営の成果が等しいとき，事業は価値を創造することも，価値を毀損することもありません。

　ケース2では，資本コストを上回る資本利益率が期待されます。この場合，サステナブル成長モデルの評価額は1,500となり，投下資本を上回ります。また，PBRは1.0より高くなります。投資家の期待を上回る成果が期待できる企業や事業は，価値を創造するといえます。

　問題は，資本利益率が資本コストを下回るケース3です。計算結果が示すように，評価額は投下資本を下回り，PBRは1.0より小さくなります。投資家の期待を下回る成果しか出せない企業やビジネスは，価値を毀損すること

- 定率成長モデル：$PV = \dfrac{FCF_1}{r-g} = \dfrac{60}{r-0.04}$

- ケース1：資本コスト（割引率，期待収益率）＝10％＝資本利益率
  企業価値＝60÷（10％−4％）＝1,000＝投下資本（純資産），PBR＝1.0

- ケース2：資本コスト（割引率，期待収益率）＝8％＜資本利益率
  企業価値＝60÷（8％−4％）＝1,500＞投下資本（純資産），PBR＝1.5［価値創造］

- ケース3：資本コスト（割引率，期待収益率）＝12％＞資本利益率
  企業価値＝60÷（12％−4％）＝750＜投下資本（純資産），PBR＝0.75［価値の毀損］

- 価値が創造されるか毀損されるかは，資本利益率（経営の成果）と資本コスト（投資家の期待）の大小関係で決まる。

になります。

(2) 価値創造の条件

　ケース3の状況が生じるとどうなるでしょうか。二つの場面を想定して考えてみましょう。まず，起業家がサステナブル成長モデルを投資家に説明して，ビジネスに必要な資金（1,000）を株式調達する場面を考えます。合理的な投資家は，資金調達に応じることはありません。評価額が750である株式を1,000で買うことになるからです。起業家は資金調達をすることができず，ビジネスを行うことはできません。

　次に，純資産が1,000の企業が，経営計画としてサステナブル成長モデルを発表した場面を考えましょう。株主は，期待収益率を下回る成果しか出せない経営に反対するはずです。純資産は過去の経営成果を社内に留保してきたものです。これまで蓄積してきたものを用いて，それを毀損や減損する成果しか出せないのであれば，経営は合格とはいえません。他の選択肢がなければ，企業を清算する方が好ましいと思う株主もいるでしょう。長期にわたり，PBRが1.0を大きく下回っている企業は，このような状況にあるのかもしれません。

- 記号：投下資本＝B，資本利益率＝R，配当性向＝d，再投資比率＝1－d
- 期待利益＝BR，配当＝BRd，サステナブル成長率 g＝R(1－d)
- 資本コスト(割引率)＝r，r>g を仮定
- 定率成長モデルを適用した現在価値 $P = \dfrac{BRd}{r-g}$
- $P-B = \dfrac{BRd}{r-g} - \dfrac{B(r-g)}{r-g} = \dfrac{BRd}{r-g} - \dfrac{B(r-R(1-d))}{r-g} = \dfrac{B(R-r)}{r-g}$
- $P > B \Leftrightarrow R > r$
- 資本利益率(R)が資本コスト(r)を上回るとき，評価額(P)が投資額(B)を上回り，価値が創造される。

　以上の数値例が示すように，企業や事業が価値を創造するか否かは，資本利益率と資本コストの大小関係によって決まります。図表3－2(b)では，簡単な数式を用いて，このことを示しています。財務的・経済的な価値が創造されるとは，評価額(P)が投下資本(B)より高くなることです。そして，価値創造の条件は，資本利益率(R)が資本コスト(r)より大きいことです。

　企業やビジネスが価値を創造するか否かは，投資家が期待するリターン(資本コスト)を上回る経営成果(資本利益率)をあげることができるかどうかで決まります。資本利益率と資本コストの大小関係が，価値創造の決め手といえます。

3. 成長と価値

　資本コストを上回る成果が期待できる企業やビジネスは，経済的な価値を創造します。価値創造の条件が満たされている場合，企業は成長機会を利用して，さらに価値を高めることができます。

　図表3－3(a)は，成長機会への投資(再投資比率)を増やした場合のサステ

図表3−3(a)｜成長と価値：サステナブル成長モデル

	t＝1	t＝2	t＝3	t＝4以降
① 期首資本（資産）	1,000	1,060	1,123.6	・・・
② 資本利益率＝10％	10％	10％	10％	10％
③＝①×②：利益	100	106	112.36	6％成長
④＝③×0.6：再投資（内部留保）	60	63.6	67.416	・・・
⑤＝③−④：FCF（配当）	40	42.4	44.944	6％成長
⑥＝①+③−⑤：期末資本（資産）	1,060	1,123.6	1,191.016	・・・
利益・FCF・資本の成長率		6％	6％	6％

- ケース1：資本コスト＝10％＝資本利益率
  企業価値＝40÷（10％−6％）＝1,000，　PBR＝1.0［成長は価値に影響しない］
- ケース2：資本コスト＝8％＜資本利益率
  企業価値＝40÷（8％−6％）＝2,000，　PBR＝2.0［成長は価値向上につながる］
- ケース3：資本コスト＝12％＞資本利益率
  企業価値＝40÷（12％−6％）＝667，　PBR＝0.67［成長は価値の毀損を大きくする］
- 再投資による高い成長が企業価値の向上に寄与するか否かは，資本コストと資本利益率の大小関係に依存する。

ナブル成長モデルとバリュエーションです。資本利益率と再投資比率をかけたサステナブル成長率は，4％から6％に高まっています。

　価値創造の条件を満たすケース（下枠のケース2）に注目しましょう。企業価値は2,000になっています。成長率が4％の場合，企業価値は1,500でした（図表3−2(a)）。再投資を増やし，成長率を高めることで，企業価値が向上します。投資の利益率が資本コストを上回るため，追加的な成長投資が価値を創造するのです。

　このような状況にある企業は，配当より再投資（内部留保）を優先するのが好ましいといえます。配当によって資金をペイアウトすることで，価値を創造する投資機会を逸してしまうからです（ここでは，外部からの追加的な資金調達は考慮しません）。高成長・高評価のベンチャー企業が無配を選択する理由の一つは，この点にあります。過去には，アップルやマイクロソフトも配当をしていない時期がありました。

資本利益率と資本コストが等しい場合(ケース1)，成長投資を増やしても企業価値は変わりません。成長投資の利益率が投資家の期待収益率(資本コスト)に等しいためです。

　注意すべきは，資本利益率が資本コストを下回る場合(ケース3)です。この状況では，成長投資が企業価値を毀損します。成長投資の資本利益率が，投資家の期待に届かないからです。成長率が高くなるほど企業価値は低下するという，一見奇妙な状態に陥ります。価値を毀損する成長は，悪い成長です。このような企業は，成長投資に資金を使うより，配当や自社株買いによるペイアウトを検討すべきでしょう。成長投資を行うのは，資本利益率を高めてからということになります。

　図表3-3(b)は，簡単な数式を用いて，成長投資と価値創造の関係を示したものです。成長率を対象にするため，配当性向ではなく再投資比率(成長率の指標)をパラメータにしました。定率成長モデルを適用して企業価値を求め，成長率で微分をして，両者の関係を分析しています。図表の最後で述べているように，資本利益率(再投資の収益率)が資本コストを上回る場合，成長は価値創造のドライバーになります。逆に，資本利益率が資本コストを下回る状況で成長投資を実施すると，企業価値が毀損されます。価値を創造する**良い成長(価値を創造する成長)**だけではなく，価値を毀損する**悪い成**

図表3-3(b) | 成長が価値を創造する条件

- 記号：投下資本＝B，資本利益率＝R，再投資比率＝k，配当性向＝1－k

- 期待利益＝BR，配当＝BR(1－k)，サステナブル成長率 g＝Rk

- 資本コスト(割引率)＝r，r>g を仮定

- 企業価値　$P = \dfrac{BR(1-k)}{r-Rk}$

- 企業価値を再投資比率(成長率の指標)で微分　$\dfrac{\partial P}{\partial k} = \dfrac{BR(R-r)}{(r-Rk)^2}$

- 資本利益率>資本コスト(R>r)のとき，価値(P)は成長率(再投資比率k)の増加関数。成長が価値創造に結びつく条件は，成長投資の収益率が資本コストを上回ることである。

長（価値を毀損する成長）があることにも注意をしてください。

4. 日本企業の成長と価値創造

　図表3-4は，『生命保険会社の資産運用を通じた「株式市場の活性化」と「持続可能な社会の実現」に向けた取組について』（生命保険協会，2020年4月）に掲載されている二つの結果です。生命保険協会は，この種の調査を昭和49年から継続して行っています。

　図表3-4の下のパートは，自己資本利益率（ROE，Return On Equity）と資本コスト（**株式資本コスト**）に対する企業と投資家の見方を比較しています。直近では，過半数の企業が，資本利益率が資本コストを上回っていると答えています。一方，投資家の4割以上は，日本企業の資本利益率が資本コストに届いていないとみています。

　上のパートには，中期経営計画の指標や経営目標に関する意見分布が示されています。投資家の8割以上がROEを重視すべきであるという意見です。売上高や利益とその伸び率を重視すべきと回答している投資家の割合は低くなっています。企業側の回答をみると，ROEを指標にしている割合も高いのですが，売上高や利益とその伸び率を重視する割合も高いといえます。

　これら二つの表における投資家と企業の見方は，ともに整合的です。資本利益率が資本コストを上回っていると回答している企業は，成長が価値創造に結びつくと考え，成長を重視しています。前のセクションの結果から，これは正しい方針であるといえます。一方，資本利益率が資本コストを上回っていないとみている投資家は，成長より資本利益率の向上を求めています。これも正しい見方です。

　企業と投資家の見方が違う理由として考えられるのは，使用している資本コストの値が異なっている可能性です。企業と投資家では，資本コストの算出方法や算出時期，あるいは適用する数値が異なるのかもしれません。第5章と第6章で説明しますが，資本コストの概念やその算出に用いるモデルについては，合意されたものがあります。しかしながら，モデルにインプット

図表3－4｜資本利益率と成長に関する見方

8. 中期経営計画の指標（企業）／経営目標として重視すべき指標（投資家）

認識ギャップ大【企業＞投資家】　「e.利益額・利益の伸び率」「d.売上高・売上高の伸び率」

認識ギャップ大【企業＜投資家】　「a.ROE」「h.ROIC」「q.資本コスト」

a. ROE（株主資本利益率）
b. ROA（総資本利益率）
c. 売上高利益率
d. 売上高・売上高の伸び率
e. 利益額・利益の伸び率
f. 市場占有率（シェア）
g. 経済付加価値（EVA®）
h. ROIC（投下資本利益率）
i. FCF（フリーキャッシュフロー）

j. 配当性向（配当／当期利益）
k. 株主資本配当率（DOE）（DOE＝ROE×配当性向）
l. 配当総額または1株当たりの配当額
m. 総還元性向（（配当＋自己株式取得）／当期利益）
n. 配当利回り（1株当たり配当／株価）
o. 自己資本比率（自己資本／総資本）
p. DEレシオ（有利子負債／自己資本）
q. 資本コスト（WACC等）
r. ESG取組みに関する指標（CO2排出量、女性管理職比率等）
s. その他(具体的には　　　)

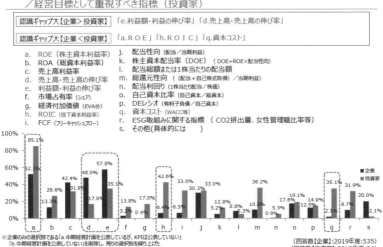

※企業のみの選択肢である「a.中期経営計画を公表しているが、KPIは公表していない」「b.中期経営計画を公表していない」を削除し、残りの選択肢を繰り上げた
※投資家の選択肢の順に合わせた

（回答数【企業】:2019年度:535）
（回答数【投資家】:2019年度:94）

9. 資本コストに対するROE水準の見方（企業・投資家）

認識ギャップ大【企業＞投資家】　「a.上回っている」

認識ギャップ大【企業＜投資家】　「c.下回っている」「b.同程度」

a. 上回っている
b. 同程度
c. 下回っている
d. （企業）資本コストを把握していない
　　（投資家）わからない

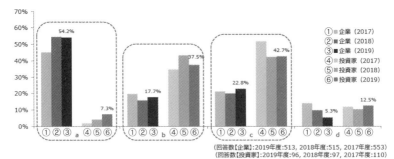

① 企業（2017）
② 企業（2018）
③ 企業（2019）
④ 投資家（2017）
⑤ 投資家（2018）
⑥ 投資家（2019）

（回答数【企業】:2019年度:513, 2018年度:515, 2017年度:553）
（回答数【投資家】:2019年度:96, 2018年度:97, 2017年度:110）

（出所）生命保険協会『生命保険会社の資産運用を通じた「株式市場の活性化」と「持続可能な社会の実現」に向けた取組について』（2020年4月）」https://www.seiho.or.jp/info/news/2020/20200417_4.html

する数値については，専門家の間でも合意できていないものがあります。資本コストを算出する際に，自社のデータを用いるか，同業他社のデータを用いる方法をとるかによっても，結果は異なります。会計年度末の値を用いるか，第一四半期末の値を用いるかによっても，結果が違ってきます。

　資本利益率と資本コストの関係は，価値の創造と毀損を分ける最も重要なものです。企業と投資家の見方が異なっているようでは，両者が協働して価値を創造することなどできません。企業と投資家の間にギャップがある場合，資本コストの算出を含めて，**エンゲージメント**（engagement）の場などで議論をすることが，解決策の一つになると思われます。

　図表3−4の上のパートでは，ESG取組みに関する指標（項目r）が取りあげられていることにも，注意をしてください。

5. エクセルによるサステナブル成長モデルの分析

(1) エクセルによるサステナブル成長モデル

　資本利益率が資本コストを上回っている場合，現状の資本利益率を維持して成長投資を増やすことができれば，企業価値は向上します。図表3−2(a)や3−3(a)におけるケース2が相当します。また，再投資（成長投資）の比率を一定に保ちながら，資本利益率を高めることができれば，やはり企業価値は向上します。資本利益率を高めると同時に，再投資を増やすという意欲的な方針も考えられます。

　感度分析を行うと，様々な経営方針が企業価値に与える影響を数字で把握することができます。ここでは，エクセルを用いたサステナブル成長モデルとデータテーブル機能による感度分析について説明します。

　図表3−5(a)は，エクセルによるサステナブル成長モデルを示しています。前提条件は青色の数値です。有利子負債を考慮しないため，資本利益率はROEとしてあります。サステナブル成長率（セルC8）は，資本利益率と再投資比率をかけて算出します。シートの12〜17行目にある表の各数値は，先に示した図表3−1と同じ値になっています。確認してください。

図表3-5(a) | エクセルによるサステナブル成長モデルの分析

	A	B	C	D	E	F	G	H	I	J	K
1		サステナブル成長モデルと評価					価値評価（定率成長モデル）				
2		仮定					1,000	=C16/(C6-C8)			
3		投下資本	1,000								
4		資本利益率（ROE）	10%				感度分析（データテーブル）			再投資比率（成長率）	
5		再投資比率	40%					20%	40%	60%	80%
6		資本コスト	10%				9%	878	844	783	643
7							10%	1,000	1,000	1,000	1,000
8		サステナブル成長率	4.0%	=C4*C5		ROE	10.5%	1,063	1,086	1,135	1,313
9							11.0%	1,128	1,179	1,294	1,833
10							11.5%	1,195	1,278	1,484	2,875
11											
12		年度	1	2	3						
13		期首資本	1,000	1,040	1,082	=D17					
14		利益	100	104	108.16	=E13*$C$4					
15		再投資	40	41.6	43.264	=E14*$C$5					
16		FCF（配当）	60	62.4	64.896	=E14-E15					
17		期末資本	1,040	1,082	1,125	=E13+E14-E16					
18											
19		利益成長率（確認）	─	4.0%	4.0%	=E14/D14-1					

　エクセルシートのF列には，理解しやすいようにE列にインプットした式が示されています。モデルでは，利益から再投資を引いた期待FCFを配当します（16行）。期末資本（17行）は，期首資本に利益を加え，配当を引いた値です。シート19行目では，利益の成長率を計算して，サステナブル成長率に一致することを確認しています。

　セルG2の価値評価額は，定率成長モデルを用いて算出しています。セルH2にはセルG2にインプットした数式が示されていますが，定率成長モデルの式になっていることを確かめてください。資本利益率と資本コストが10％で等しいため，評価額は投下資本に等しく1,000になります。

　第2章で紹介したように，インプットである前提条件を変えたとき，アウトプットの結果がどう変わるか分析することを感度分析といいます。例えば，このシート上の資本利益率（C4）を11％にすると，評価額が1,179に変わることが分かります。資本利益率を11％にしたまま，再投資比率を60％にすると，評価額は1,294になります。資本利益率が資本コストを上回っているとき，成長投資は価値を高めることが確認できます。資本利益率を元の10％に戻すと，再投資比率を20％や60％にして成長率を変えても，価値評価は

図表3－5(b)｜データテーブルによる感度分析

	A	B	C		F	G	H	I	J	K
1		サステナブル成長モデルと評価				価値評価（定率成長モデル）				
2		仮定				1,000	=C16/(C6-C8)			
3		投下資本	1,000							
4		資本利益率（ROE）	10%			感度分析（データテーブル）			再投資比率（成長率）	
5		再投資比率	40%		=G2		20%	40%	60%	80%
6		資本コスト	10%			9%	878	844	783	643
7					ROE	10%	1,000	1,000	1,000	1,000
8		サステナブル成長率	4.0%	=C4*C5		10.5%	1,063	1,086	1,135	1,313
9						11.0%	1,128	1,179	1,294	1,833
10						11.5%	1,195	1,278	1,484	2,875

- データテーブルの表示位置（G5）に価値評価のセル（G2）をコピー
- 感度分析をするパラメータの数字を打ち込む
  ［行（再投資比率）20％，40％，60％，80％，列（ROE）9％，10％，10.5％，11％，11.5％
- データ ⇒ what if ⇒ データテーブル ⇒ 行の代入セルにC5，列の代入セルにC4 ⇒ OK
- 列と行を色付けし，G5の文字の色を列や行と同色にする（G5セルの文字を隠す）

1,000のままです。資本利益率と資本コストが等しいとき，成長率は価値に影響しないことが確認できます。

(2) データテーブルと感度分析

エクセルには，感度分析を行うのに便利なデータテーブル機能があります。図表3－5(a)のセルG5からK10にかけての表が，データテーブルの結果です。データテーブルの作成の仕方は，図表3－5(b)に説明してあります。

図表のデータテーブルでは，横軸(H5～K5)に再投資比率，縦軸(G6～G10)に資本利益率(ROE)をインプットしました。再投資比率は成長率の代理変数です。資本利益率が10％で資本コストに等しいとき，再投資比率とサステナブル成長率が変わっても，評価額は1,000のまま変わりません。資本利益率が9％で資本コストを下回るとき，再投資を増やして成長率が高くなると，評価額は低下します。成長が価値の毀損をもたらすケースです。

資本利益率が10％を上回るケースでは，再投資比率が高くなると評価額も向上します。成長が価値のドライバーになっています。テーブルの結果は，

資本利益率が高くなるほど，成長が価値に貢献する程度も大きくなることを示しています。資本利益率が10.5％の行と11.0％の行を比べてください。再投資比率が20％増加したときの価値の増加は，後者の方が大きくなっています。資本利益率が資本コストに近い状況では，再投資や再投資による成長戦略が企業価値に与える影響は小さくなっています。

　図表3−5(a)のテーブルに戻ってください。資本利益率が10.5％，再投資比率が40％の企業を考えます。企業価値はセルI8の1,086です。企業には二つの選択肢があります。一つは資本利益率を高めること，もう一つは再投資を増やして成長を目指すことです。実現可能性を調査したところ，資本利益率は11.0％，再投資比率は60％まで高められることが分かりました。前者を選択すると，企業価値は1,179になります。後者を選択すると，企業価値は1,135になります。企業価値の向上を目指すのであれば，前者を選択するのが正解になります。

　資本利益率が11.0％，再投資比率が40％の状態を実現した後，再び同じような選択肢に直面したとします。いま，企業の状態はセルI9です。今度は，資本利益率を11.5％に高めるより(I10)，再投資比率を60％に増やす方が(J9)，企業価値は高くなります。

6. 価値創造のトレードオフ

　競争がある経済において，成長投資を維持しながら資本利益率を高めたり，資本利益率の水準を落とさずに高い成長を実現したりすることは，困難であると考えられます。どちらか一方を高めるともう一方は低下するトレードオフ(trade-off)の関係を想定する方が，現実的でしょう。データテーブルはトレードオフを分析する際にも有益です。

　図表3−6は，異なる前提におけるサステナブル成長モデルとデータテーブルの結果を示しています。資本利益率には，伊藤レポート(第1章参照)で示された8.0％を用いています。再投資比率が2割ですから，サステナブル成長率(セルC8)は1.6％になります。セルC9のFCF$_1$は来期の期待FCF，C10は

図表3-6 | トレードオフの選択

	A	B	C	D	E	F	G	H	I	J
1		サステナブル成長モデル トレードオフ				感度分析（データテーブル）				
2		仮定						再投資比率（成長率）		
3		投下資本	1,000		=C10		0%	20%	40%	60%
4		資本利益率（ROE）	8.0%			7.0%	1,000	1,000	1,000	1,000
5		再投資比率	20%			7.5%	1,071	1,091	1,125	1,200
6		資本コスト	7.0%		ROE	8.0%	1,143	1,185	1,263	1,455
7						8.5%	1,214	1,283	1,417	1,789
8		サステナブル成長率	1.6%	=C4*C5		8.7%	1,243	1,323	1,483	1,955
9		FCF₁	64.0	=C3*C4*(1-C5)						
10		評価額（定率成長）	1,185	=C9/(C6-C8)						

- 成長投資をゼロにして資本利益率を高める施策：セルG7
- 資本利益率が低い成長市場に進出する戦略：セルJ5（成長率＝7.5%×0.6＝4.5%）

定率成長モデルを用いた価値評価です。

データテーブルでは，セルH6が現状を示しています。企業には二つの選択肢があります。一つは，成熟した国内市場に注力して，製品やサービスの高付加価値化をはかり，資本利益率を高めることです。ただし，市場には成長性がないため，サステナブル成長率は0%になります。もう一つは，成長途上の新興国でビジネスを拡大する方針です。成長機会は豊富ですが，製品やサービスの価格を下げる必要があり，資本利益率は低下することが予想されます。

両者の経営方針を定量的に分析してみましょう。国内市場での高付加価値化が実現すると，資本利益率は8.5%に上昇します。一方，市場が限定的であるため，成長機会はなく，再投資比率と成長率はゼロになります。現状から左下にあるセルG7が，期待される企業価値です。企業価値は1,214まで向上します。

海外での成長戦略を選択すると，資本利益率は7.5%に低下しますが，成長投資は6割まで可能です。このとき，成長率は4.5%（7.5%×0.6）まで上昇し，企業価値は1,200（セルJ5）になります。ちなみに，成長投資が4割（成長率＝3.0%）であれば，現状より企業価値は低下します（セルI5）。以上の分析から，企業はまず国内の高付加価値化を目指すことを検討することになりま

す。このように，データテーブル機能を用いることで，トレードオフを含む様々なシナリオを価値ベースで分析したり，議論したりすることができます。

繰り返しますが，資本利益率が資本コストを上回っていることが重要です。成長は響きがよい言葉です。損益計算書のトップライン（売上高）やボトムライン（利益）を伸ばすことは，分かりやすい目標になります。成長機会がある企業や事業は，社員のモチベーションも高まるでしょう。実際，図表3−4で示したように，多くの日本企業が売上や利益の成長を経営指標にしています。

ただし，コーポレートファイナンスの理論からすると，成長戦略が財務的な価値を高めるのは，資本利益率が資本コストを上回る場合のみです。資本利益率が資本コストを下回っている企業や事業は，成長を志向する前に，資本利益率を高める必要があります。

7. ブランドの価値

サステナブル成長モデルが示すように，収益率が高い（期待FCFが大きい）ほど，業績が安定している（割引率が低い）ほど，高い成長率が見込めるほど，企業や事業の評価は高くなります（資本利益率が資本コストを上回っていることが必要）。しかしながら，これらのファクターには**トレードオフ**の関係があると考えられます。

例えば，新興国のように成長ポテンシャルが高い市場は，政治や経済の安定性に問題があったり，収益の不確実性が大きかったりします。洗練された先進国でのビジネスは，安定はしていますが，成長ポテンシャルが小さいといえます。企業の戦略にもトレードオフがあります。販売価格を下げて売上高を伸ばすと，成長率は高くなるかもしれませんが，利益率は低下します。自社の得意分野に特化して収益の安定化をはかれば，売上が伸びなかったり，高い成長が見込める領域への展開力が低下したりします。

トレードオフを解消できる可能性として，ブランドの利用が考えられます。ブランド力がある製品やサービスは，高い価格で販売することができるため，

利益率が高く期待FCFも大きくなります。顧客は，ブランドがある製品や
サービスを繰り返し購入するため，収益の安定化にもつながります。新しい
製品やサービスを事業化したり，海外など新しい市場を開拓したりする際に
も，ブランドは強力な経営資源になります。

　図表3−7(a)の下にある二種類のノートはブランドの事例です。左のノー
トは，普通の大学ノートに京都大学のロゴと京都大学という刻印をつけたも
のです。京大ノートは一冊320円で売られています。オープンキャンパスや
修学旅行，あるいは観光旅行などで大学に来た高校生や中学生，また中高生
の親御さんたちが購入されます。販売数量は多くありませんが，安定的に売
れているようです。その他にも大学名やロゴの入ったものがいくつか売られ
ています。京都大学というブランドを利用して，新しい事業を行った事例と
いえます。

　右のノートは，スターバックスのキャンパスノートです。全国のスター
バックスの店舗から出るミルクパックをリサイクルした表紙に，同社のロゴ
と社名が刻印されています。スターバックスが自社のブランドを利用した新
製品です。こちらは一冊480円でよく売れているようです。アメリカが発祥
のスターバックスは，ブランド力を利用して，日本を含む多くの海外市場に
事業を拡張しています。リサイクルは，企業の環境活動のアピールにもなり
ます。環境(environment)は，社会性(social)やガバナンス(governance)とと
もに，ESGというブランドを形成しています。

　図表3−7(b)は，経済産業省の研究会がまとめた**ブランド価値評価モデル**
です。プレステージドライバーは収益性，ロイヤルティドライバーは安定性，
エクスパンションドライバーは成長性を意味しています。このように，ブラ
ンドは企業価値の向上や価値創造に必要な三つのファクターを同時に高める
可能性をもっています。企業がブランドに注力する理由は，企業価値の向上
という観点からも説明ができます。

　図表の下には，ブランド価値の計算方法が示されています。利子率(r)で
割引いているので，DCF法による評価モデルになっていることが分かりま
す。ブランドは無形資産に分類されることが多いのですが，DCF法を用い
て定量化することができます。

- $PV = \dfrac{FCF_1}{r-g}$

- 価値は，収益性・成長性・安定性の三つのファクターで決まるが，トレードオフがある。

- ブランドはトレードオフを解消できる可能性がある。ブランドを利用することで，収益率と安定性を両立させたり，安定性と成長性(新規性)を両立させたりすることができる。

(2)ブランド価値評価モデルの基本構造

　　本モデルでは，ブランドが競争優位をもたらす要素を分析し，それに応じたドライバーを乗ずることによりブランド価値を算定。

　　本モデルでは，企業のブランド価値は，客観的な財務データにより算定されるため，極めて透明性が高いのが最大の特徴。

競争優位をもたらす要素	ブランド価値評価のドライバー
価格優位性：ノン・ブランド製品等と比較して品質や機能が全く同一であるとしても，高い価格で販売できる	PD：プレステージドライバー
販売数量の安定性(ロイヤルティ)：顧客が当該ブランド製品等を反復継続して購入するようになり，安定した販売数量を確保できる	LD：ロイヤルティドライバー
拡張力：異業種や海外市場への拡張を用意する	ED：エクスパンションドライバー

| 価格優位性 | 販売数量安定 | 拡張力 |

ブランド価値(金額ベース) = PD ＊ LD ＊ ED ／ r (利子率)

(出所)経済産業省(2002年)「ブランド価値評価研究会報告書の公表について」

8. 企業価値向上表彰企業

(1) 小松製作所の取組み

　企業と投資家が直接的に関係をもつ証券市場を運営する東京証券取引所は，2012年度から企業価値向上表彰制度を設けています。そのホームページには制度の目的が，次のように記されています。

- 資本コストをはじめとする投資家の視点を強く意識した経営を実践し，高い企業価値の向上を実現している会社を表彰する。
- 表彰を通じ，ベストプラクティスを提示することで，上場会社に対して企業価値向上経営の必要性と参考事例を，投資家には東証市場における株主価値の創造を目指す企業の存在を発信する。

　https://www.jpx.co.jp/equities/listed-co/award/01.html

　ここでは，企業価値向上表彰を受けた企業と取組みについて紹介します。いずれの企業も確固たるコーポレートブランドをもち，本章で解説してきた価値創造の条件を意識した経営を行っていることが分かります。

　図表3-8(a)は，第8回(2020年1月)の大賞に選出された小松製作所(コマツ)の取組みです。同社は，資本コストを意識し，それを上回るROEの目標を設定しています。新規投資や事業の撤退による事業ポートフォリオの管理においては，事業ごとのリスクに応じた資本コストを適用し，**正味現在価値**であるNPV(Net Present Value)と経済付加価値のEVA(Economic Value Added)を定量的な指標にしています。グループ会社の業績管理指標として，**投下資本利益率**であるROIC(Return On Invested Capital)を導入しました。サステナビリティを意識したESG経営にも取り組んでいることが分かります。本章で説明してきたことやコーポレートファイナンスを正しく理解し，自社の現状に応じた形で実践しています。

　同年に優秀賞に選出された資生堂，ANAホールディングス，ニトリホールディングスも，資本コストと企業価値を意識した経営に取り組んでいます。

図表3-8(a) 小松製作所の企業価値向上への取組み

> **1. 企業価値向上の実現に向け，経営目標・指標等が資本コストを意識したものであり，長期にわたり継続して活用している。**
> - 自社の株主資本コスト水準（8%程度と想定）を踏まえ，これを上回るROE目標（10%以上）を設定すると共に，資本コスト水準やその低減に向けての取組みを統合報告書で公表。
>
> **2. 企業価値向上の実現に向けて資本生産性を踏まえた経営管理の仕組みを構築している。**
> 【事業ポートフォリオ管理（新規投資・事業撤退）】
> - 2000年代初めから，NPV・EVA※を継続して用い，投資案件の業種・地域・リスクに応じた資本コストを踏まえ投資判断を実施。また現在においても，買収後事業の全社への企業価値向上への貢献度をモニタリングするためEVAを継続活用。
> 【既存事業管理】
> - 2017年度より，各グループ会社の業績管理指標としてROICを採用。
>
> **3. 経営トップ自らが，投資者らとの対話の重要性を認識し積極的に実践している。**
> - 投資家をはじめとするステークホルダーと対話することの重要性を認識し，経営トップ自らが対話を率先して実践。現中期経営計画においては，投資家との対話を踏まえ，ESGに関する具体的な定量目標等を策定し，公表している。

※EVAは米国スターン・スチュワート社の登録商標です。

（出所）https://www.jpx.co.jp/equities/listed-co/award/01.html

(2) ダイキン工業と塩野義製薬の取組み

　図表3-8(b)は，第7回（2019年1月）の大賞に選出されたダイキン工業の取組みです。資本利益率（ROE，ROIC，ROA）や価値指標DVA（ダイキン流経済的付加価値）を活用していることが分かります。資本コストを上回るROEの目標値を設定していること，企業として価値創造経営を強く意識していること，新規投資の決定基準にNPVを用いていることなどは，小松製作所と共通しています。やはり，コーポレートファイナンスやバリュエーションのテキストに書かれていることを，企業の実態に合わせて適用しているといえるでしょう。

　頭で理解しても，組織として実践するのは難しいことです。ダイキン工業では，意識を共有し実践するために，役職者に対して，定期的に資本コストの概念を説明しています。海外のマネージャーには，日本語以外の資料を作成し，グローバルレベルで価値創造経営の理解と実践に取り組んでいるよう

1. **企業価値向上の実現に向け，経営目標・指標等が，資本コストを意識したものであり，長期にわたり首尾一貫している。** ● 1999年に改訂した中期経営計画において「率の経営」を掲げて以来，資本コストを念頭においた経営を推進。 ● DVA(ダイキン流経済的付加価値)，ROE，ROA，ROICといった複数の資本生産性指標を設定・活用。 ● なかでも，ROE及びROAは，経営目標として，継続的に対外公表。 ● 現在のROE目標値は，自社の資本コストを大きく上回る水準(14％)を設定。ROE実績は2013年3月期には7.8％だったが，直近3事業年度(2016年3月期〜2018年3月期)には13.4％，14.5％，15.7％と大きく躍進。
2. **企業価値向上の実現に向け，経営管理の仕組みが，資本コストを意識したものとなっている。** **【新規投資採択】** ● NPVやIRRを用いるなど，資本コストを踏まえた投資判断を実施。 **【既存事業管理】** ● 中期経営計画の着実な達成に向け，部門別の予実管理指標としてROICを活用。
3. **資本コストを意識した経営目標・指標及び経営管理の仕組みについて，その社内浸透に力を注いでいる。** ● 2000年頃より社内報においてROEやDVAなどの経営指標や資本コスト，企業価値について解説しているほか，ROICツリーにより，各自の業務が経営指標の改善や企業価値向上にどう結びつくかを啓蒙するなど，社内浸透策を継続。 ● マネージャー以上の役職者向けには，定期的に資本コスト概念の説明を行うとともに，近年は海外のマネージャー向けに日本語以外の資料も作成しグローバルでの浸透も推進。

(出所)https://www.jpx.co.jp/equities/listed-co/award/02-07.html

です。

　図表3−8(c)は，第6回(2018年2月)の大賞企業である塩野義製薬の取組みです。同社は，経営トップが投資家(株主)との対話(IRやエンゲージメント)に積極的に取り組み，そこで得られた知見を経営にフィードバックする仕組みを整備しています。

　第2章の図表2−7(a)で示したように，株主は企業の収益配分において最劣位にいます。企業が利益やFCFを高めなければ，投資のパフォーマンスが悪くなります。対話の場では，投資家も真剣に意見を述べてきます。日本の事業会社にはできないような分析をしたり，事業会社の中にいると思いつかないような提案をしたりすることもあります。本当に良い分析や提案があれ

図表3−8(c)｜塩野義製薬の企業価値向上への取組み

---

1. 投資者との対話に積極的に取り組み，自社の企業価値向上につなげている。
- 投資者との対話で得られる知見を経営にフィードバックする仕組みを整備したうえで，積極的に対話に取り組み，経営管理の改善を実行。
- 経営トップが，投資者との対話の重要性を強く認識し，自身の時間の25%程度を投資者との対話に充てることを明言し，実際に経営トップ自身が対話を実践。

2. 投資者視点を意識した経営目標を設定して公表し，その成果が現れている。
- 資本生産性を表す管理指標（ROE，ROIC）に自社の資本コストを大きく上回る水準の目標値を設定し，中期経営計画（2015年3月期〜2021年3月期）において公表（ROE目標：15%以上，ROIC目標：13.5%以上）。
- 過去3年間（2015年3月期〜2017年3月期）のROEは，9.4%，13.6%，16.3%と大きく向上し，経営目標として掲げた水準を前倒しで達成。

3. 企業価値向上の実現に向けた経営管理の仕組みを構築している。
【新規事業の管理】
- 自社の資本コストの水準を適時に見直し，それを考慮した管理指標（「NPV」「Risk adjusted NPV」）を用いて，資本コストや資本生産性を強く意識した投資判断を実践。

【既存事業の管理】
- 自社の特性を踏まえた管理指標（「ロイヤリティー収入除く営業利益」等）を継続的に確認して経営目標の実現への貢献状況を評価し，その結果次第で事業撤退も決断するなど，的確かつ堅実な事業ポートフォリオ管理を実践。

4. 企業価値向上の意識や経営管理の仕組みが組織に浸透している。
- ROICやCCCを重要な管理指標に採用して目標値を設定し，それらを構成要素ごとに細分化することで，会社全体として経営効率の改善に努める枠組みを導入。
- 経営トップ自らが，四半期ごとにすべての社員に対して直接経営のメッセージを発信するほか，次世代経営層の育成に向けた研修に強く関与するなど，強いリーダーシップを発揮して企業価値向上に向けた意識や経営管理の仕組みの社内への浸透に尽力。

（出所）https://www.jpx.co.jp/equities/listed-co/award/02-06.html

ば，それを取り入れることが企業価値の向上に結びつき，投資家のパフォーマンスを高めます。塩野義製薬では，企業と投資家が協働して価値向上を目指すことを重視しているようです。本書でしばしば取りあげるシスメックスも，同じような取組みをしています。

　塩野義製薬における資本利益率（ROE，ROIC），資本コスト，NPVなどの適用は，小松製作所やダイキン工業と同じです。キャッシュフローの効率性を示す指標であるCCC（Cash Conversion Cycle）も採用しているようです。また，現場への浸透にも努めています。

(3) 表彰企業の共通点

　第6回や第7回の優秀賞に選出された企業は，ニチレイ，住友化学，スズキ，アサヒグループホールディングス，日本電産，ユニ・チャームです。総評には，いずれの企業も投資家の期待を上回る経営成果を出し，価値の創造を目指す企業価値向上経営を高いレベルで実践していると書かれています。

　塩野義製薬は，売上高が3,300億円の製薬メーカーです。エアコンの製造・販売を行うダイキン工業と建機メーカーのコマツの売上高は2兆円を超えています。企業規模や事業内容は異なっても，企業価値の向上に向けて，これら三社が取り組んでいる内容は共通しています。過去に企業価値向上表彰の大賞や優秀賞に選ばれた企業にも共通しています。

　京都大学の講義「企業価値創造と評価」において，第4回（2016年1月）の大賞受賞企業であるピジョンの山下茂社長（2017年当時）に講演をしていただ

図表3-8(d)｜企業価値向上の表彰候補企業50社の株価パフォーマンス

表彰候補50社の株価パフォーマンスの推移

第8回表彰の選考対象期間（財務数値の参照期間）の最初の営業日（2014/4/1）を起点（100）として，表彰候補50社の日々の終値ベースの株価の変化率を単純平均してグラフ化
※同じ時点を起点とする日経平均株価及びTOPIXの変化率の推移も併記

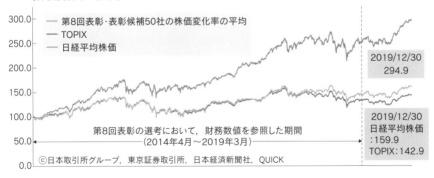

【株価変化率の推移】

- 第8回表彰・表彰候補50社の株価変化率の平均
- TOPIX
- 日経平均株価

第8回表彰の選考において，財務数値を参照した期間
（2014年4月〜2019年3月）

2019/12/30
294.9

2019/12/30
日経平均株価
：159.9
TOPIX：142.9

©日本取引所グループ，東京証券取引所，日本経済新聞社，QUICK

（出所）https://www.jpx.co.jp/equities/listed-co/award/01.html

いたことがあります。講演の中で，DCF法による企業価値評価やPVA(ビジョンの経済価値指標)，**WACC**(Weighted Average Cost of Capital，**加重平均資本コスト**)の説明などを自身の言葉で分かりやすく話していただいたことが印象的でした。

　企業価値の向上を意識して経営に取り組んでいる企業は，株式市場におけるパフォーマンスも良好です。図表3−8(d)は，コマツが大賞に選ばれた第8回の表彰候補企業50社からなるポートフォリオのパフォーマンスです。過去5年間のリターンは，TOPIXや日経平均株価を大きく上回っていることが分かります。

ESGとコーポレートファイナンスの親和性

図表｜環境要素とROICに関するデータ分析の結果

被説明変数：ROIC（%）	係数	ロバスト標準誤差
売上高100万円当たりのCO₂排出量（メートルトン）	-0.149***	0.025
売上高100万円当たりの水使用量（メートルトン）	-0.002**	0.001
売上高100万円当たりの廃棄物排出量（メートルトン）	-0.655**	0.256
ln（資産総額）	3.853***	1.158
時価簿価比率	2.951***	0.968
負債比率	-16.55***	2.673
切片	-90.98***	30.12
企業固有効果	yes	
年次効果	yes	
サンプル数	2711	
グループ数	438	

*** : $p<0.01$, ** : $p<0.05$

　2000年以降の欧米を中心に，企業のESGとCFP（企業の財務パフォーマンス）の関係をデータや事例を用いて検証した研究報告が増加しています。主な結果をまとめると，次のようになります。

- 企業のESG活動は，資本利益率やFCFなどのCFPの改善に結びつく。
- 企業のESG活動は，様々なリスクや資本コストを低下させる。
- ESG活動に積極的な企業は，投資家から評価され，株価が上昇する。

　上の図表は，京都大学の砂川研究室と加藤政仁研究室が行っている日本企業のESG活動とCFPに関するデータ分析の結果の一部です。ESG活動の指標には，売上高百万円当たりのCO_2排出量（メートルトン），水使用量（メートルトン），廃棄物排出量（メートルトン）という環境要素を用いています（データはBloombergから取得）。CFPの指標にはROIC（営業利益÷投下資本）を用いました（データはNEED Financial Questから取得）。赤枠で囲った係数は，いずれもマイナスになっていることに注目してください。このことは，CO_2排出量，水使用量，廃棄物排出量が少ないほどROICが高くなることを意味しています。日本企業においても，ESG活動とCFPには親和性があると考えられます。次のコラムでは，ESGと資本コストの関係について紹介します。

資本利益率と
キャッシュフロー

第4章のテーマとポイント

● かつては低かった日本の上場企業のROE（自己資本利益率）は，2010年代に上昇しました。資本利益率の改善と歩調を合わせるように，株価も上昇を続けてきました。

● 第3章で説明したように，財務的・経済的な価値創造の条件は，資本利益率が資本コストを上回ることです。また，第2章で述べたように，バリュエーションにおけるDCF法では，分子に企業の経営成果であるフリー・キャッシュフロー（FCF）を用います。コーポレートファイナンスでは，資本利益率とFCFを含むキャッシュフロー分析について理解しておくことが大切です。本章では，資本利益率とキャッシュフローを取りあげます。

● 資本利益率は，分解することで見通しが良くなります。ROE（自己資本利益率）は，デュポン分解により，売上高利益率，総資産回転率，財務レバレッジ（有利子負債の利用の程度）に分けることができます。デュポン分解をすると，日本企業のROEがアメリカ企業より低い原因は，売上高利益率にあることが分かります（図表4−3（a）参照）。

● ROEをROIC（投下資本営業利益率）と金利の関係式に分解すると，ROEとレバレッジの関係を正しく理解することができます。ROICが負債コスト（金利）を上回る状況では，レバレッジはROEを高めます。逆に，本業が悪化して，ROICが金利を下回れば，レバレッジがROEを悪化させます。理論的には，レ

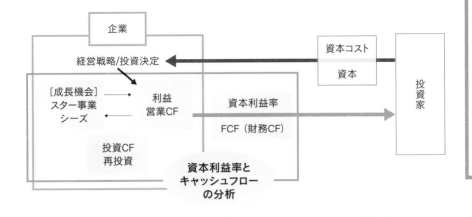

バレッジによってROEの期待値は高くなりますが，その変動も大きくなります。レバレッジはエクイティをハイリスク・ハイリターンにします。

● ROICは，売上高利益率と総資産回転率に分解することができます。売上高利益率と資産回転率の組合せ（ポジション）は，業界の収益構造や企業の事業戦略と関係があります。ここでは，企業や業界を取り巻く5つの脅威（5 forces）と資本利益率の関係や，M&Aによる脅威の緩和（シナジー効果）と資本利益率の関係について説明します。ニチレイの主要事業とROICの分解，鉄鋼高炉業界と非鉄アルミ業界の分析などの事例を紹介します。

● 財務諸表におけるキャッシュフローは，営業キャッシュフロー，投資キャッシュフロー，財務キャッシュフローに分類されます。各キャッシュフローの符号のパターンは，企業の経営状態や投資戦略と関係があります。企業が稼いだ営業キャッシュフローから将来の事業に必要な投資キャッシュフローを引いた値が，投資家に配分できるフリー・キャッシュフロー（≒財務キャッシュフロー）になります。大手不動産会社のキャッシュフロー分析を紹介します。

● 事業ポートフォリオのPPM分析は，キャッシュフローのパターンと関係があります。両者の関係について説明し，オムロンのPPM分析を紹介します。また，三菱ケミカルと三菱重工の経営計画とキャッシュフロー分析も取りあげます。

1. コーポレートファイナンスと財務諸表

　本章では，資本利益率とキャッシュフローについて説明します。第3章で説明したように，価値創造の条件は，資本利益率が資本コストを上回ることです。資本利益率について詳しく知ることは，価値創造に対する理解を深めることにつながります。また，第2章や第3章で頻繁に出てきたキャッシュフローは，コーポレートファイナンスやバリュエーションの分野では必須の用語です。企業経営においても，キャッシュフローは重要です。キャッシュフローを分析することで，企業や事業の現状や将来の計画を知ることができます。

　企業の経営計画や経営方針の説明では，資本利益率やキャッシュフローの目標が掲げられ，それを実現するための戦略や投資計画が示されています。例えば，ソニーが2018年に発表した経営方針では，吉田CEOのあいさつ，ミッション・キーワードが「感動」であること，ソニーの事業ポートフォリオ，各事業の取組みが紹介された後，数値目標として営業キャッシュフローとROEの二つがあげられています。次いで，財務目標を実現するための投資計画(投資キャッシュフロー)が説明されています。

　第3章で紹介した企業価値向上表彰企業の共通点は，経営指標として資本利益率を掲げていることと，キャッシュフローと資本コストを重視した投資評価指標を取り入れていることでした。このような背景から，以下では，数ある財務指標や財務分析のうち，資本利益率とキャッシュフローの分析を中心に取りあげます。紙幅の都合上，その他の財務指標や財務分析の詳細は取りあげません。

　図表4-1は，コーポレートファイナンス風に，投資家と財務諸表の関係を示したものです。**貸借対照表(BS**, Balance Sheet)の右側には，**有利子負債**と**自己資本**(エクイティ) という資金の源泉が示されています。負債と自己資本の比率を**資本構成**(capital structure)といいます。資本の提供者は投資家(債権者と株主)です。

　BSの左側には，資産の構成が示されています。資産は，**運転資本**と**固定**

図表4−1 | コーポレートファイナンスと財務諸表

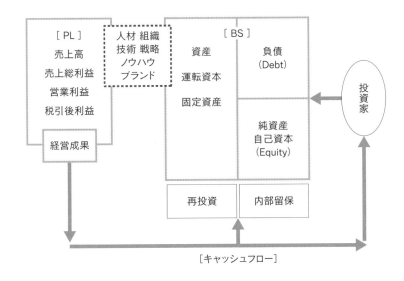

資産に分類されます。運転資本は，事業をスムーズにワークさせるための短期的で流動的な資産です。売上債権や棚卸資産が含まれます。負債側は買入債務が対応します。固定資産は，長期的に使用される土地，設備，備品（PPE, Property, Plant and Equipment）などです。特許等の各種権利や，ソフトウエア，のれん等の**無形資産**（intangible asset）も計上されています。

　注意すべきは，人材，組織，技術，ノウハウ，ブランド，戦略などの重要な経営資源が，必ずしもBSに計上されていないことです。**見えない資産**や**戦略資産**とよばれるこれらの経営資源は，企業の競争優位の源泉になります。

　経営資源を外部環境に適応させることで実現した経営成果は，**損益計算書**（PL, Profit and Loss statement）に示されます。売上高，売上原価，売上総利益，販売費及び一般管理費，営業利益，税引後利益（当期純利益）などが，PLの主要項目です。一番上に表示される売上高がトップライン，一番下に記載される税引後利益がボトムラインになります。第2章の図表2−7(a)で

示したように，PLの各項目は企業の主要なステークホルダーと関係があります。ここでは，純粋な事業活動に焦点をあてるため，営業外損益(金融収支)や特別損益は考えません。

　企業は，経営成果のすべてを投資家に配分するわけではありません。サステナブル成長モデルで示したように，一部を内部に留保して再投資(成長投資)に回します。再投資をすると資産が増加します。再投資による資産の増加額と内部留保による資本の増加額は，一致します。再投資をしない分は，配当や負債の返済という形で投資家に配分されます。キャッシュフロー計算書では，このようなキャッシュの流れが明示されています。

2. 資本利益率

　投資家の視点から，企業経営のインプットとアウトプットの関係を示した指標が資本利益率です。インプットは企業や事業への投資である投下資本，アウトプットは利益です。投下資本は事業資産となり，戦略資産や企業のコアコンピタンスと一体化して，利益を生み出します。

　図表4-2は，資本利益率についてまとめたものです。資本利益率の分母と分子に何を用いるかは，分析の目的によって様々です。よく用いられる指標として，投下資本利益率，総資産利益率，自己資本利益率があります。

　投下資本利益率はROIC(Return On Invested Capital)とよばれ，企業や事業に投下した資本をインプット，営業利益や税引後営業利益をアウトプットとみなします。投下資本は，有利子負債とエクイティの合計です。資産サイドでは，事業資産(運転資本と固定資産)になります。そのため，ROICの分母を事業資産にすることもあります。

　総資産利益率は，**ROA**(Return On Assets)といわれます。ROAの分母は，金融資産等を含む総資産，分子は金融収益を含む事業利益になります。

　自己資本利益率は，**ROE**(Return On Equity)とよばれます。ROEは，株主が重視する資本利益率です。インプットは自己資本，アウトプットは当期純利益になります。ROEのベンチマークは，株式の資本コストです。とく

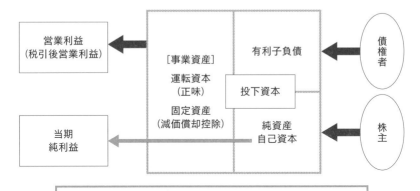

図表4-2│資本利益率

- ●ROIC（投下資本利益率）＝営業利益（税引後営業利益）÷投下資本
  投下資本＝事業資産（有利子負債＋自己資本）
- ●ROE（自己資本利益率）＝当期純利益÷自己資本（エクイティ）
- ●ROA（総資産利益率）＝事業利益（営業利益＋金融収益）÷総資産

に断らない限り，以下では自己資本と純資産は等しいと仮定します。

　資本利益率は，価値創造経営におけるキーファクターです。貸借対照表と損益計算書の主要項目を用いるため，企業の総合力を表す指標という見方もできます。バブル崩壊後の株価の低迷を受けて，日本の企業はROEやROICを重要な経営指標とし，その向上を目標にしてきました(図表3－4や企業価値向上表彰企業の例(図表3－8(a)(b)(c))も参照)。近年のコーポレートガバナンス改革を受けて，その傾向は強くなっています。例えば，本社部門やホールディングス(持株会社)が投資家の視点をもち，ROICやROEを用いて事業部や事業会社を評価したり管理したりする企業が増えています。

3. ROEの分解

(1) ROEのデュポン分解

　資本利益率は企業の総合力を表す指標です。資本利益率を分解することで，

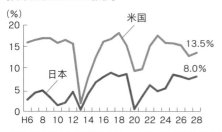

【日米企業のROE の推移】

【日米企業のROE の比較】

		日本	米国
ROE		8.0%	13.5%
	ROA	3.4%	5.5%
	売上高純利益率	4.4%	8.7%
	総資産回転率	0.8	0.6
	財務レバレッジ	2.4	2.4

（原出所）（日本）生命保険協会調べ，対象は上場企業（赤字企業含む，金融除く）
（米国）商務省「Quarterly Financial Report」※日本：4〜3月 米国：1〜12月

$$ROE = \frac{純利益}{自己資本} = \frac{純利益}{売上高} \times \frac{売上高}{総資産} \times \frac{総資産（総資本）}{自己資本}$$

［ROEのデュポン分解］ 売上高純利益率　総資産回転率　財務レバレッジ

（出所）上の二つの図表は平成29年度生命保険協会調査「株式価値向上に向けた取り組みについて」から抜粋

各要因を分析したり，改善する方向が見えてきたりします。よく知られている分解として，図表4−3(a)に示したROEの**デュポン分解**があります。化学メーカーのデュポン社が導入したため，デュポン分解とよばれます。デュポン分解では，ROEを売上高純利益率（売上高利益率），総資産回転率，財務レバレッジに分解します。

　図表4−3(a)の左のグラフは，日米企業のROEの推移です。グラフから分かるように，日本企業の平均的なROEはアメリカ企業より低い水準にあります。右の表は，日本企業とアメリカ企業のROEをデュポン分解したものです。日本企業のROEが低い原因は，売上高純利益率が低いためであることが分かります。

　ROEだけを見ていると分かりませんが，分解をすることで，焦点を絞ることができます。売上高はPLのトップライン，純利益はボトムラインです。表には示していませんが，次に行う作業は，日米企業のPLを詳細に分析し，

売上高純利益率の相違をもたらしている要因を調べることです。売上高に対する原価率や販売費及び一般管理費比率などを見ていきます。どの項目が異なるのか，その相違は一時的なのか継続的なのか，その原因は何か，改善するためにはどうすればよいか，という順に検討をしていきます。

　個別企業の場合も同様です。自社と同業他社の財務データを時系列的に比較することで，優れているところや改善の余地がありそうな箇所が明確になります。手間はかかりますが，分解することで分かることも多いといえます。

(2) ROEとレバレッジ

　図表4−3(a)の下のパネルに示したデュポン分解から分かるように，ROEは**財務レバレッジ**(financial leverage)の影響を受けます。財務レバレッジは，有利子負債の利用やその程度を意味します。財務レバレッジがある企業は，有利子負債による資金調達を行っています。財務レバレッジが高い企業は，エクイティに比べて有利子負債が多いという特徴をもっています。レバレッジには，財務レバレッジの他に営業レバレッジ(operating leverage)があります。営業レバレッジは，損益分岐点分析で用いる固定費の比率を意味します。以下では，とくに断らない限り，レバレッジは財務レバレッジを意味することにします。

　レバレッジとROEの関係をみておきましょう。レバレッジが高いほど，有利子負債が多く，自己資本は小さくなります。デュポン分解でいうと，レバレッジの高い企業は，第三項(総資産÷自己資本)が大きくなります。一見したところ，財務レバレッジが高いほどROEは高くなりそうです。しかしながら，話はそう単純ではありません。

　有利子負債が多くなると，債権者に対する支払利息が多くなります。支払利息は，業績に関係なく支払う必要がある固定的な費用です。そのため，業績が悪化して営業利益が落ち込むと，利益だけで支払利息を賄うことができず，当期純利益が赤字になる可能性があります。財務レバレッジは，ROEに良い影響を与えることもありますが，悪い影響を与えることもあるのです。

　このことを理解するためには，図表4−3(b)の関係式を用いるのが有益で

図表4－3(b) | ROEとレバレッジ

- 記号と定義：有利子負債＝D, 自己資本＝E, 営業利益＝EBIT（Earnings Before Interest and Taxes）, 金利（％）＝i, 法人税率＝t, 当期純利益＝(EBIT－iD)(1－t)

- ROA（分子は営業利益）＝EBIT/(D+E) ⇒ EBIT＝ROA×(D+E)

- ROE＝(EBIT－iD)(1－t)/E
  $\quad\quad$＝(1－t){ROA×(D+E)－iD}/E
  $\quad\quad$＝(1－t){ROA(D/E)＋ROA－i(D/E)}
  $\quad\quad$＝(1－t){ROA＋(D/E)(ROA－金利)}

- ROA（ROIC（税引前））＞金利⇒ レバレッジ（負債比率＝D/E）が高いほどROEは高くなる
  ROA（ROIC（税引前））＜金利⇒ レバレッジ（負債比率＝D/E）が高いほどROEは低くなる

す。事業資産のみを考慮すれば，ROAとROICは代替的に用いることができます。図表の最後にまとめてあるように，業績が好調でROAやROICが金利を上回る状況では，レバレッジがROEに好影響を与えます。逆に，業績が悪化し，ROAやROICが金利を下回るようになると，レバレッジが裏目に出て，ROEを悪化させます。

　図表4－3(c)は，レバレッジとROEの関係を示した数値例です。投下資本と営業利益が同じ二つの企業を考えます。両企業は，財務レバレッジのみが異なります。コーポレートファイナンスでは，負債がある状態を**レバード**（levered），負債がない状態を**アンレバード**（unlevered）といいます。企業Uは負債がないアンレバードの企業，企業Lは有利子負債があるレバード企業を意味します。

　企業Lには，金利2％の有利子負債が500あります。ここでは，簡便化のため，法人税は考慮していません。法人税を考慮しても，同じような結果になります。

　営業利益は外部環境の影響を受けます。良好であれば営業利益は高く，ROA（ROIC）が企業Lの金利を上回ります。外部環境が悪化すれば営業利益は低下し，ROAが金利を下回ります。表の計算結果から確認できるように，両企業のROEは異なります。業績が良くROAが金利を上回る場合，レバレッジを利用している企業LのROEは企業Uより高くなります。業績が悪く

図表4－3(c)｜レバレッジとROE：数値例

（法人税なし）	負債がない企業U（Unlevered）投下資本＝1,000，自己資本＝1,000有利子負債＝0		負債がある企業L（Levered）投下資本＝1,000，自己資本＝500有利子負債＝500（金利＝2％）	
外部環境	良好（1/2）	悪化（1/2）	良好（1/2）	悪化（1/2）
営業利益（EBIT）	100	10	100	10
支払利息	0	0	10（500×2％）	10（500×2％）
当期純利益	100	10	90	0
ROA（ROIC）	10%（100÷1,000）	1%（10÷1,000）	10%（100÷1,000）	1%（10÷1,000）
ROE	10%（100÷1,000）	1%（10÷1,000）	18%（90÷500）	0%（0÷500）
ROEの期待値と変動	期待ROE＝5.5％，変動小		期待ROE＝9％，変動大	

- 外部環境の悪化により，営業利益が低迷し，ROA（ROIC）が金利より低くなると，レバレッジ（有利子負債の利用）はROEにネガティブな影響を与える。
- レバレッジはROEの期待値と変動を大きくする（ハイリスク・ハイリターン）。

ROAが金利を下回る場合，企業LのROEは企業Uより低くなります。有利子負債を利用する際には，この点を理解しておく必要があります。

(3) エクセルによるROEの分析

エクセルを用いて，ROEとレバレッジの関係について確認しておきましょう。図表4－3(d)は，エクセルで作成した財務モデルです。企業Uと企業Lの資本構成や金利は，先の数値例と同じ値になっています。左側の表は，外部環境が良好で営業利益が100のケースです。図表中のE列には，左のD列に打ち込まれた関数や式が示されています。法人税（セルE13のMAX関数）は，税引前利益が正の場合に課税され，マイナスの場合はゼロとみなします。確認してください。

右側の表は，外部環境が悪化して営業利益が10に落ち込んだケースです。エクセルシートにおける営業利益のセル（C6）の数値を100から10に変えると，

第4章　資本利益率とキャッシュフロー

	A	B	C	D	E
1		レバレッジとROE			
2		前提条件	企業U	企業L	
3		投下資本(総資産)	1,000		
4		有利子負債	0	500	
5		金利(%)	0%	2%	
6		営業利益	100		
7		法人税率	0%		
8					
9		ROEの算出	企業U	企業L	
10		営業利益	100	100	=C6
11		支払利息	0	10	=D4*D5
12		税引前利益	100	90	=D10-D11
13		法人税	0	0	=MAX(D12*C$7,0)
14		当期純利益	100	90	=D12-D13
15		自己資本	1,000	500	=$C$3-D4
16		ROA(税引前ROIC)	10.0%	10.0%	=D10/$C$3
17		ROE	10.0%	18.0%	=D14/D15

	A	B	C	D
1		レバレッジとROE		
2		前提条件	企業U	企業L
3		投下資本(総資産)	1,000	
4		有利子負債	0	500
5		金利(%)	0%	2%
6		営業利益	10	
7		法人税率	0%	
8				
9		ROEの算出	企業U	企業L
10		営業利益	10	10
11		支払利息	0	10
12		税引前利益	10	0
13		法人税	0	0
14		当期純利益	10	0
15		自己資本	1,000	500
16		ROA(税引前ROIC)	1.0%	1.0%
17		ROE	1.0%	0.0%

- 外部環境が良好で両企業の営業利益(C6)が100の ケース
- ROAは等しいが，ROEはレバレッジがある企業Lの方 が高い。

- 外部環境が悪化し両企業の営業利益 (C6)が10のケース
- ROAは等しいが，ROEはレバレッジが ある企業Lの方が低い。

表中の数字が変わります。エクセルの便利なところです。

　先に述べたように，ROAと金利(％)が等しければ，ROEに関してレバレッジの影響はありません。いまの場合，営業利益が20であれば，ROAが2％(20÷1,000)になり，金利とROAが一致します。エクセルC6に20を打ち込むと，企業Uと企業LのROEはともに2％となり，企業Uと企業LのROEは等しくなることが確認できます。

　図表4−3(c)の数値例や4−3(d)の分析から分かるように，レバレッジはROEの期待値を高めますが，同時に変動を大きくします。レバレッジの利用は，エクイティ関連の指標であるROEをハイリスク・ハイリターンにするといえます。リスクが大きくなると，資本利益率のベンチマークである資本コストも上昇します。第6章や第11章で詳しく説明しますが，負債がある企業の株式資本コストは，負債がない企業より高くなります。ハイリスク・ハイリターンになることで，ちょうどバランスがとれているのです。単に有利子負債を利用するだけでは，企業価値の向上や価値創造には結びつきません。

企業価値を高めるためには，デュポン分解の残りの二つである売上高利益率と資産回転率(資本回転率)を改善することが必要になります。

近年では，ESGファクターの改善を通じて，資本利益率などの財務指標を高めようとする経営方針が注目されています。詳細については，コラムや第13章，終章などを参照してください。

4. 売上高利益率と資産回転率

(1) 資本利益率のポジション

ROICやROAは，売上高利益率と資産回転率(資本回転率)に分解できます。売上高利益率は，商品やサービスが高く売れているかどうかを表します。**資産回転率**(asset turnover)は，売上高を資産(投下資本)で割った値で，多く売れているかどうかの指標になります。資産が100のとき，売上高が100であれば資産が1回転したとみなします。売上高が50であれば0.5回転，売上高が200であれば2回転というわけです。

図表4−4(a)は，資本利益率(ROIC, ROA)と売上高利益率，資産回転率の関係を表したものです。図中の右下がりの曲線は，一定の資本利益率(ここでは5%)となる売上高利益率と資産回転率の組合せを示しています。曲線の左上のポジションは，高い売上高利益率と低い資産回転率という特徴があります。右下にいけば，売上高利益率は低くなりますが，資産回転率が高くなります。

資本利益率のポジションには，業界の収益構造が関係しています。例えば，製薬業は，薬価制度によって価格競争をある程度回避することができます。医薬品の安全性を確保しながら研究開発を進めて製品化し，国民の健康を守るためには，最終的な製品に対して一定の利益を制度的に確保する必要があります。代わりに，必ずしも日常生活に必要不可欠ではないため，販売量は限られます。このような収益構造により，製薬業界に属する企業は，高い売上高利益率と低い資産回転率というポジションに位置すると考えられます。

小売業は，売上高利益率が低く資産回転率は高いという特徴をもっていま

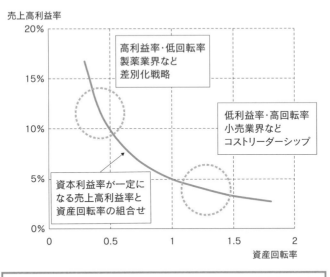

図表4−4(a)｜売上高利益率と資産回転率

- ●ROIC（ROA）＝利益÷投下資本＝［利益÷売上高］×［売上高÷資産］
- ●資本利益率＝利益÷事業資産＝売上高利益率×資産回転率

す。スーパーマーケットやディスカウントストアは，飲料や食品など生活必需品を販売しているため，販売量は多くなります。各社は，売上を増やすため，特売によって価格を下げたり，エブリデイ・ロープライスを宣伝したりしています。このように小売業界は，資本利益率のグラフにおいて，右下のポジションに位置すると考えられます。

(2) 業界の収益構造とニチレイの事例

　図表4−4(b)は，加工食品事業と低温物流事業の売上高利益率と資産回転率を示しています。冷凍チャーハンが美味しいニチレイの財務データを用いて作成しました。ニチレイは，チャーハンや唐揚げなどの加工食品の製造・販売事業が主力ですが，原材料や商品を輸送する低温物流事業（不動産事業

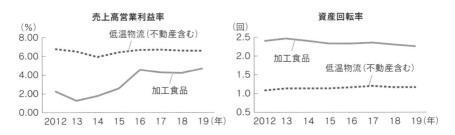

図表4−4(b)｜事業の収益構造：加工食品と低温物流

売上高営業利益率

低温物流(不動産含む)

加工食品

資産回転率

加工食品

低温物流(不動産含む)

- 加工食品事業と低温物流事業を営むニチレイの財務諸表（セグメント情報）を用いて作成
- 加工食品事業は，資産回転率が高く，売上高利益率は低いという収益構造
- 低温物流事業は，資産回転率が低く，売上高利益率は高いという収益構造

含む）も行っています。図表のグラフから分かるように，加工食品事業は，低い利益率と高い回転率という特徴をもっています。小売業界と同様です。

　低温物流事業は，冷蔵倉庫や保冷トラックなどに資本が必要であるため，回転率が低くなっています。代わりに，低温での保管や搬送という機能を付加しているため，売上高利益率が高くなっています。このように，同一の企業であっても，事業によって収益構造は異なります。

　主力事業を変えると，企業全体の資本利益率のポジションが変わります。総合商社が良い事例です。かつて商社の主力事業は，仲介ビジネス（卸売業）でした。仲介ビジネスには，高い資産回転率と低い売上高利益率という特徴がありました。時代とともに，仲介や卸売業の価値が低下してきたため，総合商社は主力事業を変えました。

　近年の商社は，川上や上流といわれる資源や原材料から最終消費者に近い物流やコンビニエンスストアに至るまで，様々な事業を行っています。自ら事業を行うことで，売上高利益率は高くなりました。一方，事業投資によって投下資本が増加したため，資産回転率は低下しました。図表4−4(a)のグラフでいうと，資本利益率のポジションは，右下から左上に移動したといえます。

　事業ポートフォリオを変えると，ビジネスのリスクと資本コストも変わり

ます。仲介事業はローリスクですが，資源関連ビジネスなどはハイリスクです。総合商社は，リスクに対応するため，資本コストを意識した投資決定と事業管理の手法を取り入れました。2013年に企業価値向上表彰の大賞に選ばれた丸紅は，様々な事業のリスクに適応した100種類を超える資本コストを意思決定に活用しているようです。

5. 資本利益率と事業戦略

(1) 事業戦略と資本利益率のポジション

　資本利益率のポジションは，事業戦略とも密接に関係しています。事業戦略の代表といえば，**コストリーダーシップ**(cost leadership)と**差別化**(differentiation)です。

　コストリーダーシップは，規模の経済性等を利用することでコスト削減に努め，汎用的な製品や商品を安い価格で大量に売ることを目指す戦略です。製品単位当たりの利益は薄いですが，多く売ることで回転率を高め，資本利益率の向上を目指します。したがって，コストリーダーシップ戦略をとる企業や事業の資本利益率は，グラフの右下に位置すると考えられます。

　差別化は，他社とは異なる製品やサービスを高く売る戦略です。顧客セグメントを絞り，自社固有の経営資源を用いて，特定の顧客層にカスタマイズしたものを提供します。多く売ることより，付加価値をつけて売上高利益率を高くすることを目指します。差別化に成功している企業や事業は，売上高利益率が高く，資産回転率は低いという特徴をもちます。差別化は，資本利益率のグラフにおいて左上の領域を目指す戦略といえます。

　同じ業界に属する企業や事業でも，事業戦略の相違によって，資本利益率のポジショニングは異なります。小売業界におけるディスカウントストアと高級百貨店を考えましょう。ディスカウンターはコストリーダーシップ型，高級百貨店は差別化志向になると考えられます。このような事業戦略の成果は，財務数値に表れます。コストリーダーを目指しているのに，資産回転率が高まらなければ，戦略を見直す必要があります。差別化戦略をとっている

図表4−5｜資本利益率の改善方向

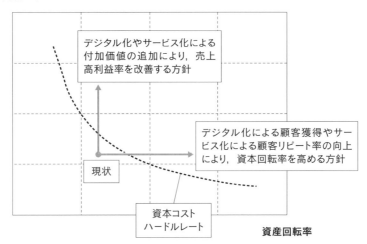

売上高利益率

デジタル化やサービス化による
付加価値の追加により，売上
高利益率を改善する方針

デジタル化による顧客獲得やサー
ビス化による顧客リピート率の向上
により，資本回転率を高める方針

現状

資本コスト
ハードルレート

資産回転率

のに，売上高利益率が低ければ，戦略が誤っているか，打ち手が間違っているかです。顧客セグメントを見直したり，戦略そのものを改めたりする必要が出てきます。

　宿泊特化型のホテルとフルサービスの高級ホテル，回転寿司と板前の高級寿司，立食のフレンチやイタリアンと高級レストランなども同様に分析することができます。

(2) 資本利益率の改善方向

　資本利益率の改善の方向性も事業戦略と関係があります。図表4−5を見てください。右下がりの曲線は，資本コストやハードルレートを示しています。現状の資本利益率は，資本コストを下回っています。資本コストを上回る資本利益率をあげるための方針として，デジタル化やサービス化による業績改善を考えましょう。

一つの方向性は，カスタマイゼーションを強化し，顧客価値を高め，売上高利益率を改善することです。この方針をとると，資本利益率は上方に移動していくと考えられます。もう一つは，デジタル化による新規顧客の開拓やサービタイゼーションによる顧客のリピート率を高める方針です。売上高が増加するため，資産回転率が高まり，資本利益率は右方向に改善していくはずです。

図表4−3(a)で紹介した日米企業のROEの比較分析では，日本企業の売上高利益率の低さが目立っていました。図表4−5の現状を日本企業とすれば，売上高利益率を高め，資本利益率を上方向に改善していくことが必要であると考えられます。

6. 資本利益率と外部環境の脅威

(1) 5 forcesと財務指標

自社の経営資源を用いて戦略的に資本利益率を高めていくことが，企業価値の向上に結びつきます。もちろん，実践することは簡単ではありません。業界内のライバル社も同じことを目指すでしょうし，外部環境の影響もあります。外部環境の脅威が増すと，自社や業界全体の資本利益率が低下する可能性が高くなります。外部環境の脅威には，常に目を配る必要があります。

現代の経営学では，図表4−6(a)に示したように，外部環境の脅威を五つに分類します。英語では，**5 forces**といいます。売手（サプライヤー），買手（顧客），業界内競合，新規参入，代替が**5つの脅威**の要因です。

売手が強くなると，原材料の仕入単価が高くなり，売上高原価率が上昇します。他の条件が変わらなければ，売上高利益率（売上高総利益率と売上高営業利益率）が低下し，資本利益率も低くなります。

買手（顧客企業，消費者）の脅威が強くなると，販売単価が下落し，売上高（単価×販売数量）が減少します。他の条件が変わらなければ，売上高利益率と資産回転率が下落し，資本利益率の低下につながります。

新規参入企業があると，業界全体の供給量が増えます。新規参入企業は，

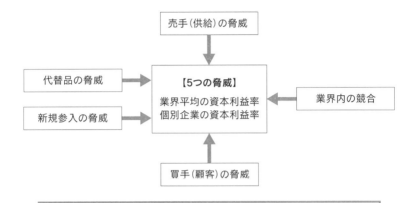

図表4-6(a)｜企業を取り巻く5つの脅威(5 forces)

売手(供給)の脅威

代替品の脅威

新規参入の脅威

【5つの脅威】
業界平均の資本利益率
個別企業の資本利益率

業界内の競合

買手(顧客)の脅威

● 5 forces 分析は事業の外部要因の脅威(threats)を分析するフレームワーク
● 業界や企業の資本利益率を低下させる5つの脅威
● 資本利益率を維持するためにはこれらの脅威を回避することも必要

コスト優位性や低価格を武器にして参入してくることが常道です。需給バランスの悪化と価格競争によって,既存の企業や事業の売上高(回転率)と売上高利益率が悪化します。資本利益率も落ち込みます。代替品の登場も同様の理由で,資本利益率の低下につながります。品質や機能が同じで価格が安い代替品や,同価格で優れた品質と機能をもつ代替品が登場すると,自社の製品やサービスに対する需要がなくなることもあります。

　業界内の競争が激しく,競合同士が価格競争を行うと,売上高利益率は低下します。競合企業が同じように設備投資を行うと,業界全体が過剰投資・過剰設備となり,資産の効率性が落ち込みます。このような理由で,個別企業の資本利益率が悪化し,業界平均の資本利益率も低下していきます。

(2) 鉄鋼業界とアルミ業界の分析

　図表4-6(b)は,日本の鉄鋼業界(高炉業界)と非鉄アルミ業界における5 forces分析を行ったものです。脅威が強い,あるいは弱いというのは,相対

的な見方です。二つの業界に共通しているのは，新規参入と代替品の脅威が弱いこと，グローバルレベルの競争が進むライバル社の脅威が強いことです。異なるのは，サプライヤーや顧客企業との関係です。

鉄鋼業界は，資源メジャーの集約化が進み，上位三社が鉄鉱石の約8割を生産しています。売手の交渉力が強いため，原材料価格は高止まりをしたり，さらに上昇したりする可能性があります。顧客企業は，自動車や造船，車両などのメーカーです。トヨタ自動車や三菱重工などがあげられます。アルミ業界と比較すると，買手企業の交渉力も強いように見えます。原材料価格が上昇しても，それを販売価格に転嫁することは困難でしょう。

アルミ業界は，サプライヤーと顧客企業の集約化が進んでいないため，売手の脅威と買手の脅威が鉄鋼業界より弱いと考えられます。国内買手企業に対して，高品質，小ロット生産等のユーザー対応力が進んでおり，原材料価

図表4−6(b) │ 鉄鋼業界とアルミ業界の脅威の分析

	鉄鋼（日本の高炉三社）	アルミ（日本の大手三社）
売手の脅威 （供給業界）	【強】資源メジャーの寡占化 上位三社で鉄鉱石の約8割を生産	【弱】鉄鋼業界ほど寡占化が進んでいない 原材料価格も相対的に安定
買手の脅威 （顧客企業）	【中〜強】自動車や造船のメーカー 売手ほどではないが強い	【中】相対的に中小規模の顧客企業が多い 原材料の価格変動を転嫁できている
新規参入の 脅威	【弱】生産設備に大規模投資が必要 規模の経済性大，新規参入は困難	【弱】生産設備に大規模投資が必要 規模の経済性大，新規参入は困難
代替品の 脅威	【弱】アルミや炭素繊維 現状は価格と技術面で鉄鋼が有利	【弱】各非鉄金属で棲み分けができている 熱伝導・強度・腐食度・価格が異なる
業界内競争	【強】グローバルレベルでの競争激化 国内市場では価格競争が進む	【強】海外メーカーとの競争 顧客対応力の日本企業 vs. 低価格の海外勢
売上高原価率 の動向	●売上高の86〜90%のレンジ ●近年は上昇傾向	●売上高の84〜86%のレンジ ●近年は上昇傾向
資本利益率 の動向	●業界平均（三社平均）はアルミより低い ●近年は低下傾向	●業界平均（三社平均）は鉄鋼より高い ●安定的に推移

●鉄鋼三社は日本製鉄，JFE，神戸製鋼，アルミ三社は三菱マテリアル，UACJ，日本軽金属
●各種の公開資料と企業の財務データより作成
●鉄鉱石の上位三社は，ヴァーレ，リオ・ティント，BHPグループ

格の変動を転嫁しやすい事業構造になっています。

　売手と買手の脅威の強さは，売上高原価率の相違に表れています。高炉業界の方が売上高原価率が高く，その影響で資本利益率は低くなっています。過去数年間の資本利益率の推移をみると，アルミ業界の方が安定しています。外部環境の脅威が相対的に弱いため，業界の収益構造が安定していると考えられます。

7. 資本利益率とバリューチェーン

　原材料から部品を製造し，部品を集めて製品の生産を行い，販売とアフターサービスを行う一連の工程を**バリューチェーン**といいます。個々の活動を最終製品やサービスに価値を加える段階としてとらえ，それらの集合体を価値創造とみなします。コーポレートファイナンスでは，バリューを資本利益率や付加価値（価値創造）とみなして分析します。

　図表4−7の左図は，資本利益率でみたバリューチェーン分析，右図は付加価値でみたバリューチェーン分析です。付加価値とは，その活動が生み出した追加的な価値です。大まかにいうと，売上高から原材料費（前段階の売上高）を引いた金額になります。左の図の実線と右の図の棒グラフは，中央に位置する製造・組立の数値が低く，両端にいくほど数値が高くなる形状になっています。笑顔に似ているということで，このようなバリューチェーンを**スマイルカーブ**といいます。左図の破線のように水平の形状や，逆スマイルカーブの形状になることもあります。

　自社の主力事業が製造・組立である企業を考えましょう。自社の主力事業を中央にすえ，売手業界（川上）と買手業界（川下）の資本利益率や付加価値を比較します。左のグラフを見てください。過去において，自社とサプライヤー，顧客企業の資本利益率はほぼ等しく，水平の破線で表されていました。現在は，サプライヤーと顧客企業の資本利益率が高いのに対して自社の資本利益率は低く，実線で示したスマイルカーブの形状になっています。

　前のセクションで紹介した高炉メーカーの5 forces分析を思い出してくだ

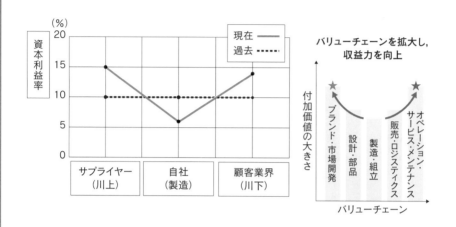

さい。サプライヤー(川上)は強く，顧客企業(川下)も弱くありません。近年の資本利益率の水準をみると，大手資源メジャーの資本利益率が最も高くなっています。次に高いのは，顧客企業(トヨタ自動車，三菱重工，川崎重工の平均値)の資本利益率です。高炉メーカーの資本利益率は最も低く，スマイルカーブの形状になっていることが確認できます。

8. M&Aと資本利益率

スマイルカーブの中央に位置する企業や事業の資本利益率を高める戦略の一つは，業界内の企業同士が経営統合するM&Aです。二つの企業が一つになることで，別々に仕入れていた原材料の購入を共通化し，一企業としての仕入量を増やすことができます。仕入規模の増加によってサプライヤー(売手)に対する交渉力が強くなれば，売手の脅威は緩和され，仕入原価(売上高原価率)の低下に結びつくと考えられます。

顧客企業(買手)に対しても，販売を競っていた二社が一つになることで，相対的な交渉力が強くなると考えられます。買手の脅威が緩和されると，販

売単価等の取引条件の改善につながります。仕入原価の低下と販売単価の上昇によって，売上高総利益率が向上します。

同業の二社が経営統合をすると，重複業務の解消によって，販売費及び一般管理費が削減できます。売上高総利益率の改善と販売費及び一般管理費の低下によって，売上高営業利益率が上昇します。また，固定資産や運転資本を効率的に使用することで，資産回転率も高くなります。これらの効果が合わさって，資本利益率と企業価値が向上します。

図表4－8の表は，理想的な水平型M&Aの効果を示しています。M&Aによって，売手と買手の脅威が緩和された結果，売上原価が低下し，売上高総利益率が上昇しています。重複している業務を効率化することで，販売費及び一般管理費が減少し，売上高営業利益率が改善します。重複している設備を整理することで，事業用資産の利用が効率化でき，総資産回転率が高まります。これらの結果，資本利益率が向上します。

図表4－8 ｜ 水平型M&Aと資本利益率（数値例）

財務指標＼年度	M&A前年	M&A直後	M&Aの1年後
売上高	1,000 1,000	1,900	2,050
売上総利益	200 200	400	450
販売費及び 一般管理費	160 160	310	300
営業利益	40 40	90	150
総資産	800 800	1,500	1,500
売上高営業利益率	4.0%	4.7%	7.3%
総資産回転率	1.25回	1.27回	1.37回
資本利益率	5.0%	6.0%	10.0%

● M&A前年は二社の個別数値（売上高，売上総利益，販売費及び一般管理費，営業利益，総資産）と，それらを合算した指標（売上高営業利益率，総資産回転率，資本利益率）。

近年では，ドラッグストア業界のM&Aや，イオンによるウェルシアの子会社化などが，**水平型M&A**の事例です。後者のケースでは，売上原価の低減が実現しているようです。

資本利益率が低い業界にある企業のもう一つの戦略は，利益率や付加価値が高い隣接分野への進出です。自社の事業と親和性がある隣接分野に事業を展開したり，M&Aを行ったりすることで，資本利益率や企業価値の向上を目指します。

最近の**垂直型M&A**の事例の一つとして，NTTによるNTTドコモ（ドコモ）の完全子会社化があげられます。両社とも資本利益率が低いというわけではありませんが，政府からの値下げ圧力がある中での大規模なM&Aということで，話題になりました。寡占的な状態で高い利益率をあげている業界には，政府の圧力という脅威もあります。

NTTとドコモでは，ドコモが消費者により近い川下に位置しています。両社が一体化することで，NTTはドコモの商流を用いて，他の事業会社の製品やサービスを販売することができます。ドコモは，NTTの基地局（川上）の利用が容易になると考えられます。また，5G以降の研究開発体制やネットワーク構築力の強化というメリットもあるといわれています。

三菱商事がローソンを子会社化したケースも垂直型といえるでしょう。ローソンにとっては，総合商社のネットワークを生かして，原材料の調達力や商品開発力を強化することができると考えられます。三菱商事にとっては，バリューチェーンの中で手薄であった小売業との連携を強めることで，バリューチェーン全体の価値を高めるという目的がありました。

9. キャッシュフローの分析

第2章と第3章でみたように，コーポレートファイナンスやバリュエーションでは，キャッシュフローを重視します。投資家は，企業や事業にキャッシュを投資して，キャッシュを回収します。投資家の視点からすると，キャッシュフローは重要なファクターになります。著名な投資家である

ウォーレン・バフェット氏は，株式投資を検討する際，営業活動による
キャッシュフローから事業活動に必要な投資キャッシュフローを差し引いた
フリー・キャッシュフロー(FCF)を重視してきたといわれています。

　企業活動の継続という観点からも，キャッシュフローは重要です。サステ
ナブル成長モデルで見たように，企業は利益の一部を再投資(成長投資)に回
します。再投資の分だけ，その年度の投資家への配分額は少なくなりますが，
将来の利益やFCFの増加が期待されます。企業のサステナビリティを評価す
るためには，営業活動の成果である利益だけでなく，将来の成長に向けた投
資を分析することが必要になります。キャッシュフローには，そのような情
報が含まれています。

(1) 財務諸表のキャッシュフロー

　近年の日本において，積極的な投資を行ってきた業界の一つは，不動産業
界です。アベノミクスによる景気拡大とマイナス金利を含む低金利政策に
よって，オフィスや商業施設，マンションなどの需要が高まりました。不動
産業界に属する各社は，土地や建物に対する投資を積極的に行いました。図
表4-9(a)は，不動産大手三社の財務諸表に掲載されているキャッシュフ
ローの情報をまとめたものです。▲はキャッシュ・アウトフロー(資金流出)，
それ以外はキャッシュ・インフロー(資金流入)を意味します。

　財務諸表のキャッシュフローは，営業活動によるキャッシュフロー(営業
CF)，投資活動によるキャッシュフロー(投資CF)，財務活動によるキャッ
シュフロー(財務CF)に分類されます。営業CFは，営業活動によって得られ
た成果です。重要な項目は利益ですが，それ以外の主要項目として，減価償
却費や運転資本(売上債権，在庫，買入債務など)の増減があります。減価償
却費と運転資本の増減は，投資評価や企業価値評価におけるFCF計画の必須
項目です。詳細については，第7章や第8章で説明します。

　投資CFは，設備や土地など固定資産の取得に使用した金額です。投資を
行うとキャッシュは流出します。上で述べたように，表では▲がキャッシュ
アウトを示しています。プラスの投資CFは，資産を売却してキャッシュイ

三菱地所	2017年3月期	2018年3月期	2019年3月期	2020年3月期
営業CF	1,690	2,930	3,460	3,420
投資CF	▲3,270	▲2,870	▲2,710	▲2,770
財務CF	▲50	370	▲1,920	▲290

三井不動産	2017年3月期	2018年3月期	2019年3月期	2020年3月期
営業CF	2,270	300	2,170	870
投資CF	▲2,020	▲3,650	▲3,890	▲5,330
財務CF	150	2,890	2,310	4,680

住友不動産	2017年3月期	2018年3月期	2019年3月期	2020年3月期
営業CF	1,590	1,900	2,600	2,300
投資CF	▲2,740	▲2,200	▲2,090	▲2,900
財務CF	1,980	260	▲1,460	830

●各社の決算短信から作成。▲はキャッシュアウトを意味する。

ンがあったという意味です。

　営業CFから投資額を引くと，投資家に配分できるキャッシュフローが算出できます。財務諸表では，財務CFになります。投資額が営業CFを上回る場合，企業は投資家から資金を調達するか，保有現金を使用する必要があります。財務CFは，企業と投資家との資金のやり取りを示しています。投資家への利益還元が多ければ，財務CFはマイナス（▲）になります。投資家からの資金調達が多ければ，財務CFはプラス（キャッシュイン）です。財務的なキャッシュアウトには，配当の支払い，自社株買い，社債や借入の返済があります。キャッシュインである資金調達には，株式や社債の発行，借入などが含まれます。

(2) 不動産大手三社のキャッシュフロー分析

　不動産各社のキャッシュフローに戻りましょう。三菱地所は，2017年3月期に営業CFを上回る積極的な投資をしています（有形固定資産の取得）。2019年3月期と2020年3月期は，営業CFの範囲内で投資を行い，残りの資金を利益還元や負債の返済に充てたようです。三井不動産は，この期間を通じて概ね積極的な投資を行っています。投資資金を調達したため，財務CFはプラスになっています。住友不動産も積極的な投資を行っています。同社は，2019年3月期のみ，営業活動の範囲内に投資を抑え，借入金の返済を行ったようです。

　大手不動産三社のキャッシュフローの符号をみると，営業CFは一貫してプラス，投資CFは常にマイナスでした。財務CFはプラスの期とマイナスの期があります。一般的に，営業CFの範囲内で投資を行うと，財務CFはマイナスになる傾向があります。営業CFを上回る積極的な投資を行うと，財務CFはプラスになります。

　図表4−9(b)は，キャッシュフローの符号パターンと経営状態の関係についてまとめたものです。三菱地所は，2017年3月期は積極投資，最近の2年間は安定的な時期であったといえます。三井不動産と住友不動産は，期間を通じて概ね積極的な投資を行った拡大期であったと考えられます。

　積極的な投資を行った企業は，投資の成果が期待されます。しかしながら，ビジネスにはリスクがあります。新型コロナウイルスの影響が長引き，景気の回復が遅れると，投資の成果が期待を下回る可能性もあります。投資資金を負債調達（社債発行や借入）した後，営業CFが低迷したり赤字になったりすると，負債を返済するために保有資産を売却しなければなりません。資産を売却してキャッシュインがあると，投資CFはプラスになります。負債の返済はキャッシュアウトになるため，財務CFはマイナスです。このパターンは，図表4−9(b)にあるリストラクチャリングに相当します。

　表の最後の行は，創業期のキャッシュフローのパターンです。アーリーステージのベンチャー企業は，未だ利益がでず，営業CFはほとんどありません。営業CFだけをみると，リストラクチャリングと創業期の違いは見分け

経営状態	営業CF	投資CF	財務CF
【安定】営業活動で稼いだキャッシュで再投資を行い，残りを投資家に配分。	＋	－	－
【拡大（積極投資）】営業CFを上回る積極的な投資を実施，資金調達が必要。	＋	－	＋
【リストラクチャリング】営業活動低迷。負債返済のため資産を売却（投資CFがプラス）。	－ または ゼロ	＋	－
【創業期】営業実績はないが，投資が必要。将来性を見込む投資家から資金調達。	－ または ゼロ	－	＋

にくいといえます。両者の相違は，投資CFと財務CFの符号にあります。

　リストラ期にある企業は，過去に取得した資産とその取得に用いた負債が残っています。リストラクチャリングとは，それらを整理して，事業と財務を再構築することです。一方，歴史が浅いベンチャー企業には，資産や負債がほとんどありません。あるのは将来性です。ベンチャー企業は，ビジネスモデルと将来性を評価する投資家から，資金を調達して投資を行い，事業を成長させていきます。投資CFはマイナス，財務CFはプラスになります。

10. 事業ポートフォリオとキャッシュフロー

(1) PPMとキャッシュフロー

　複数の事業を営む企業を事業のポートフォリオとみなし，その管理や分析を行うフレームワークとして，PPM（Product Portfolio Management）がよく知られています。PPMでは，成長性や市場シェアなどを用いて，各事業を金のなる木（cash cow），スター（star），問題児（problem child），負け犬（dog）に分類します。成長性や市場シェアと関係があるキャッシュフローや利益の情報を追加することで，各事業のポジションがより明確になります。

　図表4-10(a)は，キャッシュフローや利益の特徴を追加したPPM分析を

示しています。金のなる木は，市場成長率が低い業界で高いシェアを維持している事業です。高いシェアにより，安定的に営業CFを生み出します。業界全体の成長率が低いため，成長投資の機会は少なく，投資額（投資CF）は少なくなります。営業CFが投資CFを上回りキャッシュが残ります。金のなる木は，企業における内部資金の源泉になります。

　市場の成長率が高い業界で大きなシェアをもつ事業は，スターに位置付けられます。売上高は伸びており，営業CFもプラスになります。大手不動産の事例でみたように，成長市場には投資機会が豊富にあるので，投資支出は多額になります。営業CFを上回る投資が必要になることもあります。

　市場シェアが低い事業は，問題児や負け犬に分類されます。市場成長率が低い業界においてシェアが小さい事業は，利益が出にくく，資本利益率も低迷すると考えられます。赤字が継続することもあります。将来性も乏しいため，負け犬というレッテルを貼られることになります。

　市場シェアは低いのですが，成長ポテンシャルがある業界に属する事業は，

図表4−10(a)｜PPMとキャッシュフロー分析

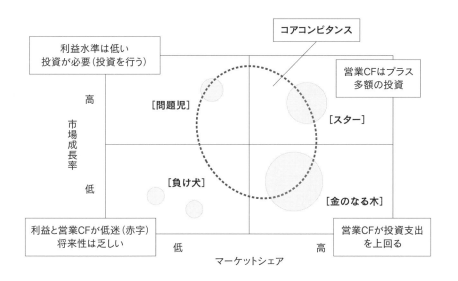

問題児に分類されます。ベンチャー企業と同様に，利益や営業CFは低いのですが，次世代のスターに育つ将来性があるため，経営資源を投下していきます。営業CFが少なく投資支出が多いため，資金が不足しがちになります。

　図には，**コアコンピタンス**（core competence）も書き入れました。コアコンピタンスは，競争優位をもたらす経営資源です。ケイパビリティや**強み**といわれることもあり，価値を創造する源泉になります。PPM分析では，金のなる木，スター，成長期待の問題児がコアコンピタンスを共有しています。負け犬の事業は，コアコンピタンスを生かせなくなっており，撤退や売却の対象になります。

(2) オムロンのPPMとキャッシュフロー

　図表4−10(b)は，企業を事業ポートフォリオとみなした場合のキャッシュの流れを表しています。金のなる木が生み出すキャッシュフローをスターや問題児に投資し，残りのFCFを投資家に配分している企業は，財務CFがマイナスになります。図表4−9(b)の表では，安定的なパターンに分類されます。全社として拡大期（積極投資）にある企業は，金のなる木が生み出すキャッシュを上回る成長投資の機会があります。内部資金だけでは投資資金が不足するため，外部投資家から資金調達を行います。そのため，財務CFはプラスになります。

　図表4−10(c)は，オムロンの主力事業のPPM分析の例です。同社のIR資料などの公開データを用いて作成しました。左下の領域にある電子部品事業は，2020年3月期に利益が大きく落ち込みました。ただし，前年度の利益水準は高く，設備投資も積極的に行っています。また，同社のコアコンピタンスであるセンシング＆コントロールを支える技術を活用しているため，一時的に困難な状況にあるという見方をしました。

　制御機器事業は，成熟市場でシェアが高い金のなる木に相当します。売上高と利益が最も大きい事業ですが，設備投資が相対的に少なく，豊富なキャッシュを生み出しています。ヘルスケア事業と社会システム事業は，成長市場において高いシェアをもつ事業です。制御機器事業の設備投資額が低

図表4－10(b) | 事業ポートフォリオとキャッシュフロー

- 安定期の企業では，金のなる木が生み出すキャッシュフローをスターや問題児に投資し，残りのFCFを投資家に還元する。
- 拡大期（積極投資）にある企業では，金のなる木が生み出すキャッシュフローを上回る投資機会があるため，外部からの資金調達を行う。

図表4－10(c) | オムロンのPPM分析

オムロンのPPM分析

2020年 3月期	営業利益 （億円）	投資注力 順位
制御機器	536	④
ヘルスケア	135	②
社会システム	82	③
電子部品	9	①

- オムロン社のIR資料，SPEEDAのデータ，JEITA「センサ・グローバル状況調査」等を用いて作成
- 相対的市場占有率＝当該事業の市場シェア÷シェア1位の企業の市場シェア
- 投資注力の順位は，営業利益や減価償却費に対する設備投資の割合が大きい順（2020年3月期）

下傾向にあるのに対し，両事業の設備投資は増加傾向にあります。スターの
ポジションにあると考えられます。このように，市場シェアと成長率のマト
リックスに財務データを加えると，事業ポートフォリオの特徴と位置づけが，
より明確になります。

　オムロンは企業価値向上表彰企業の大賞(2014年度)に選出された企業で
もあり，情報開示が充実しています。

11. 企業の経営計画——三菱ケミカルと三菱重工の事例

　資本利益率とキャッシュフローは，企業価値を重視する経営のキーファク
ターです。企業価値の向上を目指す企業は，経営計画の中で資本利益率の目
標を掲げ，目標を達成するためにキャッシュフロー計画を立案します。ここ
では，三菱ケミカルホールディングス(三菱ケミカル)と三菱重工の経営計画
や事業計画を紹介します。企業規模や事業ポートフォリオは異なりますが，
財務指標やキャッシュフロー計画はよく似ています。コーポレートファイナ
ンスやバリュエーションは，業種や規模にかかわらず，普遍的・共通的であ
ることが理解できると思います。

　図表4−11(a)(b)は，三菱ケミカルの経営計画から抜粋したものです。資
料にあるAPTSIS 20はグループ経営のモットー，THE KAITEKI COMPANY
は，人，社会，地球の心地よさが持続していくことを提案したコンセプトを
示しています。同社のホームページには，資本コストを含む下記のような説
明があります。

　「現在の中期経営計画APTSIS 20における経営課題は，成長加速，収益力
向上，財務基盤強化の三点です。大きな構造改革を一巡させAPTSIS 20を開
始した2016年度から，ROEが10％を超えるようになりましたが，これを継
続的に実績化すること，また同時に資本コストを低減していくことで，企業
価値を高めていきたいと考えています。」(同社のホームページから抜粋)。

　図表4−11(a)には，ROE経営の方針がまとめられています。事業戦略と
して，売上高利益率の向上に貢献する項目と資産回転率の改善に寄与する項

図表4-11(a) │ 経営計画と資本利益率

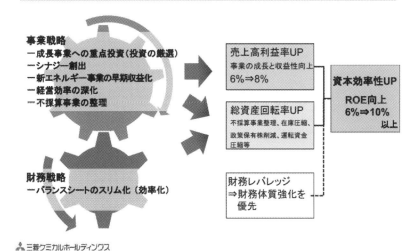

THE KAITEKI COMPANY

APTSIS 20   ROE経営の考え方

■ 企業価値の持続的向上をめざし、事業戦略と財務戦略を両輪としてROE経営を実践

事業戦略
ー成長事業への重点投資（投資の厳選）
ーシナジー創出
ー新エネルギー事業の早期収益化
ー経営効率の深化
ー不採算事業の整理

財務戦略
ーバランスシートのスリム化（効率化）

売上高利益率UP
事業の成長と収益性向上
6%⇒8%

総資産回転率UP
不採算事業整理、在庫圧縮、
政策保有株削減、運転資金
圧縮等

財務レバレッジ
⇒財務体質強化を
優先

資本効率性UP
ROE向上
6%⇒10%
以上

▲三菱ケミカルホールディングス

(出所)三菱ケミカルホールディングス事業説明会資料

目があげられています。財務レバレッジについては，ROEを高めるための名目的な手段として用いるのではなく，財務体質の強化を優先し，サステナビリティに結びつけることを重視していることが分かります。事業戦略と財務戦略の総合的な成果として，10％以上のROEの継続を目指すことが示されています。

　図表4-11(b)は，キャッシュフロー計画(5年間の累計)です。利益と減価償却費，資産の効率化によって1.9兆円の営業CFを生み出し，そのうちの1.5兆円を投資CFとして支出します。利益については，3分の1を成長機会に投資し，3分の2を株主還元と有利子負債の返済に充てます。安定的なキャッシュフローのパターンを計画していることが分かります。実際の経営計画に

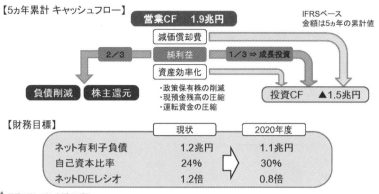

（出所）三菱ケミカルホールディングス事業説明会資料

は，設備投資，M&A等の戦略的投資，R&D投資など，投資の内訳も示され
ています。

　図表4－11(c)は，三菱重工の財務指標とキャッシュフロー計画です。目
標とするROEは11％になっています。定常的に生じる営業CF（定常キャッ
シュ・インフロー）のうち，7割以上を新規事業に投資する計画です。残りの
キャッシュは，老朽設備の更新や有利子負債の返済，株主への配当金に充て
られます。営業CFの枠内で成長投資を含む投資を行い，残りを投資家に配
分するという安定的なキャッシュフローのパターンになることが理解できま
す。

図表4-11(c)｜資本利益率とキャッシュフロー

18事計の財務計画

	FY20目標
事業規模	5兆円
総資産	5.3兆円以下
ROE	11%
TOP比	1 : 1.1 : 0.6

TOP: Triple One Proportion
(売上:総資産:時価総額=1:1:1を目指す経営目標)

強化された財務基盤を基に成長投資に資金を配分（「事業成長」と「財務健全性」のバランス経営）

定常キャッシュ・インフロー　13,200 （単位：億円）

9,600		1,700		1,900
新規事業及びMRJ 5,800	新規設備 2,400	老朽更新 1,600	有利子負債削減 500 手元現金900億円の充当含む	配当金 1,900
	投融資 1,400	リスク対応 500		

FY18の総括

BS/CF： FCFの大幅超過達成により、18事計の財務計画に目途付け

受注/PL： 中量産品は堅調なるも、石炭火力市場の縮小で受注減少

成長戦略： 短期の施策と中長期のMHI FUTURE STREAMを推進中

FY19の注力ポイント

市場環境の悪化リスクに備え、更に生産性の向上を推進

全社的な事業利益底上げサービス強化で受注確保

成長の実現に向けて、短期と中長期の両面で取り組み加速

固定資産の効率化

(出所)三菱重工2018事業計画推進状況

ポートフォリオとCAPM

1. 収益率の分布と期待収益率	5. 市場リスクと固有リスク
2. リスクとボラティリティ	6. 市場ポートフォリオとベータ
3. ヒストリカルデータの平均とボラティリティ	7. CAPM
4. ポートフォリオの効果	8. CAPMとマルチファクター・モデル

第5章のテーマとポイント

● 1990年のノーベル経済学賞の受賞者は，マーコウィッツ教授，シャープ教授，ミラー教授でした。マーコウィッツ教授の貢献はポートフォリオ理論，シャープ教授の貢献はCAPM，いずれも本章のテーマです。ミラー教授の貢献は資本構成（第11章）と配当政策（第12章）です。

● 本章では，資本市場と投資家に焦点をあて，リスク・リターンの関係，ポートフォリオと分散投資によるリスク低減効果，市場ポートフォリオとCAPMについて説明します。CAPMは，株式資本コスト（投資家の期待収益率）の算定に適用される理論モデルです。

● 証券投資における総リスク（トータルリスク）の指標は，収益率の標準偏差（ボラティリティ）です。リターンの指標は，期待収益率やリスクプレミアムです。図表のグラフが示すように，複数の証券に分散投資をするポートフォリオを保有することで，投資家は証券の固有リスクを低減・消去することができます。このことをポートフォリオのリスク低減効果とよびます。ポートフォリオを構成する銘柄数が多くなるほど，リスク低減効果は大きくなります。マーコウィッツ教授は，ポートフォリオの効果を理論的に示したことが評価され，ノーベル経済学賞を受賞しました。

● 分散投資によって消去できないリスクは，市場リスクやシステマティックリスクとよばれます。リスク回避的な投資家は，取引可能なすべての証券からなる市場ポートフォリオを保有すると考えられます。市場ポートフォリオは，

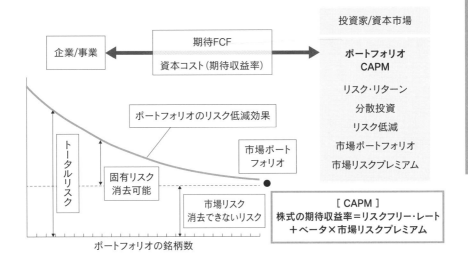

リスク低減効果が最大限に発揮されるポートフォリオです。市場ポートフォリオのリスクプレミアムは，市場リスクプレミアムとよばれます。

● シャープ教授が提唱したCAPMは，ポートフォリオのリスク低減効果を前提とした個別証券（株式）のリスク・リターンの関係です。CAPMでは，個別株式のリスクは市場ポートフォリオとの関係で決まる市場リスクになります。個別株式の市場リスクの大きさを表す指標はベータとよばれます。

● CAPMでは，株式の期待収益率＝リスクフリー・レート＋ベータ×市場リスクプレミアム，という関係が成り立ちます。リスク指標のベータは，市場ポートフォリオに対する感応度です。ベータが1.0より大きい株式は相対的にハイリスク・ハイリターン，ベータが1.0より小さい株式は相対的にローリスク・ローリターンになります。市場ポートフォリオのベータは1.0です。

● ポートフォリオ理論は，資産運用の実務でも重用されています。世界最大の公的年金である日本のGPIF（年金積立金管理運用独立行政法人）は，2020年度末で約180兆円を運用しています。運用資金は，国内外の株式や債券に広く分散投資され，ポートフォリオ効果を実現していると考えられます。

● 本章の前半では，共分散や相関係数など数式が多く出てくるため，不慣れな方は戸惑うかもしれません。不慣れな方は，この部分を読み飛ばしていただいてもかまいません。

1. 収益率の分布と期待収益率

　第5章と第6章では，証券市場において決まるリスクとリターンの関係について説明します。**リスクとリターンの関係**は，コーポレートファイナンスの重要な概念である資本コスト(割引率，投資家の期待収益率)に関係するテーマです。企業に資本を投下する投資家は，リスクに応じたリターン(リスクプレミアム)が得られるかどうかを判断します。このとき，リスクをどのように評価するかが問題になります。

　将来の成果が不確実なことをリスクがあるといいます。債券の例では，日本やアメリカの国債は，利息と元本の支払いが確実であるという意味でリスクフリーな資産といえます。対して，民間企業が発行する社債は，元本や利息の支払いが確実であるとはいいきれません。債務不履行(デフォルト)の可能性があるため，リスクがある証券になります。第2章で説明したように，株式や事業にもリスクがあります。

　コーポレートファイナンスやバリュエーションでは，起こりうる状態(経済環境，外部環境)に確率を割り当てることで不確実性を表現します。事後(将来)に起こる結果を知ることはできなくても，事前(現在)に将来の状態を予測し，確率分布として記述することはできます。

　図表5-1は，リスクがある証券Aの価格と収益率の分布です。ここでは，三つの状態(良好，中立，悪化)が確率的に生じるとしています。下のパネルで計算しているように，期待収益率(expected rate of return)は，各状態の収益率に確率をかけて合計した値です。期待収益率は，リスクフリー・レートとリスクプレミアムの和になります。リスクプレミアムや期待収益率の決まり方と計算方法を理解することが，第5章と第6章のポイントになります。

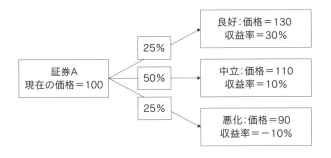

図表5−1｜リスクがある証券の収益率の分布

- 期待収益率＝(0.25)(30%)＋(0.50)(10%)＋(0.25)(−10%)＝10%
- 期待収益率＝リスクフリー・レート＋リスクプレミアム
- リスクフリー・レート＝2% ⇒ リスクプレミアム＝期待収益率−リスクフリー・レート＝8%
- 証券Aの期待価格(期待FCF)＝(0.25)(130)＋(0.50)(110)＋(0.25)(90)＝110
- 証券Aの価格(現在価値)＝110÷(1.10)＝100

2. リスクとボラティリティ

(1) ボラティリティとその計算

　ファイナンスでは，**リスク回避的**(risk-averse)な投資家を想定します。リスク回避的な投資家は，追加的な報酬が期待できなければ，リスクをテイクしません。リスクに対する追加的な報酬がリスクプレミアムです。第2章で説明したように，期待FCFが等しくても，リスクとリスクプレミアムが違えば，現在価値(評価額)も異なる値になります。

　統計学の概念を用いたリスクの指標として，**分散**(variance)や**標準偏差**(standard deviation)があります。ファイナンスでは，収益率の標準偏差を**ボラティリティ**(volatility)といいます。一般的に，株式は債券よりボラティリティが大きいといえます。その代償として，リターンである期待収益率や**リスクプレミアム**は高くなります。ハイリスク・ハイリターンの関係です。

　図表5-2(a)には，分散とボラティリティ(標準偏差)の定義と計算方法が

示されています。ボラティリティは，総リスク(トータルリスク)の指標といわれます。図表5−2(b)は，証券Aのボラティリティの計算です。

　後に説明しますが，複数の証券に分散投資をすることで，個別証券の総リスクは低減します。複数の証券の組合せを**ポートフォリオ**(portfolio)といいます。ポートフォリオを保有することで，個別証券のリスクの一部が消去されます。このことを，ポートフォリオのリスク低減効果や，**分散投資によるリスク低減効果**(diversification effect)といいます。ポートフォリオのリスクとリターンの関係を理論的に分析したマーコウィッツ教授(H.

図表5−2(a) | ボラティリティとリスク

- 記号：p_s＝状態sの生起確率，r_s＝状態sにおける証券の収益率，T＝状態の数

　期待収益率： $Er = p_1 r_1 + p_2 r_2 + \cdots + p_T r_T = \Sigma_{S=1}^{T} p_S r_S$

- 分散(variance)は期待値からの偏差の2乗の平均

　収益率の分散： $Var = E\,[(r - Er)^2\,] = \Sigma_{S=1}^{T} p_S\,(r_S - Er)^2$

- 標準偏差(standard deviation：SD, STDEV)は分散の正の平方根

　収益率の標準偏差： $SD = \sqrt{Var}$

- 標準偏差(SD)をボラティリティという。ボラティリティは総リスク(トータルリスク)の指標。

- リスク・リターン関係を分析する際には，総リスクを分散投資によって消去できるリスクと消去できないリスクに分けることが重要になる。

図表5−2(b) | ボラティリティの計算例

- 証券Aのボラティリティの計算
- 期待収益率＝10%
- 収益率の分散＝$(0.25)(30\% - 10\%)^2 + (0.5)(10\% - 10\%)^2 + (0.25)(-10\% - 10\%)^2 = 200$
- 収益率のボラティリティ(標準偏差)＝$\sqrt{200}$＝14.14%

Markowitz)は，ノーベル経済学賞を受賞しました。

　分散投資にかかるコストがなければ，リスク回避的な投資家は，ポートフォリオを保有します。投資家の観点からリスクとリターンの分析をする際には，分散投資によって消去できるリスクと消去できないリスクを分けることがポイントになります。リスクプレミアムが期待できるのは，消去できないリスクです。この種のリスクを**市場リスク**(market risk)や**システマティックリスク**(systematic risk)といいます。

(2) 正規分布

　確率分布には様々な形状があります。最もよく知られている分布の一つは，**正規分布**(normal distribution)です。簡単に紹介しておきましょう。正規分布は，図表5-2(c)に示した左右対称の釣鐘型の確率分布です。

　図では，平均をμ，標準偏差をσと表示しました。このとき，変数が$[\mu-\sigma, \mu+\sigma]$の区間に入る確率は68.3%，$[\mu-2\sigma, \mu+2\sigma]$の区間に入る確率は95.5%になります。区間$[\mu-3\sigma, \mu+3\sigma]$に変数が入る確率は，実

図表5-2(c) ｜ 正規分布

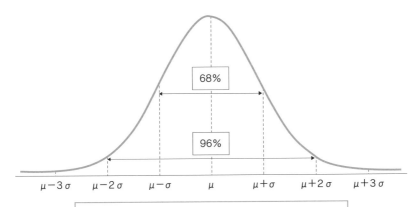

●平均μ(ミュー)，標準偏差σ(シグマ)の正規分布
●左右対称の釣鐘型
●$\mu\pm1\sigma$の区間に68.3%，$\mu\pm2\sigma$の区間に95.5%が入る

に99.7%です。確率変数を将来の状態とみなすと，平均±1標準偏差の状態が生じる可能性は68%，平均±2標準偏差の状態が生じる可能性は96%になります。

正規分布を用いると，変数が一定のレンジに含まれる確率を求めることができます。株式の収益率が正規分布にしたがうとしましょう。**ヒストリカルデータ**（過去のデータ）から，平均は10%，標準偏差は20%であることが分かりました。このとき，将来の株式の収益率が，－10%（平均－1σ）から＋30%（平均＋1σ）のレンジに入る確率は，約68%になります。

データを扱いやすくするために，標準化を行い，平均がゼロ，標準偏差が1の標準正規分布を用いることもあります。

3. ヒストリカルデータの平均とボラティリティ

ファイナンスでは，過去の証券価格のデータ（ヒストリカルデータ）を用いて，期待収益率やボラティリティを求めます。証券市場の価格データは，客観的で数が多く，入手しやすいという特徴があります。

図表5－3(a)は，ヒストリカルデータを用いたリターンとリスクの計算方法を示したものです。過去から現在までの収益率のパターンが将来も継続すると考える場合，過去に実現した収益率の平均値が，将来の期待収益率の指標になります。分散については，分母がデータ数Tではなくて T–1 になっています。過去の実現データは，母集団の一つの標本であるため，このような工夫をします。詳しくは，統計学や計量経済学のテキストを参照してください。

図表5－3(b)は，日本経済新聞社が算出している株式，社債，国債の指数（インデックス）のデータを用いて，収益率の平均値とボラティリティを算出したものです。過去10年，20年，30年のいずれの期間においても，株式が最もハイリスク・ハイリターンであったことが確認できます。社債と国債を比較すると，社債の方が相対的にハイリスク・ハイリターンになっています。

図表5－3(c)は，エクセルによるヒストリカルデータの平均と標準偏差の計算を示しています。シートのC列には収益率のデータが13個あります。平

図表5−3（a）｜ヒストリカルデータの平均とボラティリティ

- ファイナンスでは，過去の市場データ（ヒストリカルデータ）を用いて，リスクとリターンの関係を分析することが多い。
- ヒストリカルな収益率（r_1, r_2, $\cdots$, r_T）の平均（$\bar{r}$），分散（Var），標準偏差（SD）。Tはデータ数。

  平均：$\bar{r} = \dfrac{1}{T}(r_1 + r_2 + \cdots + r_T) = \dfrac{1}{T}\Sigma_{t=1}^{T} r_t$

  分散：$Var = \dfrac{1}{T-1}\Sigma_{t=1}^{T}(r_t - \bar{r})^2$

  標準偏差：$SD = \sqrt{\mathrm{Var}}$

- ヒストリカルデータは母集団の一つの標本（サンプル）であるため，分散の計算式の分母には「標本数−1（T−1）」を用いるのが好ましいとされる。

図表5−3（b）｜日本市場のヒストリカルデータ

	過去10年間 (2011〜2020年)		過去20年間 (2001〜2020年)		過去30年間 (1991〜2020年)	
	平均収益率	ボラティリティ	平均収益率	ボラティリティ	平均収益率	ボラティリティ
株式	11.84%	16.96%	6.35%	19.59%	4.44%	23.74%
社債	0.73%	0.75%	1.17%	0.83%	1.93%	1.42%
国債	0.15%	0.53%	0.56%	0.67%	1.23%	1.33%

- 株式：日経総合株価指数の年次収益率の平均と標準偏差（ボラティリティ）
- 社債：日経公社債インデックス（長期債）の収益率の平均と標準偏差（ボラティリティ）
- 国債：日経国債インデックス（10年国債を適用）の収益率の平均と標準偏差（ボラティリティ）

均は，収益率の合計をデータ数で割って求めます（セルI2）。平均との差をとり（E列），それを二乗し（F列），それらの合計（セルF15）をデータ数より1小さい12で割った値が分散（セルI3）です。分散の正の平方根が，標準偏差（セルI4）になります。

エクセルには，平均，分散，標準偏差などを求める関数があります。図表のExcel®のパネルを見てください。平均はAVERAGE関数を用いて計算して

	A	B	C	D	E	F	G	H	I	J	K
1		年度	収益率(r)	平均(μ)	r−μ	(r−μ)²					
2		2007	-12.1%	3.0%	-15.1%	2.3%		平均	3.0%	=C15/COUNT(C2:C14)	
3		2008	-41.0%	3.0%	-44.0%	19.4%		分散	5.13%	=F15/(COUNT(C2:C14)-1)	
4		2009	6.2%	3.0%	3.2%	0.1%		標準偏差	22.7%	=SQRT(I3)	
5		2010	-1.1%	3.0%	-4.1%	0.2%		Excel®			
6		2011	-17.4%	3.0%	-20.4%	4.2%		AVERAGE	3.0%	=AVERAGE(C2:C14)	
7		2012	17.4%	3.0%	14.4%	2.1%		VAR.S	5.13%	=VAR.S(C2:C14)	
8		2013	51.7%	3.0%	48.7%	23.7%		STDEV.S	22.7%	=STDEV.S(C2:C14)	
9		2014	8.4%	3.0%	5.5%	0.3%					
10		2015	10.6%	3.0%	7.6%	0.6%					
11		2016	-1.9%	3.0%	-4.8%	0.2%					
12		2017	19.9%	3.0%	16.9%	2.8%					
13		2018	-17.5%	3.0%	-20.4%	4.2%					
14		2019	15.5%	3.0%	12.5%	1.6%					
15		合計	38.9%	38.9%	0.0%	61.6%					
16			=SUM(C2:C14)	=SUM(D2:D14)	=SUM(E2:E14)	=SUM(F2:F14)					

います。標本の分散を求める関数はVAR.S，標本の標準偏差を求める関数は STDEV.Sです。シートのJ列にはI列の数式と関数が表示されています。シートの16行目には，15行目の関数(SUM)が表示されています。

4. ポートフォリオの効果

(1) ポートフォリオ効果の数値例

　複数の証券(資産)に分散投資されたポートフォリオを保有することで，リスクは低減します。分散投資やポートフォリオのリスク低減効果といわれます。図表5−4(a)の数値例を用いて，ポートフォリオ効果について説明しましょう。

　図表のエクセルシートには，三つの株式(株式A，B，C)の5年間の収益率が示されています。すべての株式のリスク(標準偏差，STDEV)とリターン(平均，Average)は，等しくなっています。

　シートのG列には，株式Aと株式Bを2分の1ずつ保有するポートフォリオABの収益率が示されています。記号のRAは株式Aの収益率，RBは株式Bの収益率です。平均は株式Aや株式Bと同じですが，リスク(標準偏差)は小さ

図表5−4(a)｜ポートフォリオ効果の数値例

	A	B	C	D	E	F	G	H	I
1		個別株式の収益率データ					2証券のポートフォリオ		
2		年度	株式A	株式B	株式C		(1/2)RA+(1/2)RB	(1/2)RA+(1/2)RC	
3		01	17%	12%	-7%		14.5%	5.0%	=(C3+E3)/2
4		02	12%	17%	6%		14.5%	9.0%	=(C4+E4)/2
5		03	6%	-7%	-3%		-0.5%	1.5%	=(C5+E5)/2
6		04	-7%	6%	17%		-0.5%	5.0%	=(C6+E6)/2
7		05	-3%	-3%	12%		-3.0%	4.5%	=(C7+E7)/2
8		Average	5.0%	5.0%	5.0%		5.0%	5.0%	=AVERAGE(H3:H7)
9		Volatility(SD)	10.0%	10.0%	10.0%		8.7%	2.7%	=STDEV.S(H3:H7)
10									
11		相関係数							
12			株式A						
13		株式A	1.00	=CORREL(C3:C7,C3:C7)					
14		株式B	0.52	=CORREL(C3:C7,D3:D7)					
15		株式C	-0.86	=CORREL(C3:C7,E3:E7)					

- 資産を組合せると，平均（average）は維持しつつ，リスク（STDEV）が低下する。
- ポートフォリオのリスク低減効果は，資産間の相関係数によって決まる。相関係数が低いほど，リスク低減効果は大きい。

くなっています。これが，ポートフォリオのリスク低減効果です。

　シートのH列は，株式Aと株式Cに2分の1ずつ投資するポートフォリオACの収益率です。RAは株式A，RCは株式Cの収益率を表しています。先と同様に，平均は株式Aや株式Cと同じですが，リスク（標準偏差）は小さくなっていることが分かります。セルG9とH9を比較すると，ポートフォリオACの方が，ポートフォリオABより低リスクになっています。

　ポートフォリオのリスク低減効果は，証券間の相関係数によって決まります。相関係数は，シートの13〜15行目に示されています。エクセルの関数はCORRELです（セルD13〜D15を参照）。株式Aと株式Aの相関は1.0，株式Aと株式Bの相関は0.52，株式Aと株式Cの相関は−0.86です。相関係数が1.0のとき，二つの株式は全く同じ動きをします。相関係数が低いほど，二つの株式は異なった動きをします。相関係数がマイナスになる二つの証券は，一方が上昇すると他方が下落するという傾向があります。

　株式Aと株式Cの収益率のデータを見てください。株式Aの収益率がプラス（マイナス）のとき，株式Cの収益率はマイナス（プラス）になる傾向があり

ます。このような二つの株式を組合せると，ポートフォリオの収益率は安定します。シートのH列を見ると，ポートフォリオの収益率は，1.5%から9.0%のレンジにあります。個別株式のレンジ（−7%から17%）と比較すると，変動が小さくなっていることが分かります。

(2) ポートフォリオのリスクとリターン

　図表5−4(b)は，二つの証券からなるポートフォリオのリターン（期待収益率）とリスク（ここでは分散）の計算式を示しています。ポートフォリオのリターンは，各証券のリターンの加重平均です。各証券に等金額ずつ投資した場合，各証券のリターンの単純平均になります。図表5−4(a)の数値例から分かるように，ポートフォリオのリターンは，個別証券のリターンを引き継ぐといえます。

　ポートフォリオのメリットは，リスク低減効果です。ポートフォリオの分

図表5−4(b)｜ポートフォリオのリターンとリスク（2証券のケース）

- 記号：証券の収益率 $= r_i$，証券への投資ウェイト $= x_i$
- ポートフォリオの収益率：$r_p = x_1 r_1 + x_2 r_2$
- ポートフォリオの期待収益率：$E(r_p) = x_1 E(r_1) + x_2 E(r_2)$
- ポートフォリオの分散（リスク）：

$$Var(r_p) = E\,[r_p - E(r_p)]^2 = E\,[(x_1 r_1 + x_2 r_2) - \{x_1 E(r_1) + x_2 E(r_2)\}]^2$$

$$= E\,[x_1\{r_1 - E(r_1)\} + x_2\{r_2 - E(r_2)\}]^2$$

$$= x_1^2 E[r_1 - E(r_1)]^2 + x_2^2 E[r_2 - E(r_2)]^2 + x_1 x_2 E[\{r_1 - E(r_1)\}\{r_2 - E(r_2)\}]$$

$$\quad + x_2 x_1 E[\{r_2 - E(r_2)\}\{r_1 - E(r_1)\}]$$

$$= x_1^2 Var(r_1) + x_2^2 Var(r_2) + x_1 x_2 Cov(r_1, r_2) + x_2 x_1 Cov(r_2, r_1)$$

| 証券1の分散 | 証券2の分散 | 証券1と証券2の共分散 | 証券2と証券1の共分散 |

散(リスク)の最後の式を見てください。ポートフォリオのリスクは，個別証券のリスクと証券間の共分散に分解することができます。共分散には対称性があります。証券1と証券2の共分散は，証券2と証券1の共分散と一致します。共分散の意味は，相関係数とほぼ同じです。二つの証券が同じ方向に動く傾向が強ければ，共分散はプラスになります。違う方向に動く傾向が強ければ，共分散はマイナスになります。

(3) ポートフォリオのリスク低減効果

　図表5-4(c)は，二つの証券のケースを用いて，ポートフォリオのリスク低減効果を示したものです。相関係数と共分散の関係式，相関係数が1.0以下になることなどを用いています。相関係数が1.0でない限り，ポートフォリオのリスクは，個別証券のリスクの平均値より小さくなります。二つの証券が全く同じ動きをしない限り，ポートフォリオにはリスク低減効果があります。

　ポートフォリオのリターンは，個別証券のリターンの平均でした。一方，ポートフォリオのリスクは，個別証券のリスクの平均を下回ります。リターンは維持しつつ，リスクを低減する。これが，ポートフォリオを保有するメリットです。

　実際のヒストリカルデータをみると，証券間の相関係数が1.0であることは，ほとんどありません。投資家は，取引可能な複数の証券に分散投資をすることで，リスク低減効果を得ることができます。

　アイスクリーム屋と傘屋の組合せを考えましょう。天候が晴れの日が続くと，アイスクリーム屋は利益をあげますが，傘屋の業績は低迷します。逆に，雨の日が続くと，アイスクリームは売れませんが，傘が売れるので傘屋の業績が良くなります。アイスクリーム屋と傘屋の両方に投資をしていれば，晴れであろうと雨であろうと，ポートフォリオは安定した収益をもたらします。

　企業経営においても同様の効果が期待できます。アイスクリーム屋や傘屋のみを経営するのではなく，両方を経営することで，天候という外部環境に左右されることなく，収益を安定させることができます。二つの事業の相関

- 個別証券の標準偏差（トータルリスク）：$SD = \sqrt{E\,[r - Er]^2}$
- 二つの証券の共分散：$Cov(r_1, r_2) = E\,[\{r_1 - E\,[r_1]\}\{r_2 - E\,[r_2]\}]$
- 相関係数（証券1と証券2）：$\rho_{12} = Cov(r_1, r_2)/SD_1\,SD_2$
- $Var(r_p) = x_1^2\,Var(r_1) + x_2^2\,Var(r_2) + 2x_1 x_2\,Cov(r_1, r_2)$

$$= x_1^2\,(SD_1)^2 + x_2^2\,(SD_2)^2 + 2x_1 x_2\,(\rho_{12})(SD_1)(SD_2)$$

$$(SD(r_p))^2 \le (x_1\,SD_1 + x_2\,SD_2)^2 \quad (\rho_{12} \le 1\,\text{より})$$

$$SD(r_p) \le x_1\,SD_1 + x_2\,SD_2 \qquad (\text{等号は相関係数が1のときのみ成立})$$

- ポートフォリオのリスク（標準偏差）は個別証券のリスクの平均（加重平均）より小さい。

が低いからです。

(4) グラフでみるポートフォリオ効果

　図表5−4(d)は，縦軸が期待収益率（リターン），横軸が標準偏差（リスク）である平面に，ポートフォリオのリスクとリターンをプロットしたものです。証券Aはハイリスク・ハイリターン，証券Bはローリスク・ローリターンの個別証券です。相関係数が1.0の場合，証券Aと証券Bのポートフォリオのリスクとリターンは，直線（図の点線）で表されます。リスクもリターンも二つの証券の平均（加重平均）になります。

　相関係数が1.0より小さいとき，ポートフォリオのリスクとリターンをプロットすると，曲線になります。図の曲線は，相関係数が0.2のケースです。証券Aと証券Bに等金額を投資する二つのポートフォリオを比べてください。期待収益率（リターン）は同じですが，相関係数が0.2の場合の方が，リスクは小さくなっています。

　証券の収益率間の相関係数が1.0でない限り，ポートフォリオのリスクと

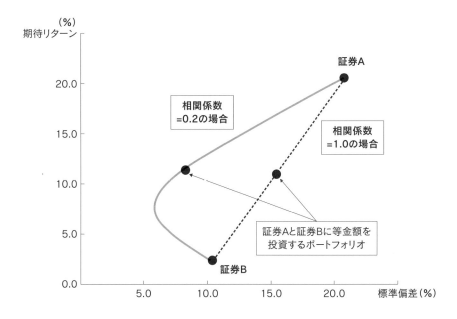

図表5-4(d)｜ポートフォリオのリスク・リターンのグラフ

リターンは，二つの株式を結ぶ直線より左側に位置する曲線になります。直線に比べると，リスクは小さくなっていることが分かります。これが，ポートフォリオのリスク低減効果です。

5. 市場リスクと固有リスク

(1) 分散投資による固有リスクの低減

リスク回避的な投資家は，複数の証券に分散投資をすることで，リスク低減効果を得ることができます。ただし，すべてのリスクを完全に消去することはできません。リスク資産からなるポートフォリオをもつ限り，分散投資によって消去できないリスクが残ります。この種のリスクは，市場に体系的に存在するという意味で，市場リスク(market risk)やシステマティックリス

ク（systematic risk）といわれます。本書では，主に市場リスクという用語を使います。

　一方，分散投資によって低減されたり，消去されたりするリスクは，**固有リスク**（idiosyncratic risk）や**非システマティックリスク**（unsystematic risk）といわれます。ポートフォリオをもつことで，投資家は固有リスクや非システマティックリスクから解放されます。

　新薬を開発している製薬会社への投資の例を用いて，分散投資によるリスクの低減効果の理解を深めましょう。いま，100人の投資家と100社の製薬会社があるとします。製薬会社は，新薬の開発に成功すると大きなFCFを得ることができます。FCFの金額は，市場の状態によって決まります。好況であれば1,200億円，不況であれば800億円です。好況と不況が生じる確率は，それぞれ50％です。このリスクは市場リスクになります。期待FCFは1,000億円です。

　新薬の開発に失敗するとFCFはゼロになります。新薬開発に成功する確率は1％です。個別企業が新薬の開発に成功するか失敗するかが，固有リスクになります。各社の新薬の開発に必要な資金は9億円，各投資家の手元資金も9億円とします。

　投資家一人が製薬会社一社に集中投資するケースを考えましょう。各投資家は投資先の製薬会社の株式のみを保有します。投資額が9億円，期待FCFは10億円（1,000億円×1％）ですが，成功する確率はわずか1％です。固有リスクが大きいため，投資をためらうことは容易に想像できます。

　すべての投資家が100社に900万円ずつ分散投資をするとどうなるでしょうか。投資家は100社の株式をそれぞれ1％ずつ購入し，製薬会社100社のポートフォリオを保有します。ポートフォリオの中の一社は，新薬の開発に成功します。投資家が直面するリスクは，好況か不況かという市場リスクだけになります。各投資家は，9億円を投資して，確率50％で12億円（1,200億円の1％），確率50％で8億円（800億円の1％）のFCFを得ることができます。期待FCFは10億円です。

　ポートフォリオを保有することで，投資家は，どの企業が成功するかという固有リスクを消去することができます。リスクフリー・レートが1％，市

場リスクに対するリスクプレミアムが5％であれば，リスク回避的な投資家の期待収益率は6％です。投資の期待収益率は11％（投資額＝9億円，期待FCF＝10億円）ですから，ポートフォリオを保有することが合理的な選択になります。

　投資家のリスク分散行動によって，多くの製薬会社が新薬開発を行い，社会全体としても新薬の便益を享受することができます。新薬開発に成功した企業は，社会に貢献する製品を提供して財務的なリターンを得ることになります。それが可能になるのは，分散投資によるリスク低減効果というファイナンス理論の適用です。ファイナンスが，ESGにおける社会的価値に貢献し，企業と投資家に価値をもたらす良い例です。

(2) 市場リスクと固有リスク

　製薬会社の例から分かるように，分散投資をすることで固有リスク（個別企業や個別証券に関するリスク）を消去することができます。一方，市場リスクは完全に取り除くことができません。

　ポートフォリオを構成する証券数が多くなるほど，固有リスクは小さくなります。製薬会社への投資では，投資先が一社の場合，失敗確率は99％でした。投資先を10社にすると失敗確率は90％，50社に投資すると失敗確率は50％まで低下します。図表5－5は，この様子を図示しています。

　完全競争市場では，投資家はコストや税金を気にすることなく，証券を売買してポートフォリオを構築することができます。リスク回避的な投資家は，固有リスクがなくなるまで分散投資をするでしょう。固有リスクをもたないポートフォリオは，**市場ポートフォリオ**（market portfolio）といわれます。市場ポートフォリオは，取引可能なすべての証券からなるポートフォリオです。

　市場ポートフォリオを保有しても消去できないリスクが，市場リスクやシステマティックリスクです。リスクプレミアムが期待できるのは，市場リスクをテイクする場合です。コストなく消去できる固有リスクをとっても，リスクプレミアムは期待できません。固有リスクは，ポートフォリオをもつこ

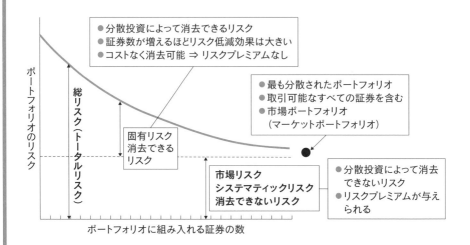

図表5-5│固有リスク・市場リスク・市場ポートフォリオ

- ●分散投資によって消去できるリスク
- ●証券数が増えるほどリスク低減効果は大きい
- ●コストなく消去可能 ⇒ リスクプレミアムなし

- ●最も分散されたポートフォリオ
- ●取引可能なすべての証券を含む
- ●市場ポートフォリオ
  （マーケットポートフォリオ）

固有リスク
消去できる
リスク

**市場リスク
システマティックリスク
消去できないリスク**

- ●分散投資によって消去
  できないリスク
- ●リスクプレミアムが与え
  られる

総リスク（トータルリスク）

ポートフォリオのリスク

ポートフォリオに組み入れる証券の数

とで回避できるからです。

6. 市場ポートフォリオとベータ

(1) ポートフォリオにおける分散と共分散

　リスクの尺度である分散の計算は2次式になります（図表5-2(a)など参照）。そのため，ポートフォリオの分散（リスク）には，個別証券の分散と証券間の共分散が出てきます。図表5-4(b)の二つの証券のケースでは，分散の項が2個，共分散の項が2個ありました。証券の数が三つの場合，分散の項が3個，共分散の項が6個になります。

　図表5-6(a)は，10個の証券からなるポートフォリオの分散に含まれる**分散**（Var）と**共分散**（Cov）を並べたものです。個別証券のリスクを表す分散は10個，証券間の共分散は90個あります。証券数が100の場合，分散は100個，共分散は9,900個になります。このように見ていくと，多数の証券からなるポートフォリオは，個別証券の固有リスク（個別証券の分散や標準偏差）の影

図表5−6(a)｜ポートフォリオの分散と共分散の数

	証券1	証券2	証券3	…	…	証券10
証券1	Var(1)	Cov(1, 2)	Cov(1, 3)	…	…	Cov(1, 10)
証券2	Cov(2, 1)	Var(2)	Cov(2, 3)	…	…	Cov(2, 10)
証券3	Cov(3, 1)	Cov(3, 2)	Var(3)	…	…	Cov(3, 10)
…	…	…	…	…	…	…
…	…	…	…	…	…	…
証券10	Cov(10, 1)	Cov(10, 2)	Cov(10, 3)	…	…	Var(10)

- 分散の計算は2次式であるため，証券数をNとすると項数はN^2個
- ポートフォリオのリスク計算における個別証券の分散（Var）はN個，証券間の共分散（Cov）はN（N-1）個
- 証券数が10の場合，個別証券の分散の数は10個，証券間の共分散は90個
- 証券数が100の場合，個別証券の分散の数は100個，証券間の共分散は9,900個

響をほとんど受けないことが分かります。

　ポートフォリオを保有する投資家にとって重要なのは，証券間の共分散（相関係数）です。図表5−6(a)の表において，証券1がポートフォリオのリスクに影響を与える項は，証券1の行と列にあります。分散は一つだけ，残りはすべて他の証券との共分散です。ポートフォリオを保有する投資家は，証券間の共分散や相関係数を重視します。

(2) 市場ポートフォリオとベータ

　リスク回避的な投資家は，リスク低減効果が最も大きい市場ポートフォリオを保有すると考えられます。市場ポートフォリオのリスクには，分散投資で消去できる固有リスクは含まれていません。

　固有リスクがないポートフォリオを保有する投資家にとって，個別証券のリスク指標は，市場との共分散になります。市場ポートフォリオはすべての証券で構成されるため，この共分散には，個別証券とすべての証券の共分散の項が含まれます。

- 市場ポートフォリオの分散： $Var(r_M) = Cov(r_M, r_M)$ ［自身との共分散は分散］

- 個別証券iと市場ポートフォリオの共分散： $Cov(r_i, r_M)$

- 個別証券のベータ： $\beta_i = Cov(r_i, r_M)/Var(r_M)$

- 市場ポートフォリオのベータ： $\beta_M = \dfrac{Cov(r_M, r_M)}{Var(r_M)} = \dfrac{Var(r_M)}{Var(r_M)} = 1.0$

- 市場ポートフォリオより変動率が大きい証券j： $Cov(r_j, r_M) > Var(r_M) \Rightarrow \beta_j > 1.0$

- 市場ポートフォリオより変動率が小さい証券k： $Cov(r_k, r_M) < Var(r_M) \Rightarrow \beta_k < 1.0$

- リスクフリー資産のベータ＝ゼロ ［リスクフリー資産と市場ポートフォリオの共分散（相関）はゼロ］

　市場全体のリスクを基準値＝1にするため，個別証券と市場の共分散を市場ポートフォリオの分散で割ります。ファイナンスでは，この値を個別証券の**ベータ**（ β ）といいます。ベータは，市場全体のリスクに対する個別証券の相対的なリスクの大きさを表しており，個別証券の市場リスクやシステマティックリスクの尺度になります。

　図表5－6(b)には，ベータの定義とその性質が示されています。市場ポートフォリオのベータは1.0です。これが市場リスクの基準値になります。

　ベータの分母である市場ポートフォリオの分散は，すべての証券に共通です。したがって，個別証券のベータの大小関係は，その証券と市場の共分散の大きさで決まります。先に述べたように，市場と同じ方向に動く傾向があれば，共分散はプラスになります。実際のデータを見ると，ほとんどの個別証券は，市場と同じ方向に動く傾向をもちます。すなわち共分散はプラスです。

　ベータは数値です。符号ではありません。ベータの値を知るためには，共分散の大きさを知る必要があります。共分散の大きさは，変動の幅（変動率の大きさ）で決まります。市場より変動率が大きい証券の共分散は，相対的に大きくなります。市場より変動率が小さい証券の共分散は，相対的に小さ

くなります。

市場と変動率が等しい市場ポートフォリオのベータは1.0でした。市場より変動率が大きい証券のベータは，1.0より大きくなります。市場より変動が小さい証券のベータは，1.0より小さくなります。変動がないリスクフリー資産のベータはゼロです。ベータは，個別証券の市場リスクの相対的な大きさを示す指標になっています。

(3) 共分散とベータの性質

共分散とベータには，線形性とよばれる好ましい性質があります。図表5－6(c)は，2証券のケースと一般的なケース(N証券のケース)における共分散とベータの線形性を示しています。分散にはこの性質がありません。

ポートフォリオの共分散やベータは，各証券の共分散やベータの加重平均になります。期待収益率と同じ性質です。第6章では，企業を事業のポートフォリオとみなし，資本コストやベータの関係を取りあげます。その際，

図表5－6(c) | 共分散とベータの性質

● 記号：証券の収益率＝ r_i，証券のウェイト＝ x_i

● 共分散の性質（2証券の場合）

$$Cov(x_1 r_1 + x_2 r_2, r_M) = x_1 Cov(r_1, r_M) + x_2 Cov(r_2, r_M)$$

● ベータの性質（2証券の場合）

$$\beta(x_1 r_1 + x_2 r_2) = \frac{Cov(x_1 r_1 + x_2 r_2, r_M)}{Var(r_M)} = \frac{x_1 Cov(r_1, r_M)}{Var(r_M)} + \frac{x_2 Cov(r_2, r_M)}{Var(r_M)} = x_1 \beta_1 + x_2 \beta_2$$

● 共分散の線形性（N証券の場合）

$$Cov(\Sigma_{i=1}^{N} x_i r_i, r_M) = \Sigma_{i=1}^{N} x_i Cov(r_i, r_M)$$

● ベータの性質（N証券の場合）

$$\beta(\Sigma_{i=1}^{N} x_i r_i, r_M) = \Sigma_{i=1}^{N} x_i \beta_i$$

ベータの線形性が用いられます。

7. CAPM

(1) CAPM

市場ポートフォリオのリスクテイクに対して期待されるリスクプレミアムは，**市場リスクプレミアム**（market risk premium）といわれます。市場ポートフォリオのベータは1.0でした。市場リスクプレミアムは，ベータ＝1.0のリスクテイクに対して期待されるプレミアムです。

市場ポートフォリオを保有する投資家にとって，個別証券（証券）のリスクの大きさはベータです。証券のリスクプレミアムをベータで割ると，ベータ＝1.0のリスクテイクに対するリスクプレミアムになります。この値は，市場リスクプレミアムに等しくなるはずです。すなわち，個別証券と市場のリスクプレミアムの間には，次の関係が成り立ちます。

個別証券のリスクプレミアム＝ベータ×市場リスクプレミアム
個別証券の期待収益率＝リスクフリー・レート
　　　　　　　　　　＋ベータ×市場リスクプレミアム

個別証券のリスクプレミアムは，市場リスクプレミアムにベータをかけた値になります。期待収益率は，リスクフリー・レートにベータと市場リスクプレミアムの積を加えた値になります。この関係式は，ノーベル経済学賞を受賞したシャープ教授（W. Sharpe）等によって導出されました。**CAPM**（Capital Asset Pricing Model，**資本資産評価モデル**）といいます。CAPMは，投資家がリスク回避的で同質的，リスクが分散や標準偏差で表される，取引コストや税金がない競争的な市場などの仮定を用いて導かれます。

図表5－7(a)は，CAPMに関する説明です。CAPMが成り立つとき，投資家は市場ポートフォリオとの共分散によって，個別証券のリスクを評価します。市場ポートフォリオのリスクを基準にした相対的なリスクの大きさが，証券のベータです。均衡では，すべての証券のリスクプレミアムをリスク

- 記号：市場ポートフォリオの収益率＝ r_M, 個別証券の収益率＝ r_i, リスクフリー・レート＝ r_f

- 市場リスクプレミアム＝ $E[r_M - r_f]$（ベータ＝1.0のリスクテイクに対するリスクプレミアム）

- 証券のリスクプレミアム＝ $E[r_i - r_f]$

- 個別証券のベータ： $\beta_i = Cov(r_i, r_M)/Var(r_M)$

- リスクプレミアムをベータで割るとベータ＝1.0に対するリスクプレミアム（市場リスクプレミアム）になる。

  CAPM： $\dfrac{E[r_i - r_f]}{\beta_i} = E[r_M - r_f] \rightarrow E[r_i - r_f] = \beta_i E[r_M - r_f]$

- 証券のリスクプレミアム＝ベータ×市場リスクプレミアム

- 証券の期待収益率＝リスクフリー・レート＋ベータ×市場リスクプレミアム

（ベータ）で割った値が，市場リスクプレミアムに等しくなります。

　ポートフォリオのリスク低減効果から市場ポートフォリオを導き，市場との相対的な関係によって個別証券のリスクとリターンが決まるという明快な理論が，CAPMの特徴です。

(2) 証券市場線

　図表5－7(b)の図は，横軸にベータ，縦軸に期待収益率（リターン）をとり，リスクとリターンの関係を示したものです。CAPMが成り立つとき，個別証券の期待収益率やリスクプレミアムは，ベータと比例関係をもちます。図中，証券 k のベータ（ β_k ）は0.5，証券 j のベータ（ β_j ）は1.5です。証券 k は相対的にリスクが小さく，証券 j はリスクが大きいといえます。市場ポートフォリオのベータは1.0です。

　リスク回避的な投資家は，リスクが小さい証券 k のリスクプレミアムは小さくてもよいと考えます。ローリスク・ローリターンです。一方，分散投資をしても残るリスクが大きい証券 j に対して，投資家は高いリスクプレミア

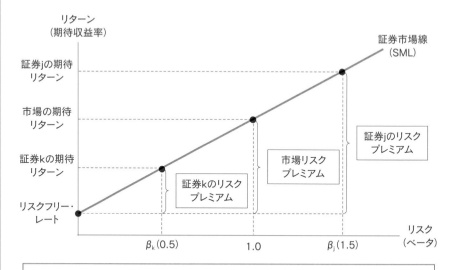

図表5-7(b) | 証券市場線：ベータと期待収益率

- 市場リスクプレミアム＝6％のとき，証券kのリスクプレミアム＝3％，証券jのリスクプレミアム＝9％
- 市場リスクプレミアム＝10％のとき，証券kのリスクプレミアム＝5％，証券jのリスクプレミアム＝15％

ムを期待します。ハイリスク・ハイリターンです。

　下のパネルで計算しているように，市場リスクプレミアムが6％のとき，ベータが0.5の証券*k*のリスクプレミアムは3％になります。ベータが1.5の証券*j*のリスクプレミアムは9％です。リスクフリー・レート（国債利回り）が1.0％であれば，証券*k*と証券*j*の期待収益率は，それぞれ4％と10％になります。市場リスクプレミアムが10％のときも，同様に計算できます。

(3) 直線の傾きとしてのベータ

　図表5-7(c)は，縦軸に個別証券のリスクプレミアム，横軸に市場リスクプレミアムをとり，両者の関係を示したものです。この場合，ベータは直線

図表5−7（c） 直線の傾きとしてのベータ

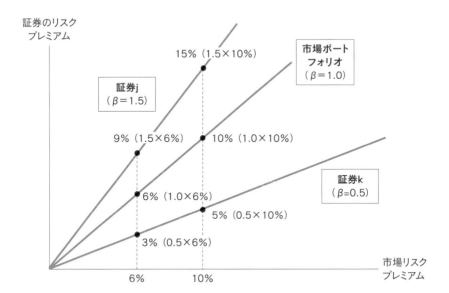

図表5−7（d） 収益率のプロットとベータ

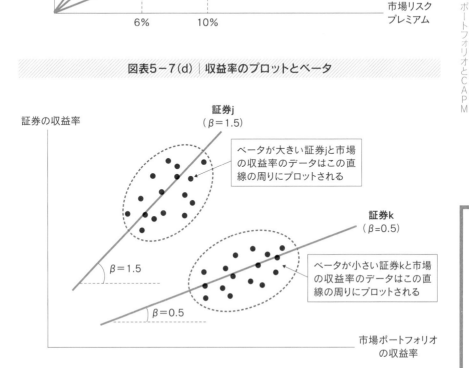

図表5－7(e)｜野村証券のベータ

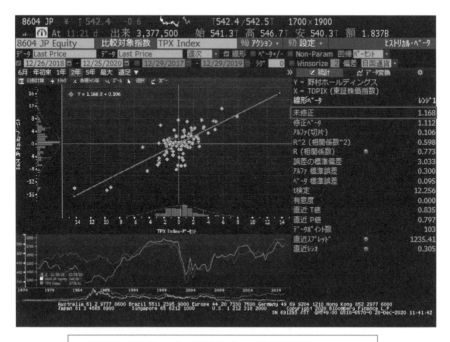

- 野村証券の株式ベータ，市場ポートフォリオはTOPIX
- 期間は2018年12月～2020年12月，週次の収益率データを利用
- ベータ（回帰分析の傾き）＝1.17

（出所）Bloomberg

の傾きになります。ベンチマークである市場ポートフォリオの直線の傾きは1.0(45度)です。ベータが高いほど直線の傾きは急になります(45度より大きくなります)。

図には，市場ポートフォリオを中心として，ベータが1.5の証券jとベータが0.5の証券kの直線を描いています。図表5－7(b)と同様に，市場リスクプレミアムが6%のとき，証券jのリスクプレミアムは9%，証券kのリスクプレミアムは3%になります。市場リスクプレミアムが10%のとき，証券jと証券kのリスクプレミアムは，それぞれ15%と5%になります。リスクフ

図表5-7(f) | NTTドコモのベータ

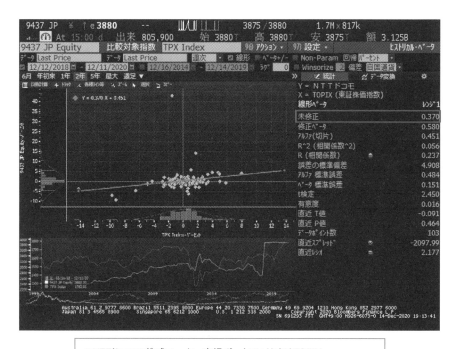

● NTTドコモの株式ベータ，市場ポートフォリオはTOPIX
● 期間は2018年12月～2020年12月，週次の収益率データを利用
● ベータ（回帰分析の傾き）＝0.37

（出所）Bloomberg

リー・レートが分かると，各証券の期待収益率が求まります。

　個別証券のベータは，過去のデータを用いて推定します。その際には，横軸に市場ポートフォリオの収益率，縦軸に個別証券の収益率をとり，両者の組合せをプロットします。図表5-7(d)を見てください。証券jと市場ポートフォリオの収益率の組合せは，傾きがベータ＝1.5である直線の周りにプロットされるはずです。回帰分析によって，直線の傾き（回帰係数）を求めると，証券jのベータである1.5になります。証券kと市場の収益率の組合せは，傾きがベータ＝0.5の直線の周辺に集まる傾向があるはずです。回帰直線の

傾きである回帰係数は0.5になると考えられます。

　直線の傾きであることに注目すると，ベータは市場ポートフォリオに対する個別証券の**感応度**(sensitivity)であるという解釈ができます。市場ポートフォリオが1％動いたとき，個別証券はβ％動くということです。

　市場ポートフォリオを株価指数に置きかえましょう。日経平均などの株価指数は，経済や景気の動向と強い相関があります。景気が良いと日経平均は上昇し，景気が悪いと下落します。ベータが高い企業の株式は，景気に敏感な株式です。証券会社などの金融株が代表的な例といえます。過去のデータを調べると，金融株のベータは1.0より高い傾向があります。図表5-7(e)は，実際のデータを用いて算出された野村証券のベータです。2020年12月時点において，同社の株式ベータは1.17であり，1.0を上回っていました。

　ベータが低い株式は，景気の変動を受けにくい企業の株式です。代表的な例は，通信や電力・ガスなどのインフラ事業を行う企業です。インフラ企業の株式のベータは，1.0より低いという傾向があります。図表5-7(f)が示すように，2020年12月におけるNTTドコモの株式ベータは0.37であり1.0を下回っていました。

8. CAPMとマルチファクター・モデル

　ファイナンスは，証券市場における資産運用や投資をテーマにする**インベストメント**(investment)と，企業行動をテーマにする**コーポレートファイナンス**(corporate finance)に大別できます。CAPMは1960年代に示された理論モデルですが，どちらの領域でも重要な役割を果たしてきました。

　ポートフォリオ理論とCAPMが確立された後，インベストメントの領域では，分散投資とインデックス運用が盛んになりました。株価指数をトラックするインデックス運用は，市場ポートフォリオに近似しており，固有リスクがほとんどありません。リスク回避的な投資家は，インデックス運用を行うことで，大きなリスク低減効果を享受することができます。

　学界では，CAPMに代わるモデルとして，**マルチファクター・モデル**の

研究が進められてきました。CAPMは，市場ポートフォリオという一つの
ファクターで証券のリスク・リターン関係を特徴づけます。これに対して，
マルチファクター・モデルは，複数のファクターを用います。よく知られて
いるのは，市場ポートフォリオに企業規模と時価簿価比率のファクターを加
えた三つのファクターを用いたモデルです。提唱者の名前をとって，
ファーマ・フレンチの3ファクター・モデルといわれます。最近では，企
業の収益性や投資比率(資産増加率)をファクターに加えた**5ファクター・モ
デル**も提案されています。

　資産運用の実務界でも，数多くのマルチファクター・モデルが実用化され
ています。最新のファクターは，**ESGファクター**です。環境(environment)
への配慮，社会性(social)，コーポレートガバナンス(governance)に関する
指標をファクターとして，資産運用に活用する動きが活発になっています。

　コーポレートファイナンスの領域において，CAPMは資本コストの算出に
適用されてきました。資本コストは投資家の期待収益率です。CAPMとその
背景にあるポートフォリオ理論は，ノーベル経済学賞を受賞した学術的な成
果であり，理論的な裏付けがしっかりしています。CAPMはシングルファク
ターであるため，シンプルで分かりやすく，説明しやすいという特徴があり
ます。算出に必要なデータが入手しやすいという実用性をもっています。

　これに対して，マルチファクター・モデルは，3ファクターなのか5ファク
ターなのか，ESGファクターなのか，はっきりしないところがあります。
ファクターが複数であるため，CAPMより複雑で，説明しにくいという問題
もあります。インプットする変数も合意されたものがなく，データを加工す
る必要もあります。これらの理由から，コーポレートファイナンスの領域で
は，教科書でも実務でもCAPMを用いることが主流になっています。本書で
も，CAPMを用いて資本コストを算出します。

資本コストの算出

第6章のテーマとポイント

● 2018年に行われたコーポレートガバナンス・コードの改訂では，資本コスト（投資家の期待収益率）の重要性が示されました。第3章で紹介したように，企業価値の向上や価値創造に成功している企業は，資本コストを経営に取り入れています。第3章では，価値創造のポイントが，資本利益率と資本コストの関係にあることも確認しました。資本コストは，コーポレートファイナンスのキーワードです。

● 本章のテーマは，資本コストの算出です。株主の期待収益率である株式資本コストの算出には，CAPMを適用します。CAPMによると，株式資本コストは，リスクフリー・レート＋ベータ×市場リスクプレミアム，で与えられます。リスクフリー・レートには長期国債の利回りを用います。ベータは，回帰分析によって求めたり，専門業者が提供しているデータを用いたりします。市場リスクプレミアムは，過去の市場データ（ヒストリカルデータ）を用いて求めます。客観性がありアクセスが容易なこれらの数値をCAPMに代入すると，株式資本コストが算出できます。花王や東京ガスの資本コストの算出においても，同じアプローチがとられています。

● 債権者の期待収益率である負債の資本コスト（負債コスト）は，客観性がありアクセスが容易な社債の格付や信用スプレッドを用いて算出します。支払利息を費用計上できる負債には，法人税が少なくなるという節税効果があります。節税効果を資本コストや割引率に反映させる場合，負債コストを税引後

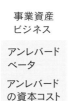

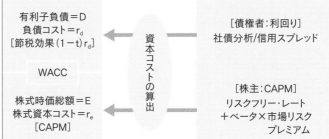

| 企業 | | 投資家/資本市場 |

事業資産
ビジネス

アンレバード
ベータ

アンレバード
の資本コスト

有利子負債＝D
負債コスト＝r_d
［節税効果$(1-t)r_d$］

WACC

株式時価総額＝E
株式資本コスト＝r_e
［CAPM］

資本コストの算出

［債権者：利回り］
社債分析/信用スプレッド

［株主：CAPM］
リスクフリー・レート
＋ベータ×市場リスク
プレミアム

- 加重平均資本コスト： $WACC = \dfrac{D}{E+D}(1-t)r_d + \dfrac{E}{E+D}r_e$ （tは法人税率）
- 客観的でアクセスが容易な資本市場のデータを用いて資本コストを算出
- アンレバードベータは負債の影響を除いたベータでビジネスリスクの指標

の値にします。

- 株式資本コストと負債コストを加重平均したものが，WACC（加重平均資本コスト）です。加重平均のウェイトには，企業の負債と株式時価総額の比率を用います。WACCは，企業全体の資本コストです。本章では，より実践的なWACCの算出についても紹介します。

- コーポレートファイナンスでは，負債の影響を除いたアンレバードベータという概念があります。アンレバードベータは，ビジネスリスク（事業の市場リスク）の指標になります。負債を考慮したベータはレバードベータとよばれます。レバードベータとアンレバードベータの間には，変換式があります。ここでは，代表的な二つの変換式を紹介します。

- 負債はエクイティをハイリスク・ハイリターンにするため，レバードベータはアンレバードベータより大きくなります。また，景気の変動を受けやすい企業や業界のアンレバードベータ（ビジネスリスク）は，景気の変動を受けにくい企業や業界のアンレバードベータ（ビジネスリスク）より，大きくなります。

- 事業ポートフォリオを適切に管理するためには，各事業の収益構造（リスククラス）に応じた資本コストを用いることが必要です。事業のアンレバードベータをCAPMに適用することで，事業の資本コストを算出することができます。

1. CAPMと株式資本コスト

(1) CAPMと株式資本コスト

　第6章のテーマは，コーポレートファイナンスやバリュエーションのキーファクターである資本コストの算出です。コーポレートガバナンス・コードの制定もあり，近年の日本企業において，資本コストの算出と経営への導入は着実に進んでいます。生命保険協会の調査によると，資本コストを把握している上場企業の割合は，2015年の30.6％から2020年には62.4％まで上昇しています。野村総合研究所の報告書では，上場企業の87％が資本コストを意識しており，40％が管理指標として用いているということです（野村総合研究所（2020年）「持続的な企業価値の創造に向けた企業と投資家の対話の在り方に関する調査研究」）。

　企業の資本コストは，投資家の期待収益率でした。第5章では，リスクとリターンの関係を理論的に示したCAPMを紹介し，期待収益率の決まり方について説明しました。CAPMは，理論的に正しく，シンプルな構造をしています。加えて，インプットするデータの利用可能性が優れているという長所があります。そのため，**株式資本コスト**（cost of equity）の算出に広く用いられています。

　アメリカで行われた資本コストの算出に関するサーベイ調査では，回答企業の7割以上がCAPMを適用していました。大企業を対象とした近年の調査では，回答企業の9割がCAPMを用いていると回答しています。日本のファイナンシャルアドバイザーや投資銀行の方々のお話では，レアな事例を除き，CAPMを使っているということです。

　図表6-1(a)は，CAPMと株式資本コスト（期待収益率）のポイントをまとめたものです。CAPMを用いて資本コストを算出する場合，リスクフリー・レート，株式ベータ，市場リスクプレミアムをインプットする必要があります。ある時点におけるリスクフリー・レートと市場リスクプレミアムは，すべての株式や企業で同じ値をとります。異なるのはベータです。

　第5章で説明したように，ベータは，個別株式と市場ポートフォリオの共

- CAPMはノーベル経済学賞，データの利用可能性，1次式（シングルファクター）という分かりやすさから，株式資本コストの算出モデルとして広く普及している。

- CAPMによる株式の資本コスト（cost of equity）：
$E[r_e] = r_f + \beta_e\, E[r_M - r_f],\ \beta_e = Cov(r_e, r_M) / Var(r_M)$

- 株式の資本コスト（$E[r_e]$）は，リスクフリー・レート（r_f），株式ベータ（β_e），市場リスクプレミアム（$E[r_M - r_f]$）によって構成される。算出する際には，それらの変数をインプットする必要がある。

- CAPMは多数の投資家が参加する競争的な株式市場において決まるリスク・リターン関係。インプットする数値も客観的なものを使用。企業や特定の投資家が資本コストを勝手に決めることはできない。

分散や相関係数によって決まります。また，ベータは市場ポートフォリオに対する個別株式の感応度と解釈することができます。実際にベータを推定するには，市場収益率に対する株式収益率の回帰直線の傾きを求めることになります。

　CAPMは，不特定多数の投資家が参加する競争的な株式市場で決まるリスクとリターンの関係を定式化したものです。モデルにインプットする変数についても，ヒストリカルデータがベースになります。企業や特定の投資家が，自分に都合が良いように，勝手に資本コストを決めることはできません。資本コストは，株式市場や資本市場で決まります。

(2) 株式資本コストの算出事例—花王と東京ガスの事例—

花王の事例

　図表6−1(b)は，CAPMを適用した株式資本コストの算出事例です。上のパネルでは，CAPMとそれを用いた花王の株式資本コストが紹介されています。リスクフリー・レートには，長期国債の金利を用います。コーポレートファイナンスやバリュエーションでは，長期的に持続可能な企業経営を分析の対象にするため，リスクフリー・レートに長期国債のデータを用いること

株式資本コスト（CAPM）＝長期国債の金利＋β値×マーケット・リスクプレミアム
花王の株式資本コスト＝1.5％＋0.75×4.5％＝4.9％
　　（注）2005年12月時点。マーケット・リスクプレミアムは当時の野村証券が使っていた値

TEP（Tokyo Gas Economic Profit）＝NOPAT－（投下資本×WACC）
WACCの算定と前提（2017年度見通し）
●有利子負債コスト＝1.11％（税引後）
●株主資本＝時価総額
●株式資本コスト＝4.235％
　リスクフリー・レート＝10年国債利回り0.11％
　市場リスクプレミアム＝5.5％，ベータ値＝0.75

（出所）上は日本経済新聞2006年2月18日付朝刊「投資を考える」
　　　　下は東京ガスのホームページより抜粋，一部加筆

が標準的です。

　花王のベータ（β値）は0.75でした。同社の売上構成をみると，洗剤やオム
ツ，化粧品などの一般消費者向け製品が過半を占めています。これら製品の
製造・販売は，景気の変動に左右されにくいビジネスに分類できます。第5
章で説明したように，景気の変動を受けにくい企業のベータは，1.0より低
くなります。花王の株式ベータが0.75であることは，この考え方に合ってい
ます。

　市場リスクプレミアム（マーケット・リスクプレミアム）は，市場ポート
フォリオのリスクに対して期待される追加的な（リスクフリー・レートを上
回る）報酬です。当時，この値は4.5％だったようです。市場リスクプレミア
ムの算出方法については，後に説明します。これらの数値をCAPMにイン
プットすると，株式資本コストが算出できます。花王の株式資本コストは，
4.9％でした。

東京ガスの事例

　図表6－1(b)には，2017年度における東京ガスの資本コストの算出事例も

示されています。同社のホームページに掲載されている資料から抜粋しました。同社では，経済付加価値の指標であるTEPを算出しています。TEPは，第3章で紹介したビジョンのPVAと同様の価値指標で，NOPAT（税引後営業利益）から金額ベースの資本コスト（投下資本×WACC）を引いて求めます。加重平均資本コストであるWACCは，投下資本全体にかかる資本コストです。負債の資本コストと株式資本コストを加重平均して求めます。

　有利子負債のコストは，税引後になっています。後に説明しますが，負債を用いることで法人税が少なくなるという節税効果（tax shield）があります。負債の資本コストを税引後にするのは，この節税効果を反映するためです。株主資本が株式時価総額（時価総額）になっていることも大切です。コーポレートファイナンスでは，現時点の投資家を重視します。現時点の株主が企業に投資している資本の額は，株式時価総額です。

　花王の事例と同様に，株式資本コストの算出にはCAPMを適用しています。リスクフリー・レートは，当時の長期10年国債の利回りです。東京ガスは，景気変動の影響を受けにくいインフラ事業を営んでいるため，ベータは1.0より低い値になっています。市場リスクプレミアムは5.5％だったようです。

　以上から，東京ガスの株式資本コストは4.235％になります。株式は負債よりハイリスクであるため，株式資本コストは，負債コストより高くなります。

(3) リスクフリー・レートとベータ

　二つの事例から分かるように，リスクフリー・レートには，国債の金利や利回りを用います。国債の金利や利回りのデータは，日本経済新聞社や日本証券業協会が提供しています。どの年限（満期）の国債を用いるかは，目的によって異なります。期限が決まっている投資プロジェクトや債券を評価する場合は，その期限に合わせた国債を用います。企業価値評価や株式価値評価を行う場合は，タイムラインが長期になるため，長期国債のデータを用います。流動性などを考慮すると，日本市場では10年国債を用いるのが標準的といえます。アメリカでは，30年国債を用いるケースもあります。

株式ベータは，回帰分析によって求めます。プルータス・コンサルティングなど，個別企業や業界のベータを提供している機関もあります。実際の個別企業の株式ベータは，誤差があったり，不安定であったりします。そのため，複数の類似上場企業のデータを用いて，業界のベータを求めることがあります。後述しますが，この方法をとる場合，企業間のレバレッジの相違を調整する作業が必要になります。**レバードベータ**(levered beta)と**アンレバードベータ**(unlevered beta)の変換といわれるものです。

(4) 市場リスクプレミアム

理論的な市場ポートフォリオは，取引可能なすべての証券を含むポートフォリオです。現実の世界では，完璧な市場ポートフォリオを作ることが難しいため，日経平均やTOPIXなどの株価指数を市場ポートフォリオとみなします。アメリカにおけるS&P500やグローバル市場を対象にしたMSCIワールドインデックスなども，市場ポートフォリオとして用いられます。

ここでは，TOPIXのヒストリカルデータを用いた市場リスクプレミアムについて紹介します。図表6-1(c)は，プルータス社が提供しているデータの一部です。日本では，1952年から，TOPIXと長期国債の収益率のデータが収集できます。両者の差は，その年に実現したリスクプレミアムです。開始年度と最終年度を決めると，その期間におけるリスクプレミアムの平均値が求まります。図表の例では，1952〜2017年の期間における平均（算術平均）が8.96％，1953〜2017年の期間における平均が7.32％になっています。

過去のトレンドが将来も継続すると考えると，ヒストリカルデータの平均値を将来のリスクプレミアムとして用いることは，自然なアプローチです。ただし，採用する期間や異常値の処理方法について，完全に合意されたものはありません。例えば，利用可能なデータをすべて使用するという基準を用いると，1952年から最終年までの平均値を用いることになります。また，株価が倍以上になった1952年は異常であるとし，1953年以降の平均値を使うことも選択肢の一つです。より近年のデータを重視し，過去30年間の平均値を用いるという考え方も排除しきれません。実務では，このあたりが論

図表6−1(c)｜日本の市場リスクプレミアム

			Start Year				
End Year		1952	1953	1954	1955	1956	1957	1958
	2017	8.96	7.32	7.45	7.69	7.31	6.87	7.26
	2016	8.76	7.09	7.22	7.46	7.07	6.62	7.00
	2015	8.89	7.20	7.33	7.58	7.18	6.73	7.12
	2014	8.85	7.13	7.26	7.51	7.10	6.64	7.04
	2013	8.83	7.08	7.21	7.47	7.05	6.58	6.98
	2012	8.09	6.30	6.43	6.67	6.23	5.74	6.14
	2011	7.91	6.08	6.20	6.44	6.00	5.49	5.89

1953〜2017年の
ヒストリカル・リスクプレ
ミアム（算術平均値）

1952〜2017年の
ヒストリカル・リスクプレ
ミアム（算術平均値）

● 上の表はブルータス社が提供しているデータの一部。横軸が開始年（Start Year），
縦軸が最終年（End Year）。開始年と最終年が交差するセルに，その期間に対応
するヒストリカル・リスクプレミアムが示されている。

点になります。

2. 負債の資本コスト

(1) 社債利回りと信用スプレッド

　負債の資本コスト（cost of debt，**負債コスト**）は，債権者の期待収益率で
す。負債には，借入れと社債がありますが，ここでは社債を取りあげます。

　企業が発行する社債にはリスクがあるため，負債の資本コストはリスクフ
リー・レートより高くなります。また，同一企業の社債と株式を比較すると，
社債の方がローリスクです。そのため，負債の資本コストは，株式の資本コ
ストより低くなります。

　社債も証券ですから，CAPMを用いて資本コストを算出することができま
す。しかしながら，取引価格と将来のキャッシュフロー（元本と利息）が決
まっている社債は，割引率の指標である満期利回りを逆算することができま

す。満期利回りについては，第2章(図表2-4(a)など)を参照してください。厳密にいうと，満期利回りは期待収益率ではありませんが，両者の差異はわずかであるため，算出が容易な満期利回りを負債コストにすることが多いようです。本書でも満期利回りを用いることにします。

　負債コストを算出する際に注意すべきことは，二つあります。一つは，リスクが適切に反映されていることです。期待収益率は，リスクフリー・レートにリスクプレミアムを加えた値でした。企業が発行する社債には，元本の返済や利息の支払いが確実ではない**信用リスク**(credit risk)があります。信用リスクを評価し，リスクプレミアムを求める必要があります。

　企業や社債の信用リスクは，格付機関が評価をし，その結果を**格付**(rating)として指標化しています。最上級の格付(信用リスクが最も低い)は，AAA(トリプルA)です。次いで，AA，A，BBB，……と格付が低下していきます。他の条件が等しければ，格付が高い企業ほど信用リスクは小さく，負債コスト(社債利回り)も低くなります。格付が低い企業は，リスクが大きいため，負債コストが高くなります。図表6-2(a)の表は，格付と社債利回りの関係を示した実際のデータです。

　表から，社債の利回りは国債より高いことが分かります。両者の差が，信

図表6-2(a)｜負債コスト(格付と社債の利回り)

残存期間	国債	AA	A	BBB
1年	−0.125	0.094	0.201	0.385
2年	−0.129	0.103	0.196	0.463
5年	−0.109	0.197	0.380	0.650
10年	0.028	0.346	0.552	0.747
20年	0.394	0.916	1.111	1.363[19年]

(注)JGBは国債利回り，それ以外は格付に属する社債の平均利回り(%)
　　格付AAAとBB以下は銘柄数が少ないため省略
　　格付BBBの20年欄は残存19年の銘柄を採用(20年の銘柄なし)
(出所)日本証券業協会の公社債店頭売買参考統計値と格付マトリクス表
　　(2020年12月28日，社債利回りは格付投資情報センター資料を利用)

用リスクを反映した信用スプレッドです。社債の利回りを用いる場合，信用スプレッドがリスクプレミアムになります。格付が低くなるほど，信用スプレッドが上昇し，利回りが高くなっていることが確認できます。社債の利回りには，リスクが適切に反映されているといえるでしょう。

　負債コストの算出におけるもう一つの注意点は，長期のレートを用いることです。株式資本コストの算出に用いるリスクフリー・レートは，長期国債の利回りでした。整合性をとるため，負債の資本コストには，残存期間が長期の社債利回りを用いることになります。

(2) 負債の節税効果と税引後の負債コスト

　有利子負債がある企業は，債権者への支払利息が費用とみなされ，法人税が減額されます。これを負債の節税効果といいます。利益還元として株主に支払う配当には，節税効果がありません。節税効果のみに注目すると，負債の方が相対的に有利であるといえます。

　図表6-2(b)は，節税効果の数値例です。ケース1は，支払利息が費用計上されない場合です。節税効果はありません。ケース2は，支払利息が費用計上され，節税効果を受けることができる場合です。ケース1の法人税は36，ケース2の法人税は30になっています。差額の6が節税効果です。

　図表の下のパネルを見てください。負債額をD，負債コストをr_d，法人税率をtとします。負債の節税効果は$D(r_d)t$で与えられます。節税効果は支払利息がもたらす効果です。節税効果により，支払利息（負債コスト）が少なくなると考えましょう。節税効果がない場合のコストは$D(r_d)$です。節税効果を考慮したコストは，$D(r_d)(1-t)$になります。

　第8章の企業価値評価で詳しく説明しますが，WACC（加重平均資本コスト）の算出では，負債の資本コストに（1－法人税）をかける方法が標準的になっています。法人税を引いた後という意味で，**税引後の負債コスト**（after-tax cost of debt）といわれます。税引後の負債コストを用いるのは，節税効果を反映するためです。先に示した東京ガスの事例においても，負債コストは税引後になっていました。

第6章　資本コストの算出

	ケース1：支払利息の 費用計上がない場合	ケース2：支払利息が 費用計上される場合
負債額と負債コスト	負債＝500，負債コスト＝4%	
営業利益	120	120
支払利息＝負債額×負債コスト	20（500×4%）	
税引前利益	120	100（120−20）
法人税（税率 30%）	36	30
節税効果 ＝負債額×負債コスト×税率	0	6（500×4%×30%）

- 記号：負債額＝D，負債コスト＝r_d，法人税率＝t
- 負債の節税効果＝$D(r_d)t$
- 負債の節税効果を考慮した実質的な支払利息＝$D(r_d)(1-t)$

3. WACC（加重平均資本コスト）

　分析の対象を株式や負債から，企業やビジネスに戻しましょう。図表6−3(a)を見てください。株式や債券（負債）のリスクとリターンの源泉は，企業や事業（ビジネス）にあります。ビジネスのリスクとリターンの特性が，競争的で効率的な証券市場で取引される株式の価格や社債の利回りに反映されているのです。

　ビジネスに資本を投下しているのは，債権者と株主です。信用リスクがある債権者の期待収益率（負債の資本コスト）は，社債の利回りになります（近似します）。株式のリスクをテイクする株主の期待収益率（株式の資本コスト）は，CAPMを用いて算出します。負債と株式のウェイトを用いてそれぞれの資本コストを加重平均すると，企業全体（投下資本）の資本コストが求まります。これが，**加重平均資本コスト**（WACC，Weighted Average Cost of Capital）です。負債コストに節税効果を加味した税引後の値を用いる場合，WACCを**税引後WACC**（after-tax WACC）ということがあります。

図表6-3(a) | 企業のリスクとリターン

企業・ビジネス （投下資本） ［ビジネスリスク］	有利子負債＝D 負債コスト＝r_d ［社債利回り］
WACC（加重平均資本コスト） ［企業（投下資本）の資本コスト］	
	株式時価総額＝E 株式資本コスト＝r_e ［CAPM］

- 企業の資本コスト
  ＝投資家の期待収益率

- リスクの源泉はビジネス
  （ビジネスリスク，事業リスク）

- 競争的かつ効率的な資本市場で決まるリスク・リターン関係とデータを用いて定量化

節税効果を反映

$$WACC(after\text{-}tax\ WACC) = \frac{D}{E+D}(1-t)r_d + \frac{E}{E+D}r_e$$

図表6-3(b) | 加重平均資本コスト（WACC）

- 加重平均資本コスト（WACC）：株式資本コスト（r_e）と負債コスト（r_d）の加重平均

- ウェイトは時価（現時点における株主と債権者の評価額）がベース

- 有利子負債＝D（debt）：有利子負債の時価≒簿価（簡便的に簿価を用いる）

- 株式＝E（equity）：株式時価総額＝株価×発行済み株式数（簿価を用いることはない）

- 負債ウェイト＝D/（D＋E）＝D/V［V＝D＋E］，　株式ウェイト＝E/V＝1－D/V

- 法人税率＝t，負債の節税効果を反映して税引後負債コスト（1－t）r_dを適用

- 加重平均資本コスト（WACC，税引後WACC）：$WACC = \dfrac{D}{V}(1-t)r_d + \dfrac{E}{V}r_e$

図表6-3(b)は，WACCの算出についてまとめたものです。コーポレート
ファイナンスは，現時点の投資家の視点から企業の将来を分析します。した
がって，加重平均に用いるウェイトも現時点の値になります。株式は，時価
総額(market capitalization)を用います。純資産や自己資本の簿価ではあり
ません。有利子負債については，簿価と時価の差が小さいため，簿価で代用
します。格付の大幅な悪化や金融市場の大きな変化によって時価と簿価の差
が大きくなる場合は，時価を用います。

　企業の資本コストであるWACCは，企業価値評価における割引率になり
ます。東京ガスの事例でみたように，企業や事業の経済付加価値を求める際
に利用されることもあります。第3章で紹介したように，企業価値の向上に
取り組み成果をあげている企業は，資本コストを算出して，正しい方法で経
営に取り入れています。資本コストは，企業価値評価や価値創造経営に必須
のキーファクターです。

4. WACCの算出

(1) WACCの算出例

　図表6-4(a)は，WACC算出の数値例です。負債コストは，長期国債の利
回り(リスクフリー・レート)に格付に応じた信用スプレッドを加算します。
長期の社債を発行していなくても，企業の格付と信用スプレッドのデータ
(あるいは格付ごとの社債利回り)があれば，負債コストが推定できます。

　株式資本コストの算出には，CAPMを用います。市場リスクプレミアムは，
1960年から2019年までの過去60年間のヒストリカルデータの平均(≒6.0％)
を用いました。負債コスト，株式資本コストとも，長期国債の利回りをリス
クフリー・レートにしていることに注意してください。

　図表の下のパネルは，WACCの計算を示しています。負債ウェイトと株
式ウェイトは，現時点の投資家の評価額にしたがって求めます。有利子負債
は，簿価と時価が近似しているため，簡便的に簿価を用います。株式の評価
額は時価総額です。負債ウェイトと株式ウェイトを用いて，負債コストと株

図表6-4(a)｜WACCの算出例

企業・事業 （ビジネス） V＝E＋D	有利子負債 D＝2,000 格付A	【負債コスト】 ●リスクフリー・レート＝1.0％（長期国債利回り） ●格付Aの長期社債の信用スプレッド＝0.6％ ●負債コスト（税引前）r_d＝1.6％
	株価時価総額 E＝4,000 （純資産簿価＝3,000）	【株式資本コスト】 ●リスクフリー・レート＝1.0％（長期国債利回り） ●株式ベータ＝1.2（回帰分析／情報提供会社） ●市場リスクプレミアム＝6.0％ 　　（ヒストリカルデータ） ●株式資本コストr_e＝1.0＋1.2×6.0＝8.2％

【WACC】
法人税率＝30％，　負債ウェイト＝2,000/（2,000＋4,000）＝1/3，　株式ウェイト＝2/3
- WACC（税引後）＝（1/3）（1.6％）（1－0.3）＋（2/3）（8.2％）＝5.84％
- WACC（税引前）＝（1/3）（1.6％）＋（2/3）（8.2％）＝6.0％

式資本コストを加重平均すると，WACCが算出できます。

　ここでは，二通りのWACCを求めてあります。WACC（税引後）は，節税効果を考慮した税引後の負債コストを使っています。WACC（税引前）は，節税効果を反映しない場合です。両者を比較すると，資本コストにおける節税効果の大きさが分かります。

(2) エクセルによるWACCの算出

　図表6-4(b)は，エクセルによるWACCの計算を示しています。同業に属する三社(X，Y，Z)の仮想事例です。類似企業三社は，ビジネスと収益構造は類似していますが，有利子負債の金額が異なります。有利子負債が多く，負債比率が高いZ社は，負債の信用スプレッドが大きく，負債コストも高くなっています。ここでいう類似とは，ビジネスや事業が似ているという意味です。

図表6−4(b)｜エクセルによるWACCの算出

	A	B	C	D	E	F	G
1		**類似企業三社のWACC**					
2		企業	X社	Y社	Z社		
3		有利子負債 (D)	0	2,000	4,000		
4		株式時価総額 (E)	8,000	6,000	4,000		
5		負債コスト (税引前)	0%	2.5%	3.5%		
6		株式ベータ	1.0	1.25	1.7		
7							
8		法人税率	30%				
9		リスクフリー・レート	1.0%				
10		市場リスクプレミアム	5.0%				
11							
12		株式資本コスト (CAPM)	6.0%	7.3%	9.5%	=$C$9+E6*$C$10	
13		負債ウェイト	0	0.25	0.5	=E3/(E3+E4)	
14		株式ウェイト	1.0	0.75	0.5	=E4/(E3+E4)	
15		WACC	6.00%	5.88%	5.98%	=E13*E5*(1-$C$8)+E14*E12	
16							
17		アンレバードベータ	1.00	1.01	1.00	=E6/(1+(1-$C$8)*(E3/E4))	

● 企業規模 (E+D) が等しい同業三社
● レバレッジ (負債の利用) は異なる
● 負債比率が高いZ社の負債コストは高い
　(信用スプレッドが大きい)
● 負債の利用は，株式のリスクを大きくする
　⇒Z社の株式ベータは高い

● ビジネスの収益構造が似ている企業のWACCは同じような値になる
● アンレバードベータは，レバレッジを調整した値。ビジネスリスクのベータ指標

　第4章で説明したように，レバレッジは株式をハイリスク・ハイリターンにします(図表4−3(c)(d)参照)。表では，株式のリスク尺度である株式ベータにレバレッジの影響が反映されています。例えば，有利子負債が多いZ社の株式ベータは，三社の中で最も高くなっています。株式ベータが大きいほど，CAPMを用いた株式の資本コストも高くなります(12行目)。市場リスクプレミアムは5%と仮定しました。

　株式資本コストはレバレッジの影響を受けますが，負債コストを含むWACCは，負債比率の影響をほとんど受けません。WACCは，企業やビジネスの資本コストです。ビジネスとその収益構造が似ている企業は，ビジネスリスクも類似していると考えられます。したがって，ビジネスリスクに対応するWACCも同じような値になるはずです。表の数値は，この考え方と整合的な結果になっています。

　表の17行目には，アンレバードベータが算出されています。アンレバードベータは，レバレッジの影響を調整したベータで，ビジネスリスクの指標といえます。企業のリスクとリターンの源泉は，ビジネス(事業)にあります。

事業とその収益構造が類似している複数の企業のアンレバードベータは近似し，狭いレンジに収まります。

レバレッジによる財務リスクが含まれる株式ベータのレンジは，アンレバードベータより広くなります。負債がないX社のアンレバードベータは，株式ベータに一致することにも注意しましょう。アンレバードベータについては，次のセクションで説明します。

5. アンレバードベータとレバードベータ

(1) レバレッジと株式のリスク・リターン

アンレバード(unlevered)は，その名の通り負債がないことを意味します。負債がある場合はレバード(levered)といいます。コーポレートファイナンスやバリュエーションでは，有利子負債がない状態のベータをアンレバードベータとよび，β_uと記すことがあります。有利子負債がある状態のベータは，レバードベータ(levered beta)です。レバードベータはβ_Lと表記されることもありますが，ここではβ_eとします。

同様に，有利子負債がない状態の企業をアンレバード企業(unlevered firm)とよび，企業Uと記します。有利子負債がある企業は，レバード企業(levered firm)であり，企業Lとします。

第4章では，ROEがレバレッジの影響を受けることを説明しました。同じ理由で，株式の資本コストもレバレッジの影響を受けます。理論的には，負債を利用することで，株式はハイリスク・ハイリターンになるといえます。

図表6-4(b)に戻り，Y社とZ社の株式ベータとアンレバードベータを比較してください。両社とも有利子負債があるので，株式ベータはレバードベータになります。アンレバードベータは，有利子負債がない状態における株式ベータの推定値です。レバードベータの方が，アンレバードベータより高いことが確認できます。有利子負債がある企業の株式は，アンレバードの状態よりハイリスクになります。

両社の株式の資本コストは，レバードの状態における期待収益率です。ア

ンレバードの状態における株式資本コストは，アンレバードベータをCAPM
に適用することで算出できます。両社とも6.0%になります。有利子負債が
ある株式の期待リターンは，アンレバードの期待リターンより高くなります。
なお，両社のWACC（税引後）がアンレバードの資本コストと完全に一致し
ていない理由は，負債の節税効果にあります。

(2) レバレッジと株式資本コスト

　レバレッジの影響を正しく理解していないと，評価や意思決定を誤る可能
性があります。とくに，負債コストは株式より低いため，レバレッジを利用
してWACCを下げて企業価値を高めるという考えは，ミスリーディングで
す。法人税や節税効果がないシンプルな状況において，ミスリーディングの
理由について説明しましょう。

　図表6-5(a)の企業Uは，アンレバードの状態にある企業です。株式ベー
タとアンレバードベータ，株式資本コストとWACCは，それぞれ等しく
なっています。期待FCFを資本コストで割る定額モデルを用いると，企業価
値は350になります。

　法人税は考慮しません。したがって，負債の節税効果もありません。簡便
化のため，負債コストはリスクフリー・レートに等しいと仮定します。負債
コストは，アンレバードの株式資本コストより大幅に低くなります。事業は
変えずに，資本コストが低い負債を利用するという財務戦略は，企業価値を
高めるでしょうか。

　正解はNOです。事業が変わらなければ，企業価値は変わりません。企業
のリスクとリターンの源泉は，事業（ビジネス）にあります。事業のリスクと
リターンが変わらないとき，ローリスク・ローリターンの負債を増やせば，
株式はハイリスク・ハイリターンになるはずです。企業Lの正しい計算の列
は，そのことを示しています。株式ベータが2.0になることは，次の図表6-
5(b)のケース1の公式を用いると確認できます。

　企業Lの誤りの列を見てください。レバレッジを利用したにもかかわらず，
株式ベータと株式資本コストは変わっていません。このとき，資本コストが

図表6－5(a) ｜ レバレッジと株式資本コスト

	企業U	企業L（正しい計算）	企業L（誤り）
負債ウェイト (D/(D+E))	0	0.5	0.5
負債コスト	―	1.0%	1.0%
株式ベータ	1.0（アンレバード）	2.0（レバード）	1.0（レバード）
株式資本コスト	6.0% (1%+1.0×5%)	11% (1%+2.0×5%)	6% (1%+1.0×5%)
WACC	6.0%	6.0% (0.5)(1%)+(0.5)(11%)	3.5% (0.5)(1%)+(0.5)(6%)
企業価値	350(21÷0.06)	350(21÷0.06)	600(21÷0.035)

- 企業Uと企業Lは負債利用（資本構成）のみが異なる
- 企業Lの負債(D)：株式(E)＝1：1 ⇒の負債ウェイト(D/(D+E))＝0.5
- 法人税なし，節税効果なし（簡便化）
- リスクフリー・レート＝負債コスト＝1.0%（簡便化），市場リスクプレミアム＝5%
- 企業Uと企業Lの毎期の期待FCF＝21，成長率はゼロ ⇒ 定額モデルを用いて企業価値を算出

低い負債の影響を受けて，WACCは大幅に低下し，企業価値は大きく向上するようにみえます。これは誤りです。事業とその収益構造が変わらないのに，企業価値が大幅に変わることはありません。

　負債の利用を検討する際には，レバレッジと株式ベータや資本コストの関係を正しく理解しておくことが大切です。

(3) レバードとアンレバードの変換

　レバレッジと株式ベータの関係を示すのが，レバードベータとアンレバードベータの変換式です。略して，**レバード・アンレバードの変換式**とよびましょう。レバード・アンレバードの変換式は，前提条件によって異なります。ここでは，代表的な変換式を二つ紹介します。

　図表6－5(b)の左側のケース1は，法人税と節税効果がない場合です。図表6－5(a)が，このケースに当てはまります。企業Lは，負債(D)と株式(E)

が1：1であるため，D/Eレシオ＝1.0です。アンレバードベータは1.0なので，レバードの株式ベータは2.0になります。これが正しい変換です。なお，ケース1の変換式は，法人税があり，節税効果のリスクがビジネスリスクと等しい場合にも適用されます。MBAの教材では，この変換式を用いているものもあります。

　右側のケース2は，実務で最もよく用いられる変換式です。法人税がない場合(t＝0)は，ケース1の変換式に一致します。法人税があり，節税効果の割引率が負債コストに等しいという前提は，現実的です。負債コストがリスクフリー・レートであるという仮定は議論の余地がありますが，現在の低金利下では，近似的に成り立つと考えてもよいでしょう。

　ケース2の変換式は，MBAのテキストや教材でもよく取りあげられます。筆者たちが知る限り，日本のバリュエーションの実務において，最もよく用いられている関係式です。本書では，この関係式を実務的アプローチということがあります。図表6－4(b)のアンレバードベータの式を示したセルF17

図表6－5(b)｜レバード・アンレバードの変換

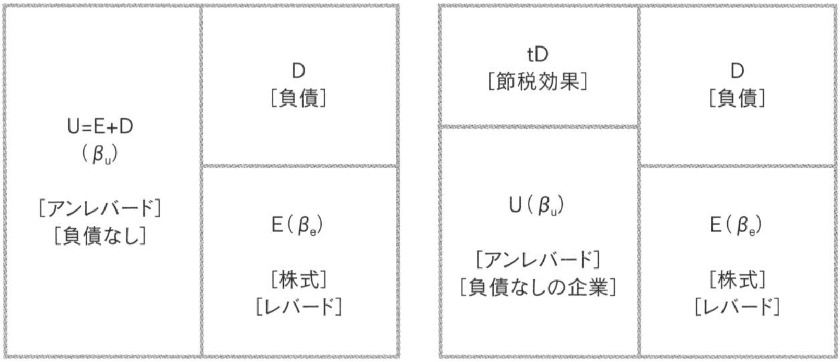

【ケース1】法人税と節税効果がない場合
　負債はリスクフリー（β＝0）とみなす

$$\beta_u = \frac{E}{D+E}\,\beta_e \leftrightarrow \beta_e = (1+D/E)\,\beta_u$$

【ケース2】法人税と節税効果を考慮
　負債は一定でリスクフリーとみなす
　節税効果の割引率＝負債コスト

$$\beta_e = \left[1+ \frac{D}{E}\,(1-t)\right]\beta_u \quad \text{[実務的なアプローチ]}$$

の式は，実務的アプローチになっています。

　これら二つの関係式は，第11章でも取りあげます。

6. 実践的なWACCの算出

　回帰分析によってベータを求める場合，個別証券のデータには固有リスクの影響が多く含まれます。ポートフォリオのデータを用いることで，固有リスクの影響は小さくなります。実践的なWACCの算出においても，このアイデアを用います。

　実践的なWACCの算出では，事業とその収益構造が似ている類似上場会社を複数選定します。比較可能な企業という意味で**コンプス**（comparable firms），類似という意味で**ピアーズ**（peers）とよぶことがあります。事業が類似していても，レバレッジは異なります。レバレッジを調整するために，レバード・アンレバードの変換式を用いて，各企業のアンレバードベータを求めます。アンレバードベータを求めることを，アンレバリングということがあります。

　固有リスクの影響を小さくし，市場ポートフォリオとの相関を高くするため，アンレバードベータの平均値や中央値を求めます。ベータの性質から，個別銘柄のベータの平均は，ポートフォリオ（単純平均ポートフォリオ）のベータになります（図表5-6(c)参照）。個別銘柄の平均を用いることで，ポートフォリオを構築する手間を省き，説明力（決定係数）の高いベータを入手することができるのです。

　類似企業のアンレバードベータの平均値は，業界や産業のビジネスリスクの指標です。**業界ベータ**や**産業ベータ**（industry beta）とよばれることがあります。業界ベータが求まると，評価対象企業が目標とするレバレッジの比率を用いて，レバードの株式ベータを逆算します。レバード・アンレバードの変換式を用いて，今度はレバードベータ（株式ベータ）を求めるのです。レバードベータをCAPMに適用すると，株式資本コストが算出できます。この段階でレバードベータに変換することを，リレバリングということがありま

す。

　対象企業が長期的に目標とする資本構成(負債比率)と負債コストを推定し，負債ウェイトと株式ウェイトを用いて加重平均すると，WACCが求まります。目標資本構成をとくに定めていない場合は，コンプスやピアーズの平均値や中央値を用いることになります。

7. 事業の資本コスト

　経済産業省は，2020年7月に「事業再編実務指針」を発表しました。日本企業の価値向上にとって，事業ポートフォリオの再編が重要であるという見方が背景にあります。今後は，自社の事業を評価し，組替えを含めた事業ポートフォリオの再構築を行う企業が増えると思われます。

　事業を評価する際には，企業全体の資本コストではなく，事業の資本コストを用いることが必要です。事業の資本コストを算出するためには，先のセクションで説明した業界ベータや産業ベータの情報が必要になります。事業の特性や収益構造が類似している企業を複数選定して，アンレバードベータを求め，平均値や中央値を調べることが基本です。

　図表6−7(a)は，東証の33業種分類にしたがって，業界企業の株式ベータとアンレバードベータの平均値を計算したものです。プルータス社が提供しているデータ「ValuePro」から，一部を抜粋して紹介しています。

　アンレバードベータが高い業種は，景気変動の影響を受けやすいといえます。アンレバードベータが低い業種は，景気の影響を受けにくいビジネスを営んでいます。電力・ガスが典型的な例です。ビジネスが安定しているため，電力会社は積極的に負債を利用しています。負債の利用は，株式をハイリスクにするため，株式ベータは高くなっています。不動産業界も同様です。

　業界ベータの相対的な大きさは，企業のビジネスリスクを分析するのに役立ちます。例えば，冷凍加工食品が主力であるニチレイは，食料品に分類されます。同社のアンレバードベータは0.49であり，表にある食料品業界の平均より高くなっています。ニチレイのセグメント情報をみると，加工食品だ

業種	株式ベータ	アンレバードベータ
証券・商品先物 (41)	1.214	0.905
情報・通信 (390)	0.951	0.891
電気機器 (253)	1.013	0.831
機械 (229)	0.959	0.779
化学 (209)	0.872	0.712
輸送用機器 (92)	0.980	0.674
建設業 (163)	0.764	0.652
不動産 (116)	0.922	0.520
小売業 (356)	0.622	0.469
食料品 (127)	0.528	0.447
陸運業 (65)	0.621	0.442
電力・ガス (24)	0.724	0.348

業種は東証33業種分類
（　）内は銘柄数

株式βは対TOPIX，5年週次
データを用いて算出

アンレバードベータの算出は
実務的アプローチを適用

(出所)ブルータス・コンサルティング提供「企業価値評価用データレポート：ValuePro」(2019年6月)を基に作成

けでなく，低温物流・不動産事業があります。不動産事業のアンレバード
ベータは0.52です。また，同社の物流事業のコンプスである低温物流のC&F
ロジホールディングスのアンレバードベータは0.87，キユーソー流通システ
ムのアンレバードベータは0.54です。これらのことから，ニチレイのベータ
が業界平均より高いのは，低温物流と不動産事業の影響であると考えられま
す。

　図表6-7(b)には，企業と事業の資本コストの関係が示されています。簡
便化のため，負債がない企業を仮定しています。電気機器事業を営む企業が，
遊休地を利用した不動産事業や規制緩和が進む電力・ガス事業に進出したと
しましょう。各事業のウェイトは，投下資本の割合で試算します。主力事業
の電気機器が0.6，不動産が0.3，電力・ガスが0.1のウェイトになりました。

　企業を事業ポートフォリオとみなすと，全社のベータは事業のベータの加
重平均になります。図表6-7(a)の表にある業界ベータを用いると，全社の
アンレバードベータを求めることができます。逆に，全社のベータと二つの

図表6−7（b）｜事業と全社の資本コスト

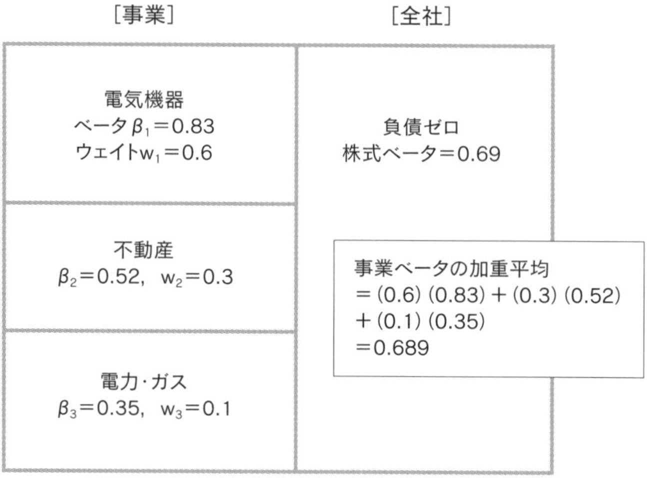

［事業］ ［全社］

| 電気機器
ベータβ_1＝0.83
ウェイトw_1＝0.6 | 負債ゼロ
株式ベータ＝0.69 |

| 不動産
β_2＝0.52，w_2＝0.3 | 事業ベータの加重平均
＝(0.6)(0.83)＋(0.3)(0.52)
＋(0.1)(0.35)
＝0.689 |

| 電力・ガス
β_3＝0.35，w_3＝0.1 | |

事業のベータが分かると，残り一つの事業のベータを算出することができます。

COLUMN ESGと資本コスト

図表 | ESGとリスク・資本コストの関係（欧米の研究）

被説明変数	符号	引用した論文
システマティックリスク	−	El Ghoul et al. (2016)
	−	Oikonomou et al. (2012)
	−	Albuquerque et al. (2019)
信用リスク	−	Jiraporn et al. (2014)
	−	Seltzer et al. (2020)
	0/−	Stellner et al. (2015)
リーガルリスク	−	Schiller (2018)
	−	Hong and Liskovich (2015)
ダウンサイドリスク	−	Horpner et al. (2019)
	−	Ilhan et al. (2019)
Idiosyncratic risk	+	Becchetti et al. (2015)
	0	Humphrey et al. (2012)
エクイティの資本コスト	−	El Ghoul et al. (2011)
	+/−	Breuer et al. (2018)
	−	Hong and Kacperczyk (2009)
	−	Chava (2014)
	0/−	Ng and Rezaee (2015)
負債の資本コスト	−	Chava (2014)
	−	Goss and Roberts (2011)
	−	Ng and Rezaee (2015)
	−	Zerbib (2019)

This table summarizes types of risks proposed to relate to ESG/CSR in the academic literature on ESG/CSR in corporate finance. For each paper cited, we report the variable of interest and whether it is an independent or dependent variable, as well as the relation with ESG/CSR, where 0 indicates that no significant relation was found.

(出所) Gillan, S., Koch, A., and L. Starks, 2021, Firms and social responsibility: A review of ESG and CSR research in corporate finance, *Journal of Corporate Finance* 66.

　上の表は，企業のESG活動と資本コストやリスクとの関係を調べたいくつかの研究結果をまとめたものです。第一列には被説明変数，第二列にはESGとリスクや資本コストの関係を示す符号，第三列には引用した論文（著者と発行年度）が示されています。第二列のマイナスの符号は，ESGに優れている企業のリスクや資本コストが低いことを意味しています。異なる時期に異なるデータを用いて行われた複数の研究が，ほぼ同じ結果（マイナスの符号）を報告しています。ESGが資本コストやリスクの低下に結びつく，という仮説が支持される可能性は高いといえます。

　ESG経営に積極的な企業は，安全衛生に対する意識が高く，様々な取引が公正に行われ，社員のダイバーシティやロイヤルティが優れています。地域社会や規制当局，投資家などのステークホルダーとの関係も良好です。これらの要因が，経営に関する様々なリスクを低下させたり，リスクへの対応力を高めたりしていると考えられます。ビジネスのリスクが小さい企業は，株価の変動も小さくなるため，CAPMを用いて算出する資本コストが低くなります。

投資評価と財務モデル

第7章のテーマとポイント

● JR東海が2007年に総額5.5兆円のリニア建設プロジェクトの投資計画を発表した際,同社の株価は下落しました。2020年には,コストが総額7.0兆円に増加するという見通しが公表されました。株式市場は,当初の計画に対して懐疑的な評価をしましたが,その見通しは誤りではなかったと考えられます。

● 同じく2007年にユニクロがバーニーズ・ニューヨークの買収(投資)を断念した際,同社の株価は上昇しました。2019年,バーニーズは経営破綻を申請しました。当時のユニクロの投資の見送りと株式市場の反応は,やはり正しかったようです。

● 事後的な成否はともかく,株式市場や投資家は,企業の投資プロジェクトの実施や中止のニュースに対して反応します。企業の投資決定が,将来のFCFのリスクとリターンに大きな影響を与えるためです。本章では,企業の投資評価と投資決定を取りあげ,企業価値の向上や価値創造の経営と整合的な考え方について説明します。

● 投資の基本原則は,資本コスト(投資家の期待)とFCF(経営の成果)を用いた評価を行い,その結果を意思決定にいかすことです。投資支出を含む期待FCFを資本コストで割引いた値をNPV(正味現在価値)といいます。NPVがプラスの投資は価値があるため,実施することが企業価値の向上に結びつきます。NPVがマイナスの投資は,見送ることが正しい意思決定になります。第

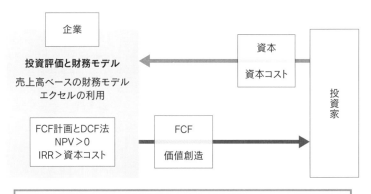

$$NPV = -I + \frac{FCF_1}{1+r} + \frac{FCF_2}{(1+r)^2} + \cdots \frac{FCF_T}{(1+r)^T} > 0 \Leftrightarrow \text{投資実施［価値創造］}$$

IRR（内部収益率）＞資本コスト ⇔ 投資実施［価値創造］
注意点：サンクコスト，機会費用，他の事業に与える影響，リアルオプション

3章で紹介した企業価値向上表彰の大賞企業の共通点は，資本コストを考慮したNPVを新規投資の意思決定に適用していることでした。

● 投資のIRR（内部収益率）を算出し，資本コストと比較する方法もあります。IRRが資本コスト（ハードルレート）を上回る投資は，NPVがプラスであるため，価値を創造します。IRRが資本コストを下回る投資は価値を毀損するため，見送ることになります。

● 本章では，エクセルによる財務モデルを用いて，投資評価に対する理解を深めます。満期がある投資評価の財務モデルは，期待FCFの合計額と税引後利益の合計額が一致するという特徴があります。

● 投資の評価には，その事業リスクに見合う資本コストを用いることが大切です。投資計画を作成する際には，サンクコストは考慮せず，機会費用やライバル社の行動は考慮します。また，投資が他の事業に与える影響を取り入れることで，全社最適の観点から投資の評価と意思決定を行うことができます。

● 現実的で柔軟な企業の意思決定を反映するアプローチとして，リアルオプション法があります。オプションは権利であって義務ではないため，価値があります。リアルオプションを正しく行使できる企業や組織が行う投資には，追加的な価値が期待できます。

1. 投資の基本原則とNPV

　事業投資の決定において，第3章で紹介した企業価値向上の表彰企業に共通しているのは，資本コストを取り入れた指標を適用していることでした。コーポレートファイナンスのテキストが教える通りです。投資評価において，とくに重要な指標は，資本コストを用いた**正味現在価値**（**NPV**, Net Present Value）になります。

　図表7−1(a)は，マサチューセッツ工科大学ビジネススクール（MIT Sloan School of Management）のファイナンスの講義ノート（公開）から抜粋したものです。タイトルは基本原則（fundamental principle）になっています。ノートが作成されたのは2003年頃ですが，いまも基本原則は変わりません。

　リスクを反映した資本コストを割引率として，投資の成果である期待FCFの現在価値を求めます。投資の成果から現在の投資支出を差し引くと，NPVが算出できます。NPVがプラスであれば，投資には価値があり，それを実行することで企業価値の向上が期待できます。NPVがマイナスであれば，投資に価値はありません。投資を行うと企業価値が毀損されるため，投資を見送ることが正しい判断になります。これが投資評価と投資決定の基本原則です。時代が変わっても，場所が変わっても，基本原則は変わりません。

　図表7−1(b)は，キャッシュフローのタイムラインを描いたものです。とくに断らない限り，投資計画の期間は有限（図表ではT）とします。図表の下のパネルには，NPVとNPVを用いた投資の意思決定が説明されています。

　経営資源をどの事業に投資するかという投資決定は，企業経営における最も重要な意思決定です。企業価値を向上させるため，企業はプラスのNPVが期待できる投資機会に資金や人材を投入する必要があります。

MIT SLOAN SCHOOL OF MANAGEMENT

Fundamental principle

The value of any asset or investment equals the **net present value of the expected cashflows:**

$$NPV = CF_0 + \frac{CF_1}{(1+r)} + \frac{CF_2}{(1+r)^2} + \frac{CF_3}{(1+r)^3} + \frac{CF_4}{(1+r)^4} + \frac{CF_5}{(1+r)^5} + \cdots$$

Risk should be incorporated into r

The discount rate for the investment equals the rate of return that could be earned on an investment in the financial markets with similar risk.

r ='opportunity cost of capital' or 'required rate of return'

A project creates value only if it generates a higher return than similar investments in the financial market.

（出所）MIT OPEN COURSEWARE, https://ocw.mit.edu/courses/sloan-school-of-management/15-414-financial-management-summer-2003/lecture-notes/

- リスクと時間を割引率（r）で考慮するDCF法は企業価値の向上と整合的

$$NPV = -I + \frac{FCF_1}{1+r} + \frac{FCF_2}{(1+r)^2} + \cdots + \frac{FCF_T}{(1+r)^T}$$ r＝リスクを反映した資本コスト

- 投資決定：NPV＞0 ⇒ 価値創造 ⇒ 投資を実施
  NPV＜0 ⇒ 価値毀損 ⇒ 投資を見送り

第7章 投資評価と財務モデル

2. 内部収益率(IRR)

(1) IRRによる投資評価

　第3章で紹介した企業価値向上表彰企業のダイキン工業は，新規投資の採択(投資決定)において，NPVやIRRなど資本コストを踏まえた投資判断を実施しています(図表3-8(b)の項目2)。少し古いですが，2001年に発表された論文では，アメリカ企業が用いている投資決定基準の上位二つは，NPVとIRRでした。

　近年では，週刊ダイヤモンド(2018年3月3日号)が，日本の大企業の投資評価手法に関する調査結果を掲載しています。やはり，NPVとIRRが多数を占めています。NPVを重視すると回答した企業には，AGC，NTTドコモ，キリンHD，コマツ，住友商事，日本電産などがありました。IRRを重視すると回答した企業は，IHI，アサヒグループHD，鹿島，川崎重工，住友化学，日本郵船などでした。このように，NPVとIRRは企業が主に使用している投資評価指標といえます。

　NPVについては先に説明しました。ここでは，IRR(Internal Rate of Return, 内部収益率)を取りあげます。図表7-2(a)が一般的なIRRの説明です。IRRは投資のNPVがゼロになる割引率と定義されます。定義式を解いて，NPVをゼロにする割引率(y)を求めたものがIRRです。投資に内在する収益率ともいえます。実際にIRRを計算する場合は，エクセルのIRR関数を用います。IRR関数については，後に説明します。

　NPVによる投資評価では，投資家の期待収益率を割引率にして現在価値(金額)を算出します。これに対して，IRRによる投資評価では，投資の収益率であるIRRと投資家が期待する収益率(資本コスト，年率)を比較します。IRRが資本コストより高い投資プロジェクトは，投資家の期待に応えることができる案件です。IRRが資本コストより低い投資プロジェクトは，投資家の期待に応えることができません。企業は前者の投資を実施し，後者の投資を見送ることになります。このように，IRRを用いた投資評価では，資本コストがIRRの**ハードルレート**になります。

● IRR（Internal Rate of Return）：NPVをゼロにする割引率（下式のy）

$$I = \frac{FCF_1}{1+y} + \frac{FCF_2}{(1+y)^2} + \frac{FCF_3}{(1+y)^3} + \cdots + \frac{FCF_T}{(1+y)^T}$$

● IRRのハードルレート（HR）は資本コスト

● IRR＞HR ⇒ 価値創造 ⇒ 投資を実施

● IRR＜HR ⇒ 価値毀損 ⇒ 投資を見送り

● IRRはエクセルのIRR関数を用いて計算するのが便利（後に説明）

---

(2) IRRと資本コスト

図表7−2(b)は，数値例を用いたIRRの説明です。IRRは10％，投資プロジェクトの初期投資は1,000（キャッシュアウト），1年後の期待FCFは550，2年後の期待FCFは605と予測されています。将来のFCFは2回生じるので，初期投資をそれぞれの期待FCFを10％で割引いた金額に分割してみましょう。タイムラインの下の1行目は，1年後の期待FCFの現在価値，2行目は2年後の期待FCFの現在価値です。両者を合わせると初期投資額になります。将来の期待FCFの現在価値と投資額が一致するので，NPVはゼロです。このことからも分かるように，IRRはNPVをゼロにする割引率になっています。

矢印を逆向きにしましょう。投資額500をIRRで1年間運用すると1年後の期待FCFになります。投資額500をIRRで2年間運用すると2年後の期待FCFになります。このように考えると，IRRは投資プロジェクトの収益率であることが分かります。IRRは投資プロジェクトのFCF計画があれば計算することができます。

図表7−2(b)の下のパネルには，数値例におけるIRRとNPVの関係が示されています。現在価値は割引率と負の関係があることに注意しましょう。この投資プロジェクトのリスクを反映した資本コスト（NPVの計算における割引率）が10％より低ければ，1年後と2年後の期待FCFの現在価値は，それぞ

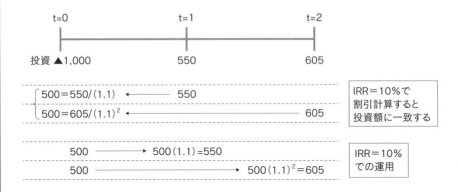

t=0	t=1	t=2
投資 ▲1,000	550	605

$\begin{cases} 500=550/(1.1) \leftarrow 550 \\ 500=605/(1.1)^2 \leftarrow 605 \end{cases}$

IRR＝10％で割引計算すると投資額に一致する

$500 \rightarrow 500(1.1)=550$

$500 \longrightarrow 500(1.1)^2=605$

IRR＝10％での運用

資本コストがIRRより低いとき，NPVはプラスになる（資本コスト＝8％のとき NPV＝28）
資本コストがIRRより高いとき，NPVはマイナスになる（資本コスト＝12％のとき NPV＝−27）

れ500より大きくなります。このとき，NPVはプラスです。逆に，投資プロジェクトの資本コストが10％より高ければ，NPVはマイナスになります。

　図表7−2(c)は，横軸にリスクを反映した資本コスト（割引率），縦軸にNPVをとり，両者の関係をプロットしたものです。**NPVプロファイル**といわれます。初期に投資支出があり，以後の期待FCFはプラスである標準的な投資プロジェクトの場合，NPVは資本コストの減少関数になり，右下がりの曲線が描けます。

　IRRはNPVがゼロになる割引率でした。NPVの曲線が横軸と交わる点がIRRです。IRRが資本コスト（ハードルレート）より高い領域では，NPVがプラスになります。逆に，IRRが資本コスト（ハードルレート）より低い領域では，NPVがマイナスになります。

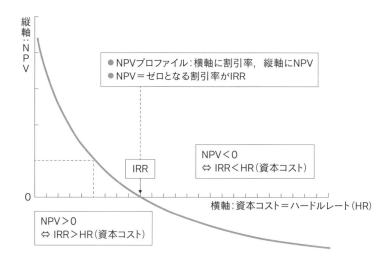

図表7−2(c)｜資本コストとNPVとIRRの関係

縦軸：NPV

- NPVプロファイル：横軸に割引率，縦軸にNPV
- NPV＝ゼロとなる割引率がIRR

IRR

NPV＜0
⇔ IRR＜HR（資本コスト）

0

横軸：資本コスト＝ハードルレート（HR）

NPV＞0
⇔ IRR＞HR（資本コスト）

3. エクセルによるNPVとIRRの分析

(1) IRR関数とNPVの計算

　図表7−3(a)には，エクセルを用いたIRRとNPVの算出が示されています。評価する投資プロジェクトは，期間が2年の短期プロジェクトS（3年後と4年後の期待FCFはゼロ）と期間が4年の長期プロジェクトLです。各プロジェクトの期待FCFは，5行目と6行目に表示されています。どちらも初期投資額は100です。セルI5とI6は，それぞれの投資プロジェクトのIRRです。IRRの算出には，エクセルのIRR関数を用いています（関数はセルJ5，J6に表示）。

　エクセルシートの9行目はプロジェクトSのNPVの計算です。セルC9の数式は，初期の投資額（C5）を一定の割引率（\$C\$2）で年数分（C4）割引くことを示しています。割引率は絶対参照になっているので，セルC9をG9までコピーすれば，毎年の期待FCFの現在価値が計算できます。便宜上，3年後と4年後の期待FCFの現在価値も求めてあります。すべて足し合わせると，セル

A	B	C	D	E	F	G	H	I	J	K
1	**NPVとIRR**	5%								
2	割引率									
3										
4	時点	0	1	2	3	4		**IRR**		
5	短期プロジェクト (S)	-100	70	60	0	0		20.0%	=IRR(C5:G5)	
6	長期プロジェクト (L)	-100	40	40	30	30		16.0%	=IRR(C6:G6)	
7										
8								**NPV**		
9	PV (FCF: S)	-100.0	66.7	54.4	0.0	0.0		21.1	=SUM(C9:G9)	
10		=C5/(1+$C$2)^C4		=E5/(1+$C$2)^E4		=G5/(1+$C$2)^G4					
11								**NPV**		
12	PV (FCF: L)	-100.0	38.1	36.3	25.9	24.7		25.0	=SUM(C12:G12)	
13		=C6/(1+$C$2)^C4		=E6/(1+$C$2)^E4		=G6/(1+$C$2)^G4					

I9のNPVになります。同様に，シート12行目には，プロジェクトLの各年の期待FCFの現在価値とNPVが計算されています。

　プロジェクトSのNPVはプラスです。プロジェクトSのIRRは，ハードルレートである資本コスト(割引率)を上回っています。NPVとIRRの関係は整合的です。同様に，プロジェクトLのNPVとIRRの関係も整合的なものになっています。

(2) IRRとNPVの関係

　図表7-3(b)の上の表は，割引率(セルC2)にプロジェクトSのIRR(I5)を挿入した場合の結果です。このとき，プロジェクトSのNPVはゼロになっています。IRRはNPVをゼロにする割引率であることが確認できます。プロジェクトLのIRRは16%であり20%より低いため，NPVはマイナスになります。下の表は，割引率にプロジェクトLのIRR(I6)を挿入したものです。プロジェクトLのNPVはゼロになります。プロジェクトSについても，割引率とNPVの関係は整合的です。

　図表7-3(a)に戻り，企業が投資プロジェクトに関する意思決定を行う場面を想定してください。経営資源が十分にあれば，どちらの投資プロジェク

図表7−3(b)｜NPVとIRRの関係

	A	B	C	D	E	F	G	H	I	J
1		NPVとIRR								
2		割引率	20%	=I5						
3										
4		時点	0	1	2	3	4		IRR	
5		短期プロジェクト (S)	-100	70	60	0	0		20.0%	=IRR(C5:G5)
6		長期プロジェクト (L)	-100	40	40	30	30		16.0%	
7										
8									NPV	
9		PV (FCF: S)	-100.0	58.3	41.7	0.0	0.0		0.0	
10									NPV	
11		PV (FCF: L)	-100.0	33.3	27.8	17.4	14.5		-7.1	

プロジェクトSのIRR＝割引率 ⇔プロジェクトSのNPV＝0

	A	B	C	D	E	F	G	H	I	J
1		NPVとIRR								
2		割引率	16%	=I6						
3										
4		時点	0	1	2	3	4		IRR	
5		短期プロジェクト (S)	-100	70	60	0	0		20.0%	
6		長期プロジェクト (L)	-100	40	40	30	30		16.0%	=IRR(C6:G6)
7										
8									NPV	
9		PV (FCF: S)	-100.0	60.3	44.6	0.0	0.0		4.9	
10									NPV	
11		PV (FCF: L)	-100.0	34.5	29.7	19.2	16.6		0.0	

プロジェクトLのIRR＝割引率 ⇔プロジェクトLのNPV＝0

トも価値があるので，両方とも実施するのが最善になります。問題は，経営資源の制約等の理由で，どちらか一方しか実施できない場合です。このような場合，二つの投資プロジェクトは**相互に排他的である**(mutually exclusive)といいます。資本コストが5％のとき，NPVは長期プロジェクトの方が大きく，IRRは短期プロジェクトの方が高くなっています。

　このような場合は，基本原則に立ち返ります。図表7−1(a)でみたように，投資評価の基本原則は価値指標のNPVです。相互排他的な投資プロジェクトの選択を行う場合，NPVが大きい方を選びます。図表7−3(a)のケースでは，長期の投資プロジェクトLを選択します。投資プロジェクトのNPVは，その投資から期待されるネットの付加価値です。株式市場が投資プロジェクトを正しく評価する場合，NPVの分だけ企業価値(株主価値)が向上します。長期投資プロジェクトLの実施を発表すると，企業の株価は25高くなります。

短期プロジェクトSの場合，上昇分は21です。企業価値や株主価値にとっては，長期プロジェクトの方が好ましいといえます。

　資産の**証券化**(securitization)を用いると，次のように説明することもできます。投資プロジェクトは収益をもたらす資産(アセット)です。アセットオーナーは，100を投資してプロジェクトを実施します。同時に，投資プロジェクトからのFCFを担保とする証券(株式)を発行します。証券の保有者は，プロジェクトのFCFを得ることができます。資産内容に関する情報(割引率と期待FCF)が公開されると，プロジェクトSの証券は121，プロジェクトLの証券は125の値が付きます。アセットオーナーは，長期プロジェクトLを選択するはずです。

　割引率(資本コスト)が10％のとき，短期プロジェクトSのNPVは13.2，長期プロジェクトLのNPVは12.5になります。この場合は，短期プロジェクトが選択されます。確認してください。

　複数の投資案件に優先順位をつける場合，金額で価値を表すNPVが基準になります。価値創造や価値向上を重視する経営(value-based management)の基本原則です。

4. 持続的競争優位と一時的競争優位

　図表7-3(a)の投資プロジェクトの評価モデルでは，割引率(資本コスト)を変えると，短期プロジェクトと長期プロジェクトのNPVの値が変わります。上でみたように，割引率を10％にすると，プロジェクトSのNPVがプロジェクトLのNPVより大きくなります。割引率が5％のときは，プロジェクトLのNPVがプロジェクトSのNPVを上回ります。

　価値評価の原則であるDCF法では，遠い将来の期待FCFの割引回数が多くなります。そのため，割引率が高くなれば，長期にわたり経営成果が持続するプロジェクトのNPVは，短期的に成果が出るプロジェクトのNPVに比べて，小さくなる傾向があります。割引率が低いときは逆です。長期的なプロジェクトの方が，短期的なプロジェクトより，NPVが大きくなる傾向があ

ります。

　投資評価における割引率（資本コスト）は，市場リスク（システマティックリスク）の影響を受けます。リスクが大きければ割引率は高く，リスクが小さければ割引率は低くなります。直感的でもあるのですが，リスクが大きければ早期の資金回収が好ましく，リスクが小さければ長期志向の投資が好ましいということになります。

　現代の経営戦略論には，長期的に**持続可能な競争優位**（sustainable competitive advantage）と**一時的な競争優位**（temporary competitive advantage）という考え方があります。ファイナンスと経営戦略を結びつけると，次のようなことがいえます。

　ローリスクの安定した競争環境では，長期的な観点から競争優位の持続を目指す経営戦略の価値が高くなります。例えば，成熟国で一定規模のマーケットシェアをもつ事業は，新規参入や代替品の脅威に注意をしながら，安定的な経営成果が持続できる施策を優先します。競争環境が不安定でリスクが大きい状況では，投資資金を早く回収する戦略の価値が高くなります。マーケットシェアが安定せず，参入と退出が激しい新興市場では，スピードがキーワードになりそうです。現地企業とのアライアンスを含めた垂直立ち上げなどが，具体的な施策になります。リスクが大きい市場では，組織的な撤退基準を決めておくことも重要です。撤退という選択肢の価値については，後のリアルオプションのセクションで説明します。

5. 投資決定のプロセス

　多額の投資が必要なプロジェクトは，所定のプロセスを経て意思決定が行われます。ここでは，投資決定プロセスの例について説明します。既存の事業における追加的な投資や老朽設備の更新，あるいは事業化が見込める段階まで進んだプロジェクトを想定します。

　まず，担当の事業部において，投資の必要性が議論されます。外部環境や事業戦略との整合性，顧客ニーズなどを確認し，投資支出と効果について検

討するため，財務計画の立案と分析を行います（Financial Planning and Analysis, **FP&A**）。定量的な評価の重要性が増しているビジネスの世界において，FP&Aは重要なスキルになりつつあります。

　トップラインである売上高は，価格と販売量の組合せとして予測します。売上高の予測には，営業やマーケティング担当者の意見が反映されます。売上は外部環境の影響を受けるため，複数のシナリオを用意します。良好，通常，悪化という三通りのシナリオを考慮することが多いようです。費用については，項目ごとに固定費と変動費に分けて計上していきます。損益分岐点分析でも知られているように，固定費の割合が高いと利益の変動が大きくなります。なお，費用総額に占める固定費の割合を**営業レバレッジ**（operating leverage）といいます。

　運転資本は，経理部，購買担当，生産担当の意見や過去のデータを用いて予測します。この本では，売上高や売上原価に対する比率を用いて運転資本を数値化します。設備投資と減価償却費の見積もりについては，事業部のマネージャーと生産管理部，経理部が行います。以上のデータを用いて，事業部の財務担当者や企画担当者が，投資プロジェクトの財務三表を作成します。資本利益率の算出や事業ポートフォリオの管理という観点から，投下資本や事業資産が把握できる貸借対照表も作成することになります。

　事業計画と財務予測ができると，DCF法による投資プロジェクトの評価を行います。多くの企業では，本社の財務部やリスク管理部が，DCF法に適用する資本コストを算出しています。資本コストの決定については，第5章と第6章で説明した通りです。実際には，事業計画をリスクに応じて分類し，リスククラスごとに適用する資本コストを決めていることが多いようです。例えば，新規事業やアーリーステージの投資計画はハイリスクであるため，高い資本コストを適用します。既存事業の拡大や更新設備については，経験と顧客基盤があるため，低い資本コストを適用するという具合です。

　投資金額が一定額以下であれば，事業部長が意思決定を行います。多額の資金が必要な投資計画や経営の根幹をなすような事業計画は，経営会議と取締役会での決議が必要です。担当の事業部長が，事業計画と財務指標，投資評価指標，リスクとその対応等について説明をします。戦略整合性，全社最

適の観点，財務状況からみた投資の許容度，進捗状況の報告頻度，撤退基準などをチェックして計画が承認されると，プロジェクトが実行されます。その後，計画とのズレやその原因を定期的にチェックし，修正していきます。経営会議や取締役会には，定期的な報告が行われます。

　このように，投資や事業は，計画・実践・チェック・修正という**PDCA**(Plan，Do，Check，Action)のサイクルになっていることが分かります。学生の読者の皆さんは，受験を通じてPDCAを体験していると思います。受験では，目標とする大学や学部を決めて勉強の計画を立てます(plan)。計画にそって勉強をします(do)。模試で進捗具合や計画とのズレをチェックします(check)。そして弱点を補強したり，不足している箇所を補足したりします(action)。この繰り返しが，良い結果につながると考えられます。

6. FCFと資産・資本のバランス

(1) 事業の貸借対照表

　財務三表を作成するにあたり，FCFや利益と資産・資本の関係を理解しておくことは重要です。主要なポイントに焦点を絞り，それらの関係を見ておきましょう。財務会計の細部については省略します。財務会計のテキストなどで学んでください。

　第6章で紹介した経済産業省(2020年7月)の別紙「事業セグメントの貸借対照表の作成」には，次のような記載があります。事業セグメントごとのBSの作成は，事業ポートフォリオ管理を適切に行うためであり，制度会計のような精緻さは求められておらず，短期間で集中的にざっくりと作成することが効果的である。ざっくりというのは，ポイントを絞ってという意味です。ここでも，同様の考え方をとりましょう。

　図表7−6は，重要な項目のみに絞って，資産・資本とFCF・利益の関係を示したものです。事業を行うために必要な貸借対照表上の資産(事業資産)は，**正味運転資本**(NWC，Net Working Capital)と固定資産です。第3章でもみたように，運転資本は，売上債権と棚卸資産(原材料，仕掛品，完成在庫品)

からなる流動資産と買入債務等の流動負債です。流動資産と流動負債を相殺したネットの金額を正味運転資本といいます。図表でも，資産と負債が相殺できる部分は表示せず，正味運転資本としてあります。固定資産についても，減価償却費を除いたネットの金額になります。

事業資産の原資は，事業に投下された投下資本（資金）です。簡便化のため，有利子負債は考慮しません。エクイティのみを考えます。財務会計の用語では純資産に相当します。投資プロジェクトを行う際に，事業資産の購入に必要な資金をエクイティ（株式）の形でファイナンスする状況を想定してください。プロジェクトや事業に対して，本社が出資をする場合も同じです。当然ですが，投資プロジェクトを開始する時点で，資産と資本はバランスしています。

(2) FCFと貸借対照表

　プロジェクトを開始して一定期間が経過すると，投資の成果が出ます。トップラインの売上高から費用を引いたものが，損益計算のボトムラインである利益(税引後利益)になります。事業を継続する場合，価値創造の成長機会があれば利益の一部を再投資し，事業資産を増加させます。成長機会がなければ，事業資産への投資は行いません。ライフサイクルにそって，事業資産は徐々に減少し，最終的には清算すると仮定します。投資期間を決めている場合，最終時点の事業資産と投下資本の残高がゼロになるように計画を立てます。

　繰り返しになりますが，FCFは事業からフリーで投資家に配分できるキャッシュフローです。図表7－6では，左のパネル(投資成果(利益とFCF))にFCFの計算が示されています。FCFの項目のうち，設備投資(除減価償却費)とNWC増加額が事業への再投資です。減価償却費を控除するため，純投資ともいわれます。税引後利益から，事業への純投資を引いたものがFCFです。

　資産増加額の箇所を見てください。FCF計算においてマイナスとなる設備投資とNWC増加額は，事業資産のプラス要因になります。キャッシュアウトがない減価償却費は，FCF計算ではプラスですが，資産を減価させるためマイナス表示になります。

　資本の増加額については，**クリーンサープラス**(clean surplus)の関係が成り立つとします。クリーンサープラスとは，期末資本＝期首資本＋税引後利益－配当，という関係です。利益から配当を引いた額が，資本増加額(期末資本－期首資本)になるということです。ここでは，事業からフリーなFCFは，すべて投資家や本社に配当として還元することにします。

　図表7－6の下のパネルに示されているように，このとき，資産増加額と資本増加額が一致します。したがって，毎期末の事業資産残高と資本残高も等しくなります。エクセルで財務モデルを作成する場合，モデルの構造が正しいかどうかをチェックすることが好ましいといえます。有限期間の投資プロジェクトでは，毎期末の資産残高と資本残高が一致するかどうかが，

チェックポイントの一つになります。チェック(check)をして何かがおかしければ，モデルを修正(action)していきます。

7. 投資プロジェクトの財務モデル

(1) 財務モデルの数値例

　数値例を用いて，投資プロジェクトの財務モデルについて理解を深めましょう。図表7-7(a)は，2年間の投資プロジェクトの損益とFCF計画です。期待FCFを計算する際に減価償却費を用いるので，損益計算でも減価償却費の項目を設けておくのが便利です。事業のみを考えるため，利益は営業利益

図表7-7(a) ｜ 投資プロジェクトの財務モデル(損益計算とFCF計算)

年度	現時点	1年後	2年後
売上高(Sales)		1,000	800
売上原価(Cost of Goods Sold)		300	240
売上総利益(Gross Profit)		700	560
販売費及び一般管理費(SG&A)		200	200
減価償却費(Depreciation)		350	350
営業利益(Operating Income)		150	10
法人税(税率＝30%)		45	3

●FCF計算において減価償却費を足し戻すため，損益計算において「減価償却費」の項目を設ける

期待FCF	現時点	1年後	2年後
① 税引後利益(NOPAT)	0	105	7
② 減価償却費	0	350	350
③ 設備投資(CAPEX)	700	0	0
NWC(額：翌年売上の10%)	100	80	0
④ NWC増加額	100	-20	-80
FCF＝①+②-③-④	-800	475	437

●キャッシュフローであるためNWCは増加(フロー)を適用
●NWC(額)はストック
●NWC増加額がフロー

税引後利益の総額(105+7＝112)＝期待FCFの総額(-800+475+437＝112)

とします。現時点では売上と費用がないため，利益はゼロになります。

　現時点で必要な投資は，製品の製造に必要な設備投資と運転資本（原材料）です。運転資本はNWCと表示します。NWC（額）は，翌年度の売上計画の10%を予定します。NWCの金額は，ストック（残高）として資産に計上されます。FCFの計算はフローがベースになるため，年間の増加額（変化額）を用います（④）。投資プロジェクトの開始時には，運転資本への投資額がNWC増加額になります。プロジェクトが終了する2年後のNWCはゼロです。プロジェクトが終了する時点において，在庫はゼロになります。売上債権や買入債務はすべて清算されます。

　表の一番下の行（FCF）には，FCFの計算が示されています。

　表から分かるように，各年度のFCFと税引後利益は異なります。投資プロ

図表7-7(b) ｜ 投資プロジェクトの財務モデル（資産と資本）

- 1年後資産
  ＝期首資産＋設備投資
  　－減価償却費＋NWC増加額
  ＝800＋0－350－20＝430
- 1年後資本
  ＝期首資本＋利益－配当（FCF）
  ＝800＋105－475
  ＝430（クリーンサープラス）

- 2年後資産
  ＝期首（1年後）資産＋設備投資
  　－減価償却費＋NWC増加額
  ＝430＋0－350－80＝0
- 2年後資本
  ＝期首（1年後）資本＋利益－配当（FCF）
  ＝430＋7－437
  ＝0（クリーンサープラス）

[現時点]

[1年後]

資産 0	資本 0

[2年後]

ジェクトでは，初期の投資や減価償却費の影響が大きいため，FCFと利益の差が大きくなる年度があります。ただし，期間を通じてみると，税引後利益の総額と期待FCFの総額は一致します。FCFの計算から税引後利益を除くと，設備投資と減価償却費，NWCの増加額が残ります。このうち，設備投資は全て減価償却されます。また，最終年度のNWCはゼロなので，NWCに投資した資金はすべて回収されることになります。税引後利益を除く三項目の合計額がゼロになるため，利益の総額とFCFの総額が一致するのです。

　期間が有限である投資プロジェクトの財務計画において，税引後利益の総額とFCFの総額が一致することは，モデルのチェックポイントになります。

　図表7-7(b)は，資産と資本(貸借対照表)の推移を示したものです。現時点において，事業資産の購入に必要な資本が投下されます。プロジェクト開始から1年後の資産残高は，期首の資産に純投資(設備投資＋NWC増加額－減価償却費)を加えた値です。前のセクションで説明したように，期待FCFをすべて配当する場合，クリーンサープラス関係の下では，期末の資産と資本の値が一致します。両者の値が異なる場合，どこかに誤りがあります。投資プロジェクトが終了する2年後には，資産も資本もゼロになります。

　図表7-7(a)のFCF(－800, 475, 437)を用いると，投資プロジェクトのIRRは9.34％になります。また，資本コスト8％に対するNPVは14.5，資本コスト9％に対するNPVは3.6，資本コスト10％に対するNPVは▲7.0になります。確認してください。

(2) エクセルによる投資プロジェクトの財務モデル

　図表7-7(c)は，エクセルを用いた投資プロジェクトの財務モデルです。投資期間は3年です。売上原価，販売管理費(除減価償却費)，正味運転資本(NWC)は，すべて売上高に比例すると仮定しています。もちろん，固定的な費用をモデル化することも可能です。設備投資は3年間ですべて減価償却します。初期投資以外の設備投資はゼロ(D25～F25)，プロジェクト終了時のNWCはゼロ(F26)です。売上債権をすべて回収し，棚卸資産はなく，買入債務はすべて支払ってプロジェクトを終了するという計画です。

図表7-7(c)｜エクセルによる投資プロジェクトの財務モデル

	A	B	C	D	E	F	G	H
1		投資プロジェクト：財務モデルと投資評価						
2		前提条件＼　年度		1	2	3		
3		販売単価		2.0	2.0	2.0		
4		販売数量		10,000	8,500	7,000		
5		売上原価率 (対売上高)	53%					
6		販売管理費率 (除減価償却)	30%					
7		正味運転資本 (対売上高)	10%					
8		法人税率	30%					
9		設備投資 (時点0のみ)	6,900					
10		減価償却費 (年間)	2,300					
11		資本コスト (割引率)	8%					
12								
13		PL (万円)　＼年	0	1	2	3		
14		売上高		20,000	17,000	14,000	=F3*F4	
15		売上原価		10,600	9,010	7,420	=F14*$C$5	
16		売上総利益		9,400	7,990	6,580	=F14-F15	
17		販売管理費		6,000	5,100	4,200	=F14*$C$6	
18		減価償却費		2,300	2,300	2,300	=$C$10	
19		営業利益		1,100	590	80	=F16-F17-F18	
20		法人税		330	177	24	=F19*$C$8	
21		税引後利益		770	413	56	=F19-F20	
22		FCF　＼年	0	1	2	3		
23		税引後利益	0	770	413	56	=F21	
24		減価償却費	0	2,300	2,300	2,300	=F18	
25		設備投資	6,900	0	0	0		
26		正味運転資本 NWC (額)	2,000	1,700	1,400	0	=F26	
27		NWC増加額	2,000	-300	-300	-1,400	=F26-E26	
28		FCF	-8,900	3,370	3,013	3,756	=F23+F24-F25-F27	
29		BS　＼年	0	1	2	3		
30		NWC (正味運転資本)	2,000	1,700	1,400	0	=F26	
31		固定資産 (除減価償却)	6,900	4,600	2,300	0	=E31+F25-F24	
32		資産合計	8,900	6,300	3,700	0	=F30+F31	
33		期首資本	0	8,900	6,300	3,700	=E36	
34		利益	0	770	413	56	=F21	
35		配当 (＝FCF)	-8,900	3,370	3,013	3,756	=F28	
36		期末資本	8,900	6,300	3,700	0	=F33+F34-F35	

【注意する点】
- 減価償却費は別計上 (18行)
- 終了時のNWCはゼロ (F26)
⇒NWC増加額 (27行) の合計はゼロ
- FCFはすべて配当

【チェックポイント】
- 税引後利益の合計額 ＝FCFの合計額
- 資産と資本のバランス

図表7-7(d)｜エクセルによる投資プロジェクトの評価と感度分析

	A	B	C	H	I	J	K	L	M	N
1		投資プロジェクト：財務モデルと投資評価								
2		前提条件＼　年度			投資評価＼年	0	1	2	3	
3		販売単価			FCF	-8,900	3,370	3,013	3,756	=F28
4		販売数量			PV(FCF)	-8,900	3,120	2,583	2,982	=M3/(1+$C$11)^M2
5		売上原価率 (対売上高)	53%		NPV	-215	=SUM(J4:M4)			
6		販売管理費率 (除減価償却)	30%		IRR	6.7%	=IRR(J3:M3)			
7		正味運転資本 (対売上高)	10%							
8		法人税率	30%		感度分析	データテーブル		設備投資		
9		設備投資 (時点0のみ)	6,900				6,500	6,900	7,300	
10		減価償却費 (年間)	2,300			50%	1,010	714	417	
11		資本コスト (割引率)	8%		原価率	51%	701	404	107	
12						52%	392	95	-202	
13		PL (万円)　＼年	0			53%	82	-215	-512	
14		売上高				54%	-227	-524	-821	

- 現状の計画におけるNPVはマイナス，IRR＜資本コスト。
- 感度分析から売上高原価率を1％低減させる，あるいは設備投資を400減額することができれば，投資プロジェクトのNPVはプラスになることが分かる。

損益計算書(PL)では，減価償却費(18行目)を他の費用と分けて計上します。FCFは，税引後利益に減価償却費を加え，設備投資とNWC増加額を引いた値になります。図表7-7(c)に掲載してあるエクセルシートの28行目を確認してください。また，税引後利益の合計額とFCFの合計額が一致することも確かめてください。

　図表7-7(d)は，DCF法による投資プロジェクトの評価とデータテーブルを用いた感度分析の結果を示しています。現状の事業計画では，NPVがマイナス，IRRはハードルレート(資本コスト)を下回ります。感度分析のパラメータには，設備投資と売上原価率を用いました。原価率が1%低下するか，設備投資を400減額することができれば，NPVはプラスになります。そこで，購買部や生産管理部の担当者を交えて，それら施策の実行可能性について議論をします。実行可能であれば，事業計画を修正し，根拠資料を付けて，再度の審議を申請することになります。

8. 投資決定の注意点

　NPVがマイナスの投資を実施すると価値が毀損されます。価値を毀損する投資を行うことを**過大投資**(over-investment)といいます。逆に，NPVがプラスの投資を見過ごすことは，**過小投資**(under-investment)といわれます。意思決定の時点において，これらの誤りを回避するため，正しい投資決定基準と適切な資本コストを用いることが重要になります。また，サンクコストと機会費用の取り扱いにも注意する必要があります。

(1) 投資決定基準

　最も良くないことは，投資評価に資本コストが反映されず，投資決定基準が価値ベースになっていないことです。企業価値の向上や価値創造と整合的な投資評価の方法は，リスクと時間価値を反映した価値ベースのNPVになります。正しく用いるのであれば，資本コストをハードルレートとするIRR

でも問題はありません。

　回収期間や損益分岐点，会計数値などは，リスクを考慮していない点で問題があります。これらの指標だけを用いて重要な意思決定をすると，企業価値の向上という目的に合った経営判断をしていないという批判を受けます。投資家に対する説明責任が果たせません。

　とくに，長期にわたる投資プロジェクトでは，将来の期待FCFの現在価値が大きくディスカウントされます。資金回収ができるとか，損益分岐点を上回っているなどの理由で投資を行うと，過大投資になる危険が大きいと考えられます。

　投資期間が5年，投資額が100，5年後の期待FCFが120であるプロジェクトを考えましょう。現在から5年後までの期待FCFはゼロです。投資額は100で確定しています。投資の成果は5年後の不確実なFCFです。リスクや時間を考慮しなければ，20の利益があるので，損益分岐点はクリアできます。だからといって，投資を行うのは早計です。リスクと時間を正しく反映するという基本原則を忘れてはなりません。

　リスクを反映した資本コストが5％であるとしましょう。投資プロジェクトのNPVを計算すると，▲6（$-100＋120/(1.05)^5$）になります。したがって，プロジェクトを見送ることが正しい判断です。投資の実施は過大投資になり，企業価値を毀損します。投資の成果である期待FCFが130であれば，NPVはプラスになります。この場合，利益があるから投資をするという判断は誤っていませんが，意思決定の仕方が誤っています。マークシートの試験で，たまたま結果が合っていたようなものです。

　長期的な投資案件に短めの回収期間を当てはめると，過小投資になる可能性があります。次のような投資プロジェクトを考えましょう。投資期間が4年，投資額が100，1年後から4年後まで毎期30のFCFが期待できます。資本コストは4％です。投資期間のNPVを計算すると＋9になります。このとき，3年間で投資回収ができることという回収期間の基準を用いると，この案件に投資することはできません。いまから3年間のFCFの合計は90であり，決められた期間内に100の投資支出を回収することができないからです。回収期間はシンプルな評価基準ですが，設定した回収期間以降の期待FCFの価値

を考慮しないという問題点があります。

(2) 全社の資本コストと事業の資本コスト

　投資評価や事業評価においては，その投資や事業のリスクに見合う適切な資本コストを用いることが大切です。誤った資本コストを用いると，過大投資や過小投資が生じます。

　現時点の投資が100，1年後の期待FCFが110の投資プロジェクトを考えましょう。この投資プロジェクトのリスクに見合う適切な資本コストは12％です。したがって，NPVはマイナスになり，投資を見送ることが正しい意思決定になります。誤って8％の割引率を用いると，NPVがプラスであると誤解し，投資を実施してしまいます。リスクに見合う成果が期待できない投資の実施は，過大投資です。逆に，適切な資本コストが8％であるのに，誤って12％の割引率を用いると，価値創造の機会を逃す過小投資になります。

　企業規模が大きくなり，リスククラスが異なる複数の事業部やカンパニーがある場合，資本コストの適用に関する誤りが生じやすくなります。図表7－8(a)は，リスクが異なる三つの事業部をもつ企業のリスク・リターン関係を示したものです。リスクフリー・レートは1％，市場リスクプレミアムは5％としましょう。ハイリスクに分類されるH事業部のベータは1.8，資本コストは10％です。ミドルリスクのM事業部のベータは1.0，資本コストは6％になります。ローリスクであるL事業部のベータは0.2，資本コストは2％です。正しいアプローチは，事業部ごとに，それぞれのリスクに応じた異なる資本コストを適用することです。

　よく指摘される誤りは，全社的に一律の資本コストを用いることです。全社の資本コストは，事業部の資本コストの平均（加重平均）である6％になります。リスクの相違を考慮せず，すべての事業部に一律の資本コストを適用すると，図表7－8(b)に示した過大投資と過小投資の問題が生じます。

　リスクに見合う成果が期待できない投資を行う過大投資の問題は，ハイリスクの事業領域において生じやすくなります。図表では，過大投資の部分が

図表7−8(a) | 事業の資本コスト

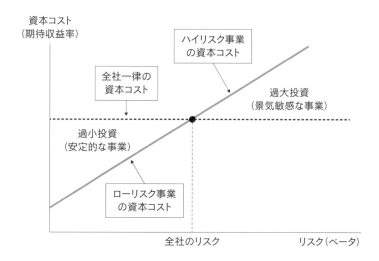

（事業・資産）

各事業のウェイト
=1/3

全社の資本コスト
=6%（事業の平均）

全社のベータ
=1.0（事業の平均）

H事業部（景気敏感）
ハイリスク
資本コスト＝10%（β_H＝1.8）

M事業部
ミドルリスク
資本コスト＝6%（β_M＝1.0）

L事業部（安定的）
ローリスク
資本コスト＝2%（β_L＝0.2）

（資本）

エクイティ

株式資本コスト

R_e＝6%
（β_e＝1.0）

図表7−8(b) | 全社一律の資本コストの問題

資本コスト
（期待収益率）

ハイリスク事業
の資本コスト

全社一律の
資本コスト

過大投資
（景気敏感な事業）

過小投資
（安定的な事業）

ローリスク事業
の資本コスト

全社のリスク

リスク（ベータ）

相当します。例えば，H事業部が立案したIRR＝8％の投資プロジェクトを考えましょう。リスクに見合うハードルレート(HR)は10％です。正しい評価はIRR＜HR，正しい意思決定は投資プロジェクトを見送ることです。全社一律の資本コスト6％をHRにすると，IRR＞HRという誤った評価になります。誤った評価にしたがって投資プロジェクトを実施することは，過大投資です。

ベータが高いということは，株式市場(マーケット)に対する感応度が大きいということです。ベータが高いH事業部においてIRRが小さい事業は，景気が悪いときに業績が落ち込む傾向をもちます。誤った資本コストを用いて過大投資を繰り返すと，コロナ禍のような景気悪化時に全社の業績が大きく下落します。

本来であれば，景気悪化時には，ローリスク事業が，全社の業績の落ち込みを軽減します。しかしながら，全社一律の資本コストを用いると，IRRが本来のHRを上回る優良なローリスク事業を見送る過小投資が起こります。先の例では，L事業部が企画したIRR＝4％のローリスク・ハイリターン事業が，全社の資本コストを下回っているという理由で見送られます。ローリスクの割に期待リターンが高い事業は，景気悪化時にもプラスのFCFを生み出します。全社一律の資本コストを用いると，価値があり，景気変動に対するヘッジにもなる事業を見送るという過小投資の問題が生じます。

(3) 事業ごとの資本コストの導入

日本の総合商社は，多くの異なる領域で事業投資を行っています。過大投資や過小投資の問題を回避し，適切なリスク管理をするため，商社は複数の資本コストを用いた経営を実践しています。例えば，2013年に企業価値向上表彰の大賞に選ばれた丸紅の評価ポイントは，次のように説明されています。

同社は，自社の株主資本コストを計測したうえで，その水準を大きく上回る15％以上というROE目標を設定し，中期経営計画において公表しています。そして，その目標を達成するために，リスク対比での資本コストを上回

る収益の追求を図る独自の経営指標であるPATRACや，個別案件ごとに資本コストを意識して設定する100種類を超えるハードルレートを活用した投資判断を着実に実行しています。このように，同社では，資本コストを意識した経営が首尾一貫して実践されていると認められました。

事業ごとに異なる資本コストを用いるアプローチは，商社以外にも広がっています。パナソニックは，全社一律としていた資本コストを事業部ごとに定める方針に転換しました（同社2018年「コーポレート・ガバナンス報告書」）。

三菱ケミカルホールディングスでは，事業部門ごとにROICの目標値（資本コスト）を定め，最低限の基準値を下回り続けると，事業の撤退を検討するという方針をとっているようです（日本経済新聞2017年1月26日付朝刊）。

丸井グループは，主力ビジネスをフィンテック事業と小売事業に分類し，各事業のROICを各事業の資本コストと比較して，共創経営レポート等で開示しています。レポートには，収益構造とリスクが異なる二つの事業を個別に評価し，両事業の相互関連性やシナジーを用いて，企業価値の向上に結び付けていく経営方針も示されています。

(4) サンクコストと機会費用

投資評価においては，投資評価基準と資本コストの他にも注意しなければならないことがあります。ここでは，**サンクコスト**（sunk cost）と**機会費用**（opportunity cost）を取りあげましょう。サンクコストは考慮しない，機会費用は考慮することがポイントです。

サンクコストは，すでに支出済みの費用，あるいは意思決定にかかわらず生じるコストです。取り戻すことはできません。とくに注意すべきは，意思決定より前の時点（過去）に生じたサンクコストに気をとられてはいけないということです。

過去に100を投資したプロジェクトを考えます。現時点で100の追加投資を行うと，1年後に110のFCFが期待できます。資本コストが5％のとき，現時点における投資のNPVはプラス5になります。過去に支出済みの100を考慮すると，投資プロジェクトが実施されない可能性があります。例えば，過

去の支出と現在の投資を合わせた200を投資支出にすれば，NPVはマイナス（▲95）になります。誤ったNPVにしたがって意思決定をすると，価値創造の機会を見逃す過小投資が生じます。

現時点で100の追加投資を行い，1年後に環境が劇的に好転すれば200，そうでなければ80のFCFが生じる状況を考えましょう。残念ながら劇的に好転する可能性は低く，確率は10％しかありません。期待FCFは92（＝0.1×200＋0.9×80）になります。必要な投資額が期待FCFより小さいため，追加投資のNPVはマイナスです。

ところが，すでに100の資金を使い，時間をかけてきたプロジェクトの責任者は，環境の好転に賭けるかもしれません。好転すれば，過去の支出まで取り戻すことができます。このような状況でしばしば語られる理由は，ここで追加投資をしないと以前に投資した金額と時間が無駄になるというものです。サンクコストを考慮したり，サンクコストを取り戻そうとしたりすると，判断が歪みます。

機会費用は，別の機会を選択すれば得られたであろう収益を（費用として）考慮しなさいということです。例えば，本社ビルの空きフロアを利用して行う投資プロジェクトを考えましょう。空きフロアの利用はタダだと考え，賃料を考慮せずに計算した結果，NPVはプラスになりました。残念ですが，この財務計画と投資評価は，機会費用を考慮していません。空きフロアを外部者に賃貸すれば，賃貸料が入ってくるからです。投資プロジェクトの機会費用は，賃貸料になります。

正しい意思決定は次のようになります。賃貸料の現在価値が投資案件のNPVを上回るのであれば，賃貸をする。逆に，投資プロジェクトのNPVが賃貸料の現在価値を上回れば，投資プロジェクトを選択する。投資プロジェクトを考慮する際には，失われる機会の価値を機会費用として考慮することが必要になります。

MBAの学生の立場から，サンクコストと機会費用について考えましょう。サンクコストの例は，生活費です。生活費は，何をしていても必要な支出です。MBAに行かないからといって，戻ってくるものではありません。機会費用の例は，MBAに行かずに会社勤務を選択すれば得られたであろう報酬

です。MBAの取得によって得られる価値から機会費用を引いたものが，MBAのNPVになります。

9. 部分最適と全体最適

このセクションでは，部分最適と全体最適という観点から，投資評価や経営の意思決定について考えます。部分的に良いと判断したことが，全体最適にならないことがあります。逆に，部分的な損失が，全体として価値創造に結びつくこともあります。コーポレートファイナンスでは，その事業が他の事業に影響を与える可能性を考え，全体最適という観点から意思決定をするように教えます。キーワードは，**関連するFCF**(relevant FCF)です。

(1) カニバリゼーション

新製品を出すことで，同じカテゴリーに属する自社の現製品が売れなくなる**カニバリゼーション**(cannibalization)は，よく知られている現象です。新製品の事業計画がプラスのNPVであっても，カニバリゼーションによって生じる旧製品の損失が大きければ，新製品事業を見直す必要があります。

図表7-9(a)は，カニバリゼーションがある場合の投資評価の例です。新製品事業は，開発費が必要ですが，利益率が高くFCFは売上高の9％になる計画です(現製品は8％)。新製品事業を評価すると，NPVはプラスになります(表の①)。しかしながら，新製品を販売することで，現製品を購入している顧客が新製品に乗り換えることが予想されます。カニバリゼーションによって生じる現製品の売上とFCFの減少は，新製品事業の影響によるものです。新製品事業を評価する場合，この影響を考慮する必要があります。

図表の数値例では，新製品の投入が与える現製品事業へのマイナスの影響(表の②)が大きく，新製品事業単独のNPVでは補いきれません。結局，新製品事業のNPVはマイナスになります(表の最下行)。部分的にみると価値がある事業や製品でも，他の事業や製品に与える影響を考慮すると，全体と

図表7−9(a)｜カニバリゼーション

＼年	0	1	2	3
現製品売上高		1,000	1,000	1,000
期待FCF（売上高の8％）		80	80	80
新製品売上高		200	400	800
期待FCF（売上高の9％）	−20（開発費）	18	36	72
① NPV（新製品）	80			
カニバリゼーション（現製品の売上高減少）		▲200	▲400	▲800
【関連FCF】期待FCFの減少		−16	−32	−64
② NPV（現製品への影響）	−89			
新製品のNPV（①＋②）	80−89＝−9＜0			

> 前提：資本コスト（割引率）＝10％，現製品のFCF/売上高＝8％，新製品のFCF/売上高＝9％
> 新製品の開発・販売促進費用として今年度（0年度）に 20のキャッシュアウトが必要。

して価値を毀損することがあります。

(2) ライバルの参入

　ライバル社が絡んでくると話は変わってきます。次頁の図表7−9(b)は，ライバル社が新製品を投入してくるケースを想定したものです。自社の新製品を投入せず旧型の現製品だけを販売したのでは，ライバル社に多数の顧客と売上を奪われてしまいます。図表7−9(b)の上の部分がシミュレーションの結果です。企業のNPVは162になります。

　図表7−9(b)の下側は，自社の新製品を投入する場合のシミュレーションです。ライバル社の新製品に流れる顧客をつなぎとめ，全社的な売上高の減少を抑制することができます。表の数値によると，2年目に200，3年目に400であった売上高の減少が，それぞれ100と150に低下します。もちろん，新製品の投入によるカニバリゼーションの影響もあります。表には，両方の影響を考慮した現製品の売上高と期待FCF，NPVが計算されています（NPV

図表7-9(b) | ライバル社の参入

＼年	0	1	2	3
現製品売上高(ライバル社考慮なし)		1,000	1,000	1,000
ライバル社に奪われる売上高		0	▲200	▲400
現製品売上高(ライバル社の影響を考慮)		1,000	800	600
期待FCF(売上高の8%)		80	64	48
NPV	162			

現製品はライバル社の新製品に顧客を奪われる

＼年	0	1	2	3
新製品売上高		200	400	800
期待FCF(売上高の9%)	−20	18	36	72
① NPV(新製品)	80			
新製品の影響：カニバリゼーションとライバル社に奪われる売上高の抑制				
② カニバリゼーション		▲200	▲400	▲800
③ ライバル社に奪われる売上高		0	▲100	▲150
④ ＝②＋③：現製品の売上高への影響		▲200	▲500	▲950
現製品の売上高		800	500	50
現製品の期待FCF(売上高の8%)		64	40	4
⑤ NPV(現製品)	94			
全社のNPV(①＋⑤)	174(80＋94)			

【新製品の開発・投入】カニバリゼーションは生じるが，ライバル社に奪われる顧客と売上を抑制することができる

は⑤)。

　新製品を投入しない場合のNPV(上の表)と新製品を投入した場合の全社のNPV(下の表)を比較すると，全社的な価値という観点から意思決定を行うことができます。いまの場合，新製品の開発と投入を行うことが，企業価値の向上に結びつきます。

　顧客(customer)，自社(company)，ライバル(competitor)を**3C**といいます。経営戦略や投資決定を分析する場合，ライバル社の存在を忘れてはなりません。利益率が高い製品市場において，ライバル社の参入がないという前提は非現実的といえるでしょう。

(3) カニバリゼーションと競合の事例－ビール業界と書店－

　よく知られているカニバリゼーションの事例は，ビール業界です。国内ビールの消費量が頭打ちとなった1990年代前半，サントリーが麦芽使用を抑えた発泡酒ホップスを発売しました。課税額がビールより低く，販売価格が廉価であったため，発泡酒市場は大きく成長しました。しかしながら，ビールと発泡酒の総販売量(箱数)は，ほとんど変わりませんでした。新商品である発泡酒が，ビールの売上を食ってしまったといえます。

　デフレが進むと同時に，酒税法が改正され発泡酒の税率が引き上げられると，課税率の低い第三のビールが登場します。第三のビールが浸食したのは，発泡酒の市場でした。発泡酒と第三のビールは，業界全体が成長しない市場において，カニバリゼーションが生じた事例といえます。この下で，各社はライバル社の顧客を奪うために，あるいはライバル社の新商品に顧客を奪われないために，新商品の開発を行い，次々と新しい商品が発売されました。

　電子書籍の登場によって，旧来の書店がカニバリゼーションの問題に直面したこともよく知られています。例えば，大手書店の紀伊國屋書店は，大日本印刷(DNP)との合弁により，電子・ネット書店の強化を目的とした出版流通イノベーションジャパン社を設立しました。主に紙書籍を実店舗で販売していた紀伊國屋書店にとって，電子やEコマース事業は，旧製品や現業とのカニバリゼーションをもたらします。

　カニバリゼーションがある新規事業を別会社で立ち上げた理由は，いくつか考えられます。第一に，全社的にみると，カニバリゼーションを考慮しても，新規事業のNPVがプラスになった可能性です。第二に，新旧の商品を扱う事業が同じ会社にあれば，組織間の利害対立が生じやすく，新事業をスムーズに運営することが困難であったという事情が考えられます。第三に，ライバル社の存在です。紙媒体の事業では考えられなかったような企業が，デジタルの市場には参入してきます。現状維持のままでは，ジリ貧に陥るという危機感が，カニバリゼーションをもたらす新規事業を立ち上げる理由になったと考えられます。

⑷ ロスリーダーと既存資産の強み

　カニバリゼーションは，新しいモノが既存のモノにマイナスの影響を与えることです。逆に，新しいモノが既存のモノの価値を高めることがあります。単独ではロス(損失)になりますが，他の製品や事業に好影響を与える**ロスリーダー**が良い例です。ロスリーダーは客寄せといわれることもあります。低価格の新商品や目玉商品(ロスリーダー)でお客さんを増やし，他の商品を買ってもらうことで，全体として利益や価値を出そうというのです。

　長期的な投資におけるロスリーダーの事例に，東武鉄道による東京スカイツリータウンの投資プロジェクトがあります。スカイツリータウン単独のNPVは，マイナスであったといわれています。しかしながら，東武鉄道を利用してスカイツリータウンを訪れる観光客からの運賃収入の増分(FCFの増分)を含めると，投資プロジェクトのNPVはプラスになります。電鉄会社による沿線開発には，運賃収入というシナジー効果が付随します。この場合，既存資産から生まれるシナジー効果は，路線をもつ電鉄会社しか実現することができません(砂川他(2013年)『経営戦略とコーポレートファイナンス』第6章参照)。

　既存資産とのシナジー効果がある新規事業を行う場合，既存資産は強みになります。しかしながら，既存資産を過信してはいけません。図表7−9(c)には，既存資産を過信することで，経営判断を誤ってしまう可能性が示されています。図中Ⓐの曲線は，イノベーション投資の期待FCFです。図中には表示されていませんが，初期投資と成果を反映したNPVを▲10としましょう。イノベーション単独ではマイナスになります。イノベーション投資をしない場合(何もしない場合)の期待FCFは図中Ⓑの直線です。基準という意味で，NPVはゼロとします。これで問題がなければ，イノベーション投資を行う必要はありません。

　イノベーションの研究で有名なクリステンセン教授は，何もしない場合に現状維持が続くという考えは危険であるといいます。先のライバル社の参入の例を思い出してください。新製品を出さなければ，ライバル社が参入してくるように，何もしなければ期待FCFが低下する可能性があります(図中Ⓒ

> 投資せずとも，現在の健全な状態がいつまでも続くという誤った考えの下，イノベーションが生み出すキャッシュフローと，何もしない場合のデフォルトのシナリオを比較しがちである。
> しかし，イノベーションの価値を評価する場合，イノベーションが生み出すであろうFCFと，イノベーションに投資しないことによって起こりうる業績の低下というシナリオを比べる方が適している。

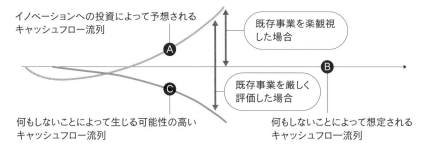

イノベーションへの投資によって予想される
キャッシュフロー流列

Ⓐ

既存事業を楽観視
した場合

Ⓑ

既存事業を厳しく
評価した場合

Ⓒ

何もしないことによって生じる可能性の高い
キャッシュフロー流列

何もしないことによって想定される
キャッシュフロー流列

(出所) クリステンセン他 (2008年)「財務分析がイノベーションを殺す」(ハーバード・ビジネス・レビュー) を加筆・修正

の曲線)。この場合のNPVが▲10より小さければ，新しいイノベーションへの投資をすることが，企業としての正しい判断になります。既存資産を過信して，何もしなくても現状維持の状態が続くという前提は，再考する必要があるかもしれません。

10. リアルオプション

(1) リアルオプションと撤退の価値

　企業は，経営資源の強みを生かして，有益な機会に投資をすることで，価値を高めることができます。また，現状維持に満足せず，新しい投資(イノベーション投資)を行うことで，価値を維持したり高めたりすることができます。このような前向きな投資は，社員のモチベーションを高め，ESGのS

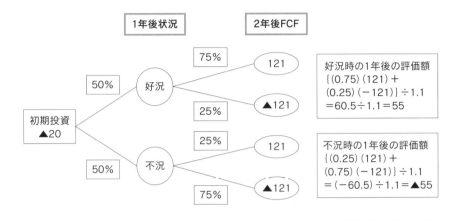

図表7－10(a)｜リアルオプションとデシジョンツリー

1年後状況　　　2年後FCF

75%　　121

50%　好況

25%　▲121

好況時の1年後の評価額
｛(0.75)(121)＋
(0.25)(－121)｝÷1.1
＝60.5÷1.1＝55

初期投資
▲20

25%　　121

50%　不況

75%　▲121

不況時の1年後の評価額
｛(0.25)(121)＋
(0.75)(－121)｝÷1.1
＝(－60.5)÷1.1＝▲55

- オプションを考慮しないNPV
  ＝－20＋｛(0.5)(55)＋(0.5)(－55)｝÷1.1＝▲20 ⇒ 投資見送り
- 不況であれば中止(撤退)するオプションを反映した評価
  NPV_{op}＝－20＋｛(0.5)(55)＋(0.5)(0)｝÷1.1＝5 ⇒ 投資実施
- 正しい意思決定：初期投資を実施，好況であれば事業継続，不況であれば撤退・中止

(社会)の評価を高めることにもつながります。サステナビリティの観点からも重要です。

　一方，撤退したり，中止したりすることが正しい判断になることもあります。とくに，外部環境の影響を受けやすい事業への参入は，事前に撤退や中止の可能性をシナリオとして検討しておくことが，投資や事業の価値を高めることにつながります。

　図表7－10(a)は，投資プロジェクトのシナリオを明示したものです。不確実性が大きい事業では，外部環境によってFCFが大きく変動します。この例では，投資を行った2年後にFCFが生じます。外部環境が良好(好況)であれば，プラスのFCFが生じる確率が高く，期待FCFはプラスになります。環境が悪化(不況)すると，損失の出る確率が高まり，期待FCFがマイナスになります。資本コストは10％です。各年度や各時点における外部環境と意思

決定を明示した図は，**デシジョンツリー**とよばれます。

デシジョンツリーでは，意思決定を後ろ向きに解いていきます。バックワードに解くということです。図表の例では，現時点の意思決定をするために，1年後の外部環境における投資評価と意思決定を行います。デシジョンツリーの右側に示したように，好況における評価額はプラスであるため，事業を継続することが正しい判断になります。不況における評価額は，マイナスです。事業を継続すると価値を毀損することになるため，事業を中止し，撤退することになります。

ここでは，事業を継続するか，中止・撤退するかという選択肢がオプションになります。他にも，事業を縮小するオプションや，事業を拡大するオプション，いったん中止するが再開するオプションなどが考えられます。事業を実物投資や実物資産とみなし，それらに付随しているという意味で，**リアルオプション**（real option）といいます。デシジョンツリーを作成すると，リアルオプションを明確に分析することができます。

図表7-10(a)の下のパネルには，リアルオプションを考慮しない場合と考慮する場合の意思決定が示されています。オプションを考慮しなければ，期待FCFはゼロ，投資プロジェクトのNPVはマイナスになり，投資を見送ることになります。不況時に中止・撤退するというオプションを選択すると，NPVはプラスになり，投資は価値あるものとして実施されます。環境が悪化したときに中止するというブレーキを踏むことで，初期投資というアクセルを踏むことができるのです。

(2) リアルオプションの価値

リアルオプション・アプローチの理解を深めるため，実践的な状況における意思決定問題を考えましょう。図表7-10(b)は，研究開発を進め，4年目以降に製品を製造・販売するプロジェクトの評価です。現時点から製造販売までにかかる投資支出の現在価値は▲2,500です。事業化後の年間売上高は，外部環境の影響を受けます。好況であれば1,600（確率25％），中立であれば1,000（確率50％），不況になれば400（確率25％）です。売上高の期待値

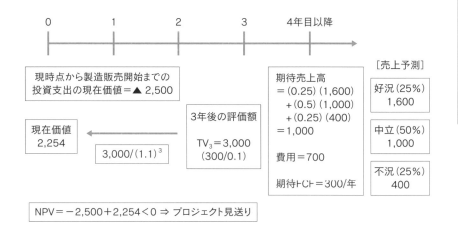

図表7−10(b) 標準的なNPV法による評価

[売上予測]

好況（25%）
1,600

中立（50%）
1,000

不況（25%）
400

現時点から製造販売開始までの
投資支出の現在価値＝▲ 2,500

現在価値
2,254

$3{,}000/(1.1)^3$

3年後の評価額

$TV_3 = 3{,}000$
（300/0.1）

期待売上高
＝(0.25)(1,600)
＋(0.5)(1,000)
＋(0.25)(400)
＝1,000

費用＝700

期待FCF＝300/年

NPV＝−2,500＋2,254＜0 ⇒ プロジェクト見送り

は1,000になります。製造・販売にかかる毎期の費用は700，年間の期待利益は300(1,000−700)です。再投資と成長率がゼロであり，期待FCFは期待利益に一致します。資本コストは10%です。

来期以降の期待FCFが一定である定額モデルを用いると，3年後の評価額TV_3が算出できます(図表の計算を参照)。TVは**ターミナルバリュー**(Terminal Value)の略です。ここでは，3年後を事業化のターミナルとみなし，翌年以降(4年目以降)の永続的な期待FCFを評価しています。ターミナルバリューは，第2章の株式評価でも取りあげました(図表2−10(a)参照)。第8章の企業価値評価では，より詳しい説明をします。

ターミナルバリューは3年後の評価額です。資本コストで3回割引くと，4年後以降の永続的な期待FCFの現在価値になります。投資支出の現在価値を差し引くと，投資プロジェクトのNPVが算出できます。NPVはマイナスですから，このプロジェクトは見送ることになります。

図表7−10(b)では，オプションが考慮されていないことに注意しましょう。不況になった場合，年間の売上高は400です。費用700を考慮すると，事業は毎年赤字になります。赤字を予想しながら，製造・販売をすることは

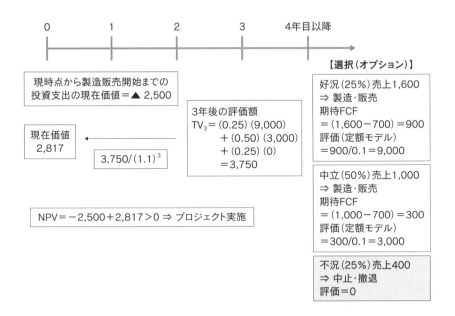

図表7−10(c)｜リアルオプション・アプローチ

```
0        1        2        3      4年目以降
```

【選択(オプション)】

現時点から製造販売開始までの
投資支出の現在価値＝▲ 2,500

好況(25%)売上1,600
⇒ 製造・販売
期待FCF
＝(1,600−700)＝900
評価(定額モデル)
＝900/0.1＝9,000

3年後の評価額
TV₃＝(0.25)(9,000)
　　 ＋(0.50)(3,000)
　　 ＋(0.25)(0)
　　 ＝3,750

現在価値
2,817

3,750/(1.1)³

中立(50%)売上1,000
⇒ 製造・販売
期待FCF
＝(1,000−700)＝300
評価(定額モデル)
＝300/0.1＝3,000

NPV＝−2,500＋2,817＞0 ⇒ プロジェクト実施

不況(25%)売上400
⇒ 中止・撤退
評価＝0

ありません。製造・販売を中止すると，損益はゼロ，期待FCFもゼロですみます。

　図表7−10(c)のリアルオプション・アプローチでは，外部環境と選択肢（オプション）を評価のプロセスに取り入れました。製造・販売を開始する時点で不況になっている場合，事業を中止したり，撤退をしたりします。このとき，3年後のターミナルバリューは向上し，現在価値も投資支出を上回ります。プロジェクトは実施することになるでしょう。

　研究開発体制や生産システム，販売チャネルなどビジネスの構造が同じでも，評価や意思決定のあり方によって，価値は変わります。評価や意思決定のプロセスには，ファイナンスの考え方に加えて，組織的な要因が関係します。いまの例では，製造・販売を開始する時点で，過去の投資支出をサンクコストとみなすという考え方をきちんと取り入れることが必要になります。そして，プロジェクトを中止することに対する責任が問われない組織体制も

必要になります。責任が問われるのは，不況下で事業を継続して，赤字を出して価値を毀損した場合です。

　経営資源を分析するフレームワークであるVRIOは，組織の重要性を教えています。V(value)は価値を生み出すポテンシャル，R(rarity)は希少性，I(imitability)は模倣困難性，そしてO(organization)は経営資源を生かせる組織の重要性を意味します。VRIが揃っていても，それを生かせる組織でなければ，価値創造や価値向上には結び付きません。

　ある大手メーカーの経営者はインタビューに対して，次のように述べています。「研究開発投資は選択肢という権利を入手するためのオプション料と考えています。オプションは，権利であってそれ以降の開発を続ける義務はありません」。このような組織であれば，投資評価におけるリアルオプション・アプローチが，企業価値の向上に貢献するでしょう。

企業価値評価

1. エンタープライズDCF法
2. エンタープライズDCF法のポイント
3. アンレバードFCFと税引後WACC
4. ターミナルバリュー
5. サステナブル成長モデルと企業価値評価
6. 企業価値評価の数値例
7. WACCとサステナブル成長率の影響
8. 予測期間の長さとサステナブル成長率の水準
9. マルチプル法
10. マルチプルとDCF法の関係
11. バリュエーションのフットボールチャート

第8章のテーマとポイント

● 2020年，日立製作所は，事業ポートフォリオの見直しの一環として，上場子会社の日立化成を，昭和電工（現レゾナック・ホールディングス）に売却しました。同年，NTTは4兆円でNTTドコモの株式を買収し，完全子会社化することを発表しました。2021年，日本郵政は，2015年に6,200億円で買収した豪州のトール（Toll）社を7億円で投資ファンドに売却することを発表しました。売却に伴い大幅な損失が計上されました。

● M&Aにおける買収額や売却額が，DCF法による企業価値評価をベースにして決められます。経営戦略の手段としてM&Aが定着した現代において，企業価値評価は，経営判断の根幹に関わるテーマです。M&Aに関与する投資銀行やファイナンシャルアドバイザー，株式評価レポートを発行する証券アナリスト，資産運用を行うファンドマネージャーや投資家にとっても，バリュエーションは必要不可欠な知識です。

● 本章のテーマである企業価値評価（バリュエーション）は，DCF法，WACC，FCF，定率成長モデル（サステナブル成長モデル）など，これまでに学んだことの組合せになります。標準的なDCF法（エンタープライズDCF法）では，分子にアンレバードのFCF，分母に負債の節税効果を反映した税引後のWACCを用います。

● エンタープライズDCF法では，企業活動から生み出される永続的なFCFを評価するため，予測期間とターミナルを設定します。ターミナルでは，定率成

企業価値評価（バリュエーション）

| | | 正味運転資本
（NWC） | 負債 | | 投資 | 投
資
家
・
投
資
フ
ァ
ン
ド
事
業
会
社
（
M
&
A
） |

成果

（＋）利益
（＋）減価償却費
（－）設備投資
（－）NWC増加額
期待FCF

事業資産

再投資（純投資）
サステナブル成長

WACC

M&A

固定資産
（除減価償却費）

株式

企業価値＝期待FCFの現在価値（割引率はWACC）
FCF＝利益＋減価償却費－設備投資－NWC増加額＝利益－再投資（純投資）
企業価値＝予測期間のFCFの現在価値＋ターミナルバリューの現在価値
ターミナルバリューの算出には定率成長モデル（サステナブル成長モデル）を適用

長モデル（サステナブル成長モデル）を用いて，その翌期以降の期待FCFの評価額を算出します。この値をターミナルバリューといいます。予測期間における期待FCFの現在価値とターミナルバリューの現在価値を足し合わせると，企業価値評価額が算出できます。

● ターミナルバリューの算出には，バリュードライバー式を用いることがあります。バリュードライバー式には，資本利益率と資本コストの関係が含まれるため，価値評価と価値創造の関係が分かりやすいという長所があります。

● 本章でも，エクセルによる財務モデルを用いて，バリュエーションの理解を深めます。エンタープライズDCF法によるバリュエーションでは，成長率とWACCの影響が大きいため，これら二つの変数に対する感度分析を行います。

● 予測期間の長さやターミナルバリューにおけるサステナブル成長率（永久成長率）の水準について，経営理論，経済理論，ファイナンス理論の観点から考察します。競争優位の考え方，資本利益率と資本コスト，経済成長率と金利の関係などに注目します。

● DCF法を補完する方法として，マルチプル法（類似会社比較法）があります。他の条件を一定とすると，マルチプルは，DCF法の主要ファクターである資本コストと負の関係，永久成長率と正の関係（条件付き）があります。不動産大手三社の事例を用いて，マルチプルに関する理解を深めます。

1. エンタープライズDCF法

(1) DCF法の普及

本章では，**企業価値評価（バリュエーション）** について説明します。ファイナンス理論やバリュエーションのテキストでは，DCF法を用いて評価することが最も理に適っているとされています。ノーベル経済学賞を受賞したモジリアーニ（F. Modigliani）とミラー（M. Miller）による**MM命題**は，現代ファイナンス理論の金字塔といわれます。二人が60年以上も前の1958年に発表した論文では，企業価値評価が次のように定義されています。

The market value of any firm is independent of its capital structure and given by capitalizing its expected return at the rate appropriate to its class.

「企業の市場価値は資本構成と独立であり，企業のリスククラスに応じた適切な割引率を用いて期待収益（期待FCF）を割り引くことで求められる。」

日本において，企業価値評価のニーズが高まったのは，M&Aが普及した2000年代といえます。多額の授受が伴うM&Aでは，評価額についての意見対立が生じ，その解決が司法の場に持ち込まれたこともあります。有名な訴訟事例の一つは，カネボウ株式買取価格決定の申立事件です。本件の申立に対する東京地裁の判例の中には，次のような一文があります。

「継続企業としての価値を評価するのに適した評価方法は，DCF法である。DCF法による企業価値評価とは，将来のFCFを見積もり，年次ごとの割引率を用いて求めた現在価値の総和を求め，事業外資産の額を加算することである」（判例タイムズ2008年6月15日号120頁）。

東京地裁の判例は，それ以降の企業価値評価の実務に大きな影響を与えました。今日では，多くの企業価値評価の実務において，DCF法が用いられています。企業や事業をエンタープライズ（enterprise）と称して，**エンタープライズDCF法**とよばれることが多いようです。

(2) エンタープライズDCF法のフレームワーク

　図表8−1は，エンタープライズDCF法の枠組みを示したものです。企業経営や事業の運営に必要な貸借対照表上の事業資産は，正味運転資本（NWC）と固定資産になります。固定資産は減価償却費を控除した値です。企業は，事業資産を用いて売上をあげます。売上原価や販売費及び一般管理費などを控除した損益計算の結果が，利益や税引後利益です。事業活動に焦点をあてるため，ここでは営業利益や税引後営業利益とします。損益計算の途中にある**EBITDA**は，減価償却費を控除する前の利益を意味します。EBITDAについては，後で説明します。

　サステナブルな事業活動を行うため，企業は投資を行ったり，不要な資産を売却（投資を回収）したりします。NPVがプラスの投資機会がある場合，企業は設備投資を行い，運転資本を増やします。設備投資は固定資産の増加，運転資本はNWCの増加になります。設備投資とNWC増加額から減価償却費を控除した値が，純投資です。図表では，破線で囲んであります。この本では，純投資を単に投資とよぶことがあります。

　第7章でも説明しましたが，FCF計算における純投資の符号と資産計上における符号は逆になります（図表7−6参照）。投資は，資金を使って資産を増やす行為です。そのため，FCF計算において，純投資はマイナスの符号（キャッシュアウト）になります。資産の増減で考えると，プラスの純投資は資産の増加を意味します。成長ステージにある場合，純投資はプラスになります。

　設備投資やNWCの増加額が減価償却費の範囲内に収まると，純投資はマイナスになり，事業資産は縮小します。資産の効率化を進めたり，リストラクチャリングを行ったりする企業にみられる現象です。このように，FCF計算に用いる純投資の三項目は，事業資産の調整を意味しています。

　税引後利益から純投資を調整したものが，事業活動からフリーになったキャッシュ，すなわちFCFです。企業はFCFを投資家に配分することができます。コロナ禍のような不測の事態に備えて，一部を現預金として保有することもありますが，いずれ投資家に配分されると考えてよいでしょう。

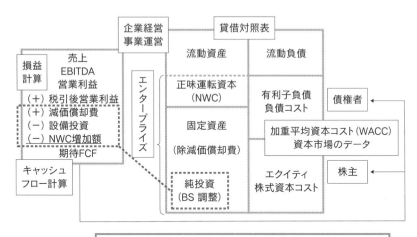

投資家のリスク（WACC）とリターン（期待FCF）という観点から事業・企業（エンタープライズ）を評価

事業資産は投資家（債権者と株主）によってファイナンスされ，成果である FCFが投資家に配分されます。投資家は，企業や事業のシステマティックリスクをテイクする見返りとして，期待FCFの配分というリターンを得ます。これがエンタープライズDCF法の考え方です。

2. エンタープライズDCF法のポイント

図表8−2(a)は，標準的なエンタープライズDCF法のポイントをまとめたものです。企業価値評価を行う際には，投資評価と同様に，売上高をベースにした利益計画とFCF計画を作成します。注意すべき点の一つは，DCF法の分子に用いるFCFがアンレバードであるということです。アンレバードとは負債がないということです。したがって，**アンレバードFCF**（unlevered **FCF**）は有利子負債の影響を考慮しないFCFの計算を意味します。

- 分子は事業の成果である（財務の影響は考慮しない）アンレバードの期待FCF
  FCF（アンレバード）＝税引後営業利益（NOPAT）＋減価償却費－設備投資－NWC増加額
  　　　　　　　　　　＝税引後営業利益－純投資（資産の増加）
  　　　　　　　　　　≒営業活動によるCF＋投資活動によるCF
- 分母は財務の成果（負債の節税効果）を反映した税引後WACC

$$\text{WACC} = \frac{D}{V}\,(1-t)\,r_d + \frac{E}{V}\,r_e$$

- ターミナルバリュー（terminal value）：予測期間以降の期待FCFを予測期間最終時点（ターミナル）で評価。定率成長モデルやターミナルマルチプルを適用。

- 企業価値＝事業価値＋非事業用資産価値
  株式価値＝企業価値－有利子負債
  理論株価＝株式価値÷発行済み株式数

　有利子負債がない企業は，アンレバードのFCFを用いるのが当然です。有利子負債がある企業でも，アンレバードFCFを用いることに注意しましょう。アンレバードFCFの計算では，支払利息等の財務的な影響を考慮せず，**税引後営業利益**（**NOPAT**, Net Operating Profit After Tax）を用います。

　第6章で説明したように，有利子負債を利用すると**節税効果**があります。株式の配当には節税効果はありません。デフォルトリスク等のネガティブな影響を考えなければ，有利子負債を利用することで，投資家に配分できるキャッシュの総額は大きくなります。

　図表8-2(b)は，負債の節税効果の数値例です。第6章では，節税効果がない場合とある場合を比較しました。ここでは，有利子負債があるレバードの企業と負債がないアンレバードの企業を比較します。

　表から分かるように，レバードの企業Lは，アンレバードの企業Uより法人税が少なく，投資家への配分が多くなっています。この意味で，適度な水準まで有利子負債を利用することは，企業価値を高めることになります。

　節税効果は財務上の効果であり，事業の成果ではありません。両企業の事業成果である営業利益は，有利子負債の有無によらず等しくなっています。

図表8−2(b)｜負債の節税効果

法人税率＝30%	企業U	企業L
有利子負債（負債コスト）	負債なし	負債500（4%）
営業利益【事業の成果】	120	120
支払利息	0	20
税引前利益	120	100
法人税（税率 30%）	36	30
税引後利益	84	70
投資家への配分 　利益（株主）＋利息（債権者）	84	90（70＋20）
節税効果（年間）【財務の効果】	0	6（利息20×30%）
節税効果の現在価値 （定額モデル，割引率＝負債コスト）	0	150（6÷4%）

> ● 有利子負債を利用することで法人税が減額され（節税効果），投資家への配分額が増加
> ● 標準的なエンタープライズDCF法では，税引後WACCを用いることで節税効果を反映

標準的なエンタープライズDCF法では，事業の成果と財務の効果を切り離します。事業の強さはアンレバードFCFとして分子に明示します。財務的な効果は，分母の資本コストに反映させます。こうすることで，事業間や企業間の比較が行いやすくなります。事業の担当者は営業利益に集中し，財務の効果は財務部門に任せることで，役割分担も明確になりそうです。

　財務的な効果を資本コストに反映する方法が，税引後の負債コストとWACCを用いることです。エンタープライズDCF法の分母は，節税効果を反映したWACCになります。負債コストから法人税を控除しているように見えるため，税引後WACC（after-tax WACC）とよばれることもあります。標準的なエンタープライズDCF法では，分子にアンレバードのFCF，分母に税引後WACCを用います。

　図表8−2(a)のターミナルバリューについては，後述します。

3. アンレバードFCFと税引後WACC

　定額モデルの数値例を用いて，アンレバードFCFと税引後WACCについて確認しておきましょう。図表8-3のパネルAは，標準的なエンタープライズDCF法を用いた計算結果です。毎期のアンレバードの期待FCFは100，税引後WACCは10%，定額モデルを用いた企業価値評価額は1,000になります。最下行のWACCには，法人税の項$(1-t)$が含まれています。

　図表のパネルBは，節税効果をFCFに含める方法です。有利子負債の支払利息が費用計上されるため，法人税が低くなります。節税効果の分だけ，期待FCFはアンレバードの値より大きくなります。その代わり，法人税の項を含まないWACCは税引後WACCより高くなります。パネルBの方法で行った企業価値評価額は，やはり1,000になります。正しく計算すれば，二つの方法を用いたバリュエーションは一致します。

　これで，アンレバードFCFと税引後WACCを用いても問題のないことが分かりました。より一般的な証明は，コーポレートファイナンスやバリュエーションの分厚いテキストをご参照ください。以下では，とくに断らない限り，アンレバードFCFを単にFCF，税引後WACCをWACCとします。

図表8-3 | アンレバードFCFとWACC

【A:標準的なエンタープライズDCF法】

- 期待FCF（アンレバード）＝100

- WACC＝10%

- 企業価値（V）＝1,000
  有利子負債（D）＝500，株式（E）＝500

- 負債コスト(r_d)＝2%，法人税率(t)＝30%
  株式資本コスト(r_e)＝18.6%

- WACC＝$(D/V)(r_d)(1-t)+(E/V)(r_e)$
  ＝$(0.5)(2\%)(1-0.3)+(0.5)(18.6\%)$＝10%

【B:節税効果をFCFに含める方法】

- 節税効果＝有利子負債×負債コスト×法人税
  ＝500×2%×0.3＝3

- 節税効果を含む期待FCF
  ＝アンレバードFCF＋節税効果
  ＝100＋3＝103

- WACC（税なし）＝$(D/V)(r_d)+(E/V)(r_e)$
  ＝$(0.5)(2\%)+(0.5)(18.6\%)$＝10.3%

- 企業価値評価＝103÷0.103＝1,000

4. ターミナルバリュー

　エンタープライズDCF法におけるもう一つのポイントは，**ターミナルバ
リュー**(TV, terminal value)です(図表8−2(a)参照)。サステナブルな事業活
動を志向する企業には，満期がありません。経営成果の期待FCFは無限個あ
ります。無限個の期待FCFをすべて紙面に書くことはできません。エクセル
シートにインプットすることもできません。

　そこで，現時点(評価時点)から一定の期間を予測期間とし，その期間は詳
細な利益・FCF計算を行います。予測期間以降のFCFは，ターミナル時点に
おける評価額(ターミナルバリュー)として算出します。予測期間以降の期待
FCFは，定率成長モデルにしたがうと仮定するため，ターミナルバリューの
算出には定率成長モデルを適用します。また，後述するマルチプル法を用い
て，ターミナルバリューの妥当性を検証することもあります。

　図表8−4(a)は，予測期間とターミナルのタイムラインを示したものです。

図表8−4(a) ｜ ターミナルバリューと予測期間

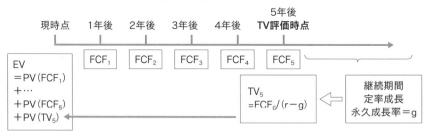

- 予測期間5年，予測期間最終時点でターミナルバリュー(TV) を算出
- FCF_6はTV算出時点(5年後)の1年後の期待FCF
- 予測期間以降のFCFは永久成長率(g)で成長すると仮定してTV_5を算出
  ⇒バリュードライバー法(後述)の適用を推奨
- TV_5の現在価値を求めるためWACC(r)で5回割引いて$PV(TV_5)$を算出
- 予測期間のFCFのPV($PV(FCF_t)$)と$PV(TV_5)$の合計がエンタープライズバリュー(EV)

ここでは，予測期間を5年とし，5年後をターミナルバリューの算出時点としています。ターミナル以降を継続期間ということがあります。ターミナルバリューは，継続期間の期待FCFを評価したものです。図表ではTV$_5$と表示しています。なお，ターミナルバリューの算出には，後述する**バリュードライバー式**を用いることもあります。バリュードライバー式は，資本利益率と資本コストの関係を含むため，ターミナル以降の価値創造の分析が行いやすくなります。

ターミナルバリューを現在価値に換算するため，WACCで5回割引きます。予測期間における各時点の期待FCFの現在価値とターミナルバリューの現在価値の合計が，企業価値(EV，エンタープライズバリュー)です。エンタープライズバリューは，すべての期待FCFの現在価値の和になっています。

計算をする際の注意点は，ターミナルバリューの割引回数です。予測期間の最終年度で算出するターミナルバリューの割引回数は，最終年度の期待FCFの割引回数と一致します。図表8-4(a)では，TV$_5$の割引回数は，5年後の期待FCF(FCF$_5$)の割引回数と同じ5回になります。

図表8-4(b)は，MITのファイナンスの講義資料です。予測期間はH年，ターミナルバリューの割引回数はH回になっています(太枠内を参照)。予測期間の最後のFCFの割引回数もH回です。

図表8-4(b) ｜ ターミナルバリューと割引回数

MIT講義資料

Asset value   FCF approach

$$\text{PV of assets} = \frac{\text{FCF}_1}{1+r} + \frac{\text{FCF}_2}{(1+r)^2} + \cdots + \frac{\text{FCF}_H}{(1+r)^H} + \boxed{\frac{\text{Term.value}}{(1+r)^H}}$$

Free cashflow
- Cash generated by the assets after all reinvestment
- FCF＝EBIT$(1-\tau)$＋depreciation－ΔNWC－CAPX
- FCF＝EBIT$(1-\tau)$－ΔNet assets
- FCF＝Operating cashflow(before interest)－CAPX

EBIT：営業利益
CAPX：設備投資
ΔNet assets：
事業資産の増分

217

破線で囲った部分は，FCFに関する記述です。FCFは事業に必要な投資を行った後に残るキャッシュと説明されています。計算式も本書の説明と同じです。確認してください。

5. サステナブル成長モデルと企業価値評価

　サステナブル成長モデルを用いて，ターミナルバリューを含む企業価値評価について理解を深めましょう。図表8-5(a)は，来期以降の期待FCFが定率成長する企業のバリュエーションを示しています。定率成長モデルによる評価額は1,250です。

　予測期間とターミナルバリューのパートをみてください。EVの第一式は，定率成長モデルの原型です。分子の期待FCFは，毎期2%で永久的に成長します。第二式は，予測期間を3年にしたケースです。第四項のカッコ内が，ターミナルバリューになっています。無限等比数列の和になっているため，この部分だけを定率成長モデルで計算することができます。計算過程と最終的な結果は，その下の行(予測期間3年)に示されています。ターミナルバリューは3回割引きます。EVは1,250になることが確認できます。

　最後の行は，予測期間を2年にしたケースです。この場合，ターミナルバリューの割引回数は2回です。やはり，EVは1,250になっています。

　図表8-5(b)は，エクセルを用いて作成したサステナブル成長モデルとバリュエーションです。再投資による成長が明示されているため，サステナブル成長とよぶことにします。前提条件を記した仮定の下には，1年後の期待FCF(セルC8)，サステナブル成長率(C9)，定率成長モデルの公式による計算結果(C10)が示されています。シートのD列には，計算式が示されています。

　エクセルシートの13～18行目は，FCF計画です。資本，利益，再投資(純投資)，FCF，FCF成長率が計算されています。利益はNOPAT(税引後営業利益)，再投資(純投資)は設備投資＋NWC増加額－減価償却費に相当します。シートのF列には，E列の計算式が示されています。

図表8-5(a) | 定率成長モデルによる企業価値評価

[仮定] 来期の期待FCF＝100，WACC＝10％，永久成長率＝2％

[定率成長モデル] EV＝100÷(0.10－0.02)＝1,250

[予測期間とターミナルバリュー]

$$EV = \frac{100}{1.1} + \frac{100(1.02)}{1.1^2} + \frac{100(1.02)^2}{1.1^3} + \frac{100(1.02)^3}{1.1^4} + \cdots$$

$$= \frac{100}{1.1} + \frac{100(1.02)}{1.1^2} + \frac{100(1.02)^2}{1.1^3} + \frac{1}{1.1^3}\left(\frac{100(1.02)^3}{1.1} + \frac{100(1.02)^4}{1.1^2} + \frac{100(1.02)^5}{1.1^3} + \cdots\right)$$

予測期間3年： $EV = \dfrac{100}{1.1} + \dfrac{100(1.02)}{1.1^2} + \dfrac{100(1.02)^2}{1.1^3} + \boxed{\dfrac{1}{1.1^3}\left(\dfrac{100(1.02)^3}{(0.10-0.02)}\right)} = 1,250$

予測期間2年： $EV = \dfrac{100}{1.1} + \dfrac{100(1.02)}{1.1^2} + \boxed{\dfrac{1}{1.1^2}\left(\dfrac{100(1.02)^2}{(0.10-0.02)}\right)} = 1,250$

PV（TV）
TVの現在価値

図表8-5(b) | エクセルによる企業価値評価：サステナブル成長モデル

	A	B	C	D	E	F	G
1		サステナブル成長モデルと企業価値					
2		仮定					
3		投下資本	1,250				
4		資本利益率 (ROE)	10%				
5		再投資 (純投資)比率	20%				
6		WACC	10%				
7							
8		1年後の期待FCF	100	=C3*C4*(1-C5)			
9		サステナブル成長率	2.0%	=C4*C5			
10		EV (定率成長モデル)	1,250	=C8/(C6-C9)			
11							
12		FCF計画					
13		年度	1	2	3		
14		期首資本	1,250	1,275	1,301	=D14+D16	
15		利益	125	127.5	130.05	=E14*$C$4	
16		再投資 (純投資)	25	25.5	26.01	=E15*$C$5	
17		期待FCF	100	102	104.04	=E15-E16	
18		FCF成長率	－	2.0%	2.0%	=E17/D17-1	
19							
20		DCF法によるバリュエーション					
21		年度	1	2	3		
22		期待FCF	100	102	104.04	=E17	
23		PV(FCF)	90.91	84.30	78.17	=E22/(1+$C$6)^E21	
24		TV3 (ターミナルバリュー)			1,327	=E22*(1+C9)/(C6-C9)	
25		PV(TV3)			996.63	=E24/(1+$C$6)^E21	
26		EV		1,250		=C23+D23+E23+E25	

FCF＝税引後利益－再投資（純投資）
　　＝投下資本×資本利益率×(1－再投資比率)
サステナブル成長率＝資本利益率×再投資比率

2年目の期首資本
＝1年目の資本＋純投資
期待FCF
＝税引後利益－再投資（純投資）

TV3＝FCF3 (1＋成長率)/(WACC－成長率)
PV (TV3)＝TV3/(1＋WACC)^3

シートの21〜26行目は、DCF法によるバリュエーションです。予測期間は3年、ターミナルバリュー(TV_3)の算出時点も3年後になっています。TV_3の数式表示と右側の枠内の解説を見てください。分子は3年後の翌年にあたる4年後の期待FCFです。サステナブル成長モデルでは、3年後の期待FCFに（1＋成長率）をかけた値が4年後のFCFになります。

サステナブル成長モデルの分母は（WACC−成長率）です。セルE25は、ターミナルバリューの現在価値（$PV(TV_3)$）を示しています。WACCで3回割引いていることに注意してください。各年度の期待FCFの現在価値とターミナルバリューの現在価値を合計すると、エンタープライズバリュー（EV）が求まります。エンタープライズバリューは1,250になっています。定率成長モデルを用いた値（C10）と一致することが確認できます。

6. 企業価値評価の数値例

企業価値評価は、予測期間の期待FCFの現在価値とターミナルバリューの現在価値の和として求められます。図表8−6は、企業価値評価の数値例です。予測期間は4年、ターミナルバリューの算出時点は4年後になっています。

ターミナルバリューの分子（FCF_5）は、予測期間最終時点の期待FCF（100）に成長率をかけたシンプルな形になっています。このような場合、ターミナルバリューには、企業の再投資や資本利益率（再投資の利益率）が反映されない可能性があります。成長率が外生的に与えられることになり、資本コストと資本利益率の関係によらず、成長率が高くなれば企業価値も上昇します。資本コストと資本利益率の関係を重視する場合、ターミナルバリューの分子の算出には、後に紹介するバリュードライバー式を用いるのがお奨めです。

図表の下の式では、WACCと永久成長率に三通りの値を導入して、バリュエーションを行っています。予測期間である1年後から4年後までの期待FCFの現在価値とターミナルバリューの現在価値の合計が、企業価値評価額（EV）になります。

図表8−6│企業価値評価の数値例

年	1	2	3	4	5
期待FCF	95	90	100	100	$FCF_5 = 100 \times (1+g)$

● ケース1：WACC＝10％，永久成長率（g）＝0％

$$EV = \frac{95}{1.1} + \frac{90}{1.1^2} + \frac{100}{1.1^3} + \frac{100}{1.1^4} + \frac{1}{1.1^4}\frac{100}{0.1} = 987$$

● ケース2：WACC＝10％，永久成長率＝2％

$$EV = \frac{95}{1.1} + \frac{90}{1.1^2} + \frac{100}{1.1^3} + \frac{100}{1.1^4} + \frac{1}{1.1^4}\frac{100(1.02)}{(0.1-0.02)} = 1,175$$

● ケース3：WACC＝8％，永久成長率＝2％

$$EV = \frac{95}{1.08} + \frac{90}{1.08^2} + \frac{100}{1.08^3} + \frac{100}{1.08^4} + \frac{1}{1.08^4}\frac{100(1.02)}{(0.1-0.02)} = 1,568$$

　エンタープライズDCF法では，FCFが安定しており，WACCが低い企業ほど評価額が高くなります。また，資本利益率が資本コストを上回っている場合，サステナブル成長率が高いほど，評価額は高くなります。WACCが等しいケース1とケース2を比較すると，成長率が高いケース2の評価額がケース1を上回っています。成長率が等しいケース2とケース3では，WACCが低いケース3の評価額の方が高くなっています。

7. WACCとサステナブル成長率の影響

(1) サステナブル成長モデルとターミナルバリュー

　エンタープライズDCF法の結果に大きな影響を与えるのは，WACCと成長率です。そのため，企業価値評価では，WACCと成長率に関する感度分析を行い，それぞれの影響の大きさを調べたり，評価額のレンジを求めたりします。感度分析を行う際には，単に計算をするだけでなく，理論的な整合

図表8-7(a) ターミナルバリューとバリュエーション

	A	B	C	D	E	F
1		企業価値評価とターミナルバリュー				
2		ターミナルバリューの仮定				
3		ターミナルの投下資本	1,000			
4		ターミナル以降の資本利益率 (ROIC)	8%			
5		再投資(純投資)比率	25%			
6		WACC	8%			
7		法人税率	30%			
8						
9		FCF4(ターミナル翌年)	60	=C3*C4*(1-C5)		
10		バリュードライバー(確認)	60	=C3*C4*(1-C11/C4)		
11		サステナブル成長率	2.0%	=C5*C4		
12						
13		FCF計画＼年度	1	2	3	
14		営業利益	100	107	114	
15		NOPAT	70	75	80	
16		減価償却費(仮定)	15	15	15	
17		設備投資(仮定)	25	30	35	
18		NWC増加額(仮定)	-1	4	2	
19		FCF	61	56	58	=E15+E16-E17-E18
20		バリュエーション				
21		PV (FCF)	56.5	47.9	45.9	=E19/(1+$C$6)^E13
22		TV3		1,000	=C9/(C6-C11)	
23		PV (TV3)		793.8	=E22/(1+C6)^E13	
24		EV	944			
25			=C21+D21+E21+E23			

- ターミナルにおける投下資本，資本利益率，再投資比率を仮定
- 資本コスト＝資本利益率 がベースケース

- FCFは二通り算出(実質的に同じ)
- セルC9：FCF＝利益(1-再投資比率)
- セルC10：FCF＝利益(1-成長率/資本利益率) [バリュードライバー]
- C9とC10は実質的に同じ

- TV_3：ターミナルバリュー
- PV (TV_3)：ターミナルバリューの現在価値
- EV：企業価値

性をチェックすることが好ましいといえます。

　第3章で説明した価値創造の原則と成長と価値の関係を思い出してください。資本利益率が資本コストを上回る場合，成長率がバリュードライバーになります。WACCとサステナブル成長率の感度分析では，この理論的な関係をチェックすると同時に，影響の大きさを定量的に分析します。エクセルと数値例を用いて，企業価値評価における感度分析について理解を深めましょう。

　図表8-7(a)は，予測期間が3年のバリュエーションの数値例です。シート13～19行の予測期間中(1～3年)の期待FCFは，NOPAT＋減価償却費－設備投資－NWC増加額，として算出しています。法人税率は30％です。

　FCF計画には，企業経営の現状や方針が反映されます。例えば，1年後のNWCの増加額はマイナスになっているのは，運転資本の効率化を進めていることを意味しています。毎年，減価償却費を上回る設備投資を行うのは，売上高や利益(NOPAT)を伸ばす経営方針を反映しています。

　予測期間以降のFCF計画には，**サステナブル成長モデル**を用います。図表8-6では，予測期間最終年度の期待FCFを起点に定率成長するというシン

- FCF＝NOPAT−再投資（設備投資＋NWC増加額−減価償却費）
  ＝NOPAT−NOPAT×（再投資比率）
  ＝NOPAT×（1−IR）　（IR（Investment Ratio）は再投資比率）
- バリュードライバー式
  サステナブル成長率（g）＝資本利益率（ROIC）×再投資比率（IR）
  →IR＝g/ROIC
  →FCF＝NOPAT×（1−g/ROIC）
- ターミナルバリュー：$TV_t = \dfrac{FCF_{t+1}}{WACC-g} = \dfrac{NOPAT_{t+1}(1-\frac{g}{ROIC})}{WACC-g}$
- バリュードライバー式を用いたターミナルバリューにはROICとWACCが明示される

プルな方法を説明しました。図表8−7(a)では，投下資本と資本利益率，再投資比率（純投資比率）が明示されています。とくに，ターミナル以降の資本利益率がインプットされていることに注目してください。

　セルC9は，ターミナルの翌年の期待FCFです。セルC10は，バリュードライバー式を用いた期待FCFです。

　成長率＝資本利益率×再投資比率 ⇔ 再投資比率＝成長率÷資本利益率

ですから，セルC9とセルC10は同じことを意味しています。

　バリュードライバー式の詳細は，図表8−7(b)にあります。資本利益率と再投資比率を明示的に取り扱うことが特徴です。バリュードライバー式を用いたターミナルバリューの計算式には，資本利益率（ROIC）と資本コスト（WACC）が含まれます。価値創造のポイントは，資本利益率（経営の成果）と資本コスト（投資家の期待）の関係にありました。バリュードライバー式を用いることで，ターミナル以降の価値創造について，より明確に分析することができます。

　サステナブル成長モデルを用いたターミナルバリュー（TV_3）は1,000です。各年度の期待FCFの現在価値とターミナルバリューの現在価値の合計を求めると，企業価値（EV）は944になります。

第8章｜企業価値評価

(2) 企業価値評価の感度分析

　図表8−7(c)は，エクセルのデータテーブルを用いた感度分析の結果です。パラメータは，成長率とWACCです。サステナブル成長モデルにおける成長率は，再投資比率と資本利益率をかけたものです。資本利益率(ROIC)が一定(8%)のとき，成長率は再投資比率によって決まります。データテーブルでは，行を再投資比率の数値とし，その上に成長率を示しました。データテーブルでは明示されませんが，投資比率を変えると純投資額が変わるため，ターミナルバリューの起点の期待FCF(FCF_4)も変わります。

　データテーブルの各セルの数値は，WACCと成長率(再投資比率)の組合せに対する評価額です。図表8−7(a)で示したように，WACC＝8%，成長率＝2%のとき，評価額は944になります(実線で囲った中央のセル)。

　感度分析において確認するポイントをいくつか紹介しましょう。まず，WACC＝8%の行を見てください。成長率の値にかかわらず，評価額は一定になっています。この理由は次の通りです。まず，予測期間の期待FCFのPVは成長率の影響を受けません。次に，サステナブル成長モデルの前提がWACC＝ROICになっているため，ターミナルバリューは成長率にかかわらず，資本の額に一致します($TV_3 = 1,000$)。以上の理由から，図表8−7(a)の財務モデルでは，ROICがWACCに等しいとき，評価額は成長率の影響を受けないことになります。

　資本利益率が資本コストを上回る状況では，成長が価値のドライバーになります。表では，WACCが6.0%から7.5%の行が相当します。成長率が高くなるほど，評価額が増加しています。また，ROICとWACCに乖離があるほど，価値増加の程度は大きくなっています。例えば，WACC＝6%のとき，成長率0.8%の評価額は1,318，成長率3.2%の評価額は1,595，両者の差額は277です。対して，WACC＝7.5%のとき，成長率0.8%の評価額と成長率3.2%の評価額の差額は33しかありません。

　ROICとWACCの差額(ROIC − WACC)を**ROICスプレッド**といいます。ROICスプレッドがプラスのとき，成長は価値向上に結びつきます。そして，スプレッドが大きいほど成長投資の効果も大きくなります。

感度分析		成長率 (上) 再投資比率 (下)				
		0.8%	1.6%	2.0%	2.4%	3.2%
		10%	20%	25%	30%	40%
	6.0%	1,318	1,377	1,415	1,462	1,595
	7.0%	1,101	1,120	1,133	1,147	1,184
WACC	7.5%	1,017	1,025	1,030	1,036	1,050
	8.0%	944	944	944	944	944
	8.5%	881	875	872	868	858
	9.0%	826	815	810	803	787
	10.0%	733	718	709	699	675

　資本利益率が資本コストを下回る状況（ROICスプレッドがマイナスの状況）では，成長が価値を毀損する要因になります。表ではWACCが8.5%から10.0%の行が相当します。この場合，成長率が高くなるほど，価値の毀損が大きくなります。WACC＝8.5%のケースとWACC＝10.0%のケースを比較してください。

　応用になりますが，3年後の資本から評価時点（現時点）の資本を求めることができます。例えば，2年後の資本は3年後の資本から利益を引き，FCF（配当）を加えて求めます。資本を資産として，減価償却費，設備投資，NWC増加額を加減しても同じです。この計算を繰り返すと，現時点の資本は950になることが分かります。WACC＝8%のとき，評価額（944）はわずかに投下資本を下回ります。この理由は予測期間におけるROICとWACCの関係にあります。詳細は省略しますが，予測期間の初期において，ROICがWACCを下回るため，価値の毀損が生じています。

　将来の計画をベースにするバリュエーションの実務では，評価額を一意な値にするのではなく，レンジで示すことが多いようです。表の破線で囲った領域の上下の値をとると，評価額のレンジは，868〜1,036になります。

8. 予測期間の長さとサステナブル成長率の水準

(1) 予測期間の長さ

　実際に企業価値評価を行う場合，予測期間の長さやサステナブル成長率の水準が論点になります。完全に合意されたものはありませんが，ここでは実務的なアプローチに加え，経営学や経済学を適用した考え方を紹介します。

　バリュエーションの実務では，取締役会などで決定された事業計画の最終年度までを予測期間とすることが多いようです。事業や企業のことを最もよく理解している事業責任者や経営陣の間で合意された計画と期間を用いるのが，合理的で説得的であるという理由です。

　図表8−8には，2019年に行われたアルプス電気とアルパインの経営統合におけるバリュエーションのポイントが整理されています。アルパイン側のアドバイザーはSMBC日興証券，第三者委員会側のアドバイザーはYCGでした。DCF法の財務予測の箇所をみてください。両アドバイザーとも，同じ期間の財務予測を用いています。これは，両企業の経営計画を用いたためであると考えられます。

　ターミナルバリューの算定にサステナブル成長モデルを用いる場合，持続可能な成長が期待できる時点までを予測期間にするのが適切です。企業経営や事業運営が持続しうるのは，ROICとWACCがほぼ等しくなる状態です。資本利益率が資本コストを上回っている場合，競争が激しくなり，やがてROICがWACCに近似する水準まで低下すると考えられます。資本利益率が資本コストを下回る企業は，事業から撤退するか，ROICをWACCの水準まで高めることが経営目標になります。

　資本利益率と資本コストが近似するまでの期間を予測期間にすると，成長率に対するターミナルバリューと企業価値の感応度が小さくなるという長所があります。図表8−7(c)のWACC＝8.0％の行が相当します。この場合，成長率の水準は大きな問題にはなりません。成長率を少し変えるだけで評価額が大きく変わるというような指摘も受けにくくなります。

図表8−8 │ アルプス電気とアルパインのM&Aにおけるバリュエーション

| | アルパイン側(SMBC日興証券)の
臨時株主総会時評価 | | 第三者委員会側(YCG)の
臨時株主総会時評価 | |
	アルプス電気の評価	アルパインの評価	アルプス電気の評価	アルパインの評価
市場株価法	2018年9月25日起点,1/3/6カ月終値単純平均	2018年9月25日起点,1/3/6カ月終値単純平均	株式交換への様々な思惑の影響などを勘案し不採用	株式交換への様々な思惑の影響などを勘案し不採用
類似会社比較法	当初評価と同じ比較企業のEBITDA倍率	クラリオン, JVCケンウッドのEBITDA倍率	アルパイン側の事由により不採用のため, アルプス電気については言及なし	クラリオン, パイオニアは比較に不適, JVCケンウッド1社しか比較企業がないとの理由で不採用
DCF法 割引率	8.27〜9.27%	5.97〜6.97%	5.57〜6.81%	7.07〜8.64%
DCF法 継続価値算定	恒久成長率：0% EBITDA倍率： 7.3〜8.3倍	恒久成長率：0% EBITDA倍率： 3.6〜4.6倍	恒久成長率：0%	恒久成長率：0%
DCF法 財務予測	2019年3月期〜2021年3月期 大幅な増減益なし	2019年3月期〜2021年3月期 大幅な増減益なし	2019年3月期〜2021年3月期 大幅な増減益なし	2019年3月期〜2021年3月期 大幅な増減益なし

(出所)鈴木一功「M&Aの企業価値評価をめぐる最近の論点」(証券アナリストジャーナル 2019年5月号)

(2) サステナブル成長率の水準

　実際には，成長率の水準も論点になります。図表8−8の継続価値算定では，すべての評価において恒久成長率がゼロになっています。ゼロ成長率を用いる理由は，日本経済のGDP成長率の予想がゼロであるためであると考えられます。個別企業の成長率は，経済全体の期待成長率に収束していくと想定するのが適切です。経済全体の成長率を上回るペースで個別企業が成長し続けると，将来のある時点において，その企業の業績が経済全体を上回ることになります。

　例えば，近年の**CAGR**(Compound Annual Growth Rate, **年平均複利成長率**)が20%であり，現在の利益が1億円である企業を考えましょう。この企業の利益が毎年20%で成長すると，86年後には600兆円を上回ります($(1+0.2)^{86}$

＝6,450,408）。一方，現在の日本のGDPは約550兆円です。日本のGDPの恒久的な成長率がゼロの場合，86年後には一企業の利益が日本のGDPを上回ることになります。これは，非現実であり合理的ではないといえます。

　マクロ経済学のテキストには，経済成長率と金利（長期均衡金利）に関する理論が紹介されています。それらによると，長期金利と経済成長率には，密接な関係があることが分かります。したがって，個別企業のサステナブル成長率として，経済成長率の指標である長期的な金利の水準を用いることは理に適っているといえます。近年の日本の長期国債の利回りはゼロ近辺で推移しています。バリュエーションの専門家が用いたゼロ成長率は，GDP成長率とも長期金利の水準とも整合的であるといえます。サステナブル成長モデルでは，資本利益率が正の企業は再投資をせず，ゼロ成長を維持すると考えるのです。

　個別企業の成長率の指標として経済全体の成長率を用いることは，ファイナンス論の考え方とも合っています。第5章と第6章で説明したように，現代のファイナンス論は，投資家が十分に分散投資されたマーケットポートフォリオを保有すると考えます。日本における現実的なマーケットポートフォリオは，TOPIXです。TOPIX型のポートフォリオをもつ投資家にとって，保有銘柄の平均的な成長率は，日本経済全体の成長率であると考えられます。

9. マルチプル法

(1) 企業価値評価におけるマルチプル

　図表8−8には，DCF法以外のバリュエーションの手法として，**市場株価法**と**類似会社比較法**が取りあげられています。市場株価法は，一定期間における市場価格の平均値を用いる方法です。

　類似会社比較法は，主力事業が類似している上場会社のマルチプル（multiple，乗数）を用いて，企業価値や事業価値を算出する手法です。**マルチプル法**や乗数法といわれることがあります。マルチプル法では，企業価

値の指標であるマルチプルを類似企業と比較します。類似企業のマルチプルを用いて，バリュエーションを行うこともあります。第6章でも紹介しましたが，類似企業をコンプスやピアーズとよぶことがあります。

株価指標としてよく知られているマルチプルには，PERとPBRがあります。企業や事業の価値評価でよく用いられるのは，**EV/EBITDA倍率**や**EV/営業利益**です。EVは企業価値（株式時価総額と有利子負債の合計），EBITDA（Earnings Before Interest, Taxes, Depreciation, and Amortization）は，利払前・税引前・償却前利益であり，簡便的には営業利益＋減価償却費として計算します。

EV/EBITDAやEV/営業利益を用いたマルチプル法は，DCF法によるバリュエーションをチェックしたり，簡便的に評価額を求めたりする目的で用いられます。

(2) マルチプル法の用途

図表8−7(a)でバリュエーションの対象とした企業をM社としましょう。図表8−9(a)の表は，M社と事業内容と企業規模が類似している上場企業三社のEV/EBITDAマルチプルです。EVは株式時価総額と有利子負債の合計額，EBITDAは営業利益と減価償却費の和になっています。

類似企業三社のEV/EBITDAは，8.0の近辺に集中しており，平均値は8.1倍です。図表の下のパネルには，エンタープライズDCF法で求めたM社の企業価値（EV）に対するEV/EBITDAマルチプルが示されています。類似企業の平均値にほぼ等しく，A社，B社と同じ値になっていることが分かります。この結果は，DCF法によるバリュエーションの信頼性を高めるといえます。

図表8−9(b)には，EV/EBITDAマルチプルを用いた簡易バリュエーションの例が示されています。バリュエーションの対象は，先の三社やM社と同業に属する未上場企業です。企業には非事業用資産がなく，有利子負債は100あります。また，EBITDAの予測は50です。類似上場会社のEV/EBITDAの平均値8.1を用いると，対象企業の評価額は405（50×8.1）と算出されます。株式評価額は，有利子負債を控除した305になります。

図表8−9(a) | EV/EBITDA マルチプル

(単位：億円)	A社	B社	C社
① 営業利益	80	105	120
② 減価償却費	12	15	20
③ 当期純利益	45	50	55
④ 有利子負債	0	200	320
⑤ 株式時価総額	750	780	800
PER（⑤÷③）	16.7	15.6	14.5
EV（④＋⑤）	750	980	1,120
EBITDA（①＋②）	92	120	140
EV/EBITDA	8.2	8.2	8.0
EV/EBITDA 平均	8.1		

M社：EV（DCF法）＝944.4, EBITDA＝100＋15＝115
EV/EBITDA＝944.4÷115＝8.2倍

図表8−9(b) | EV/EBITDA マルチプルを用いた簡易バリュエーション

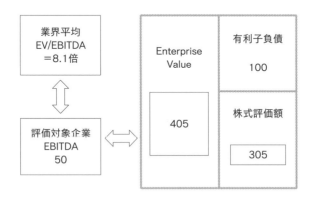

(3) 不動産大手三社のマルチプルの事例

　第4章のキャッシュフロー分析でも取りあげた大手不動産三社の財務デー
タを用いて，各種マルチプルを比較してみましょう。図表8−9(c)は，2020
年3月期の三井不動産，三菱地所，住友不動産の財務データとマルチプルを
示しています。

　EV/EBITDAを比較すると，三井不動産と三菱地所は同水準にあり，住友
不動産の倍率がやや高くなっています。EBITDAに含まれる減価償却費に注
目すると，水準と総資産に対する比率のいずれをみても，住友不動産の数値
が低くなっています。減価償却費については，償却方法や償却資産の保有に
対する経営方針の相違があるかもしれません。そこで，営業利益を用いた
EV/営業利益を比較すると，EV/EBITDAより類似していることが分かりま

図表8−9(c) | 不動産大手三社のマルチプル比較

(単位：億円)	三井不動産	三菱地所	住友不動産
営業利益	2,806	2,408	2,343
減価償却費	914	849	490
当期純利益	1,840	1,485	1,410
有利子負債	34,811	24,298	34,409
株式時価総額	18,164	21,349	12,488
総資産	73,954	58,582	53,176
減価償却費/総資産	1.24%	1.45%	0.92%
D/E (時価ベース，倍)	1.92	1.14	2.76
EV/EBITDA (倍)	14.2	14.0	16.6
EV/営業利益 (倍)	19.0	19.0	20.0
PER (倍)	9.9	14.4	8.9

● 各社の公開資料等より作成。財務数値は2020年3月期，株価は2020年3月末の値。
● 株式時価総額＝株価×期末発行済み株式数(自己株式除く)
　 D/E(時価ベース)＝有利子負債÷株式時価総額，PER＝株式時価総額÷当期純利益

す。

　表では，PERも取りあげて比較しています。株価指標であるPERは，EV/EBITDAやEV/営業利益よりバラつきが大きくなっています。この原因は資本構成（レバレッジ）にあります。時価ベースのD/Eレシオをみると，三菱地所が最も低く，住友不動産が最も高くなっています。次のセクションで示すように，他の条件が等しければ，理論的には有利子負債の比率が高いほどPERは低くなります。図表8−9(a)の数値例においても，レバレッジが高いほどPERは低くなっていることが確認できます。

10. マルチプルとDCF法の関係

(1) マルチプルとDCF法の主要ファクター

　図表8−10は，定率成長モデルを用いて，EV/EBITDAマルチプルとDCF法の主要ファクターの関係を示したものです。WACCが低いほど，成長率が高いほど，EV/EBITDAマルチプルは高くなることが分かります（成長率が外生的な場合，あるいは資本利益率が資本コストを上回る場合）。EV/営業利益についても，同様の関係が成り立ちます。

　前のセクションの数値例や不動産三社の事例から分かるように，事業やビジネスが類似的でEV/EBITDAが同水準であっても，PERはバラつくことがあります。EV/EBITDAに影響する資本コストはWACCです。一方，PERに影響するのは，株式資本コストです。第6章の説明を思い出してください。WACCやアンレバードベータが同じでも，資本構成が異なると株式資本コストやレバードベータは違ってきます。レバレッジは株式をハイリスク・ハイリターンにします。

　事業やビジネスが類似している企業間では，WACCも近似すると考えられます。そのため，WACCが影響するEV/EBITDAやEV/営業利益は，同じような水準に落ち着きます（狭いレンジに収まります）。一方，レバレッジが異なると，株式資本コストに相違が出てくるため，PERはバラつきます。理論的には，有利子負債の比率が大きい企業ほど株式資本コストも高くなるた

図表8−10｜EV/EBITDAとDCF法のファクター

- (1−t)EBITDA＝(1−t)営業利益＋減価償却費−t(減価償却費)

- FCF＝(1−t)営業利益＋減価償却費−設備投資−NWC増加額
  ＝(1−t)EBITDA＋t(減価償却費)−設備投資−NWC増加額

- 同じ年度のFCFとEBITDAや営業利益の比率には正の関係があると考えられる

- 定率成長モデル：EV＝FCF/(WACC−g)

- $$\frac{EV}{EBITDA} = \frac{FCF}{(WACC-g)}\frac{1}{EBITDA} = \frac{1}{(WACC-g)}\frac{FCF}{EBITDA}$$

- EV/EBITDAマルチプルはWACC(リスク)の減少関数，成長率の増加関数

め，PERは低くなります。レバレッジが低いほど株式資本コストは小さくなり，PERは高くなります。図表8−9(a)のA社や図表8−9(c)の三菱地所のPERが高い主な理由は，有利子負債比率(D/Eレシオ)が低いことにあります。

価値創造の源泉は，事業やビジネスにあります。資本構成も影響しますが，その程度は小さいものです。この意味で，より重要なマルチプルは，EV/EBITDAやEV/営業利益であるといえます。

(2) ターミナル・マルチプル

定率成長モデルは，ターミナルバリューの算出に用いられることが多いモデルです。そのため，EV/EBITDAやEV/営業利益のマルチプルをターミナルバリューの検証や評価に適用することがあります。ターミナルバリューに用いられるマルチプルを**ターミナル・マルチプル**といいます。

業界の競争環境が安定化し，企業が持続可能な成長を維持できる時点をターミナルとしましょう。このような状況では，類似企業間における経営の安定性(リスク)と成長性は，まさに類似すると考えられます。類似企業間のサステナブル成長率とWACCがほぼ等しくなるため，EV/EBITDAやEV/営業利益のマルチプル指標は一定のレンジに収まります。したがって，ターミ

ナル・マルチプルの信頼性は高くなります。

　現時点の企業価値には，競争環境が安定するまでの予測期間における期待FCFの現在価値が含まれます。予測期間の業績は，個別企業ごとにバラつきます。予測期間の業績を含むため，類似企業間の現時点におけるマルチプルは，ターミナル・マルチプルよりバラつきが大きくなると考えられます。

11. バリュエーションのフットボールチャート

(1) NTTドコモの株価算定

　企業価値評価の方法として，DCF法とマルチプル法について説明しました。上場企業の場合，株式が市場で取引されていますので，市場株価を用いることもできます。精緻な株式評価が必要なM&Aの事例などでは，DCF法，マルチプル法，市場株価法の三通りの方法を用いて株式評価を行い，株式の買付価格や交換比率を決めます。図表8−8で紹介したアルプス電気とアルパインのM&Aにおいても，三通りの方法が用いられていました。

　総額4兆円を超えたNTTとドコモのM&Aにおいても，三通りの方法が採用されました。この事例では，NTTがドコモの株主に対して買付価格を提示し，ドコモ側がその価格に同意することで，M&Aが成立しました。両社とも，バリュエーションの専門家にドコモの株式評価を依頼し，その結果を用いて意思決定をしています。

　図表8−11(a)は，このM&Aにおけるバリュエーションを要約したものです。NTTとドコモの開示資料から抜粋しました。NTTはドコモの支配株主であるため，公正性の担保と利害対立の回避を目的として，ドコモは特別委員会を設置しました。プルータス社(プルータス・コンサルティング)は，その特別委員会のアドバイザーを務めました。野村証券はドコモ側のファイナンシャルアドバイザー，三菱UFJモルガン・スタンレー証券はNTT側のファイナンシャルアドバイザーです。

　表から分かるように，三社ともDCF法，マルチプル法，市場株価法を採用しています。プルータス社と野村証券が算出した資本コストや成長率には，

会社名		プルータス社	野村証券	三菱UFJモルガン・スタンレー証券
立場		ドコモの特別委員会のアドバイザー	ドコモのアドバイザー	NTTのアドバイザー
DCF法	評価額	2,735～4,335円	2,929～5,016円	3,204～4,225円
	予測期間	2024年3月期まで	2024年3月期まで	2024年3月期まで
	資本コスト	4.96～5.01%	4.0～4.5%	―
	成長率	0	－0.25～0.25%	
マルチプル法（類似会社比較法）	評価額	2,356～3,147円	2,132～2,886円	2,322～3,406円
	類似企業	KDDI，ソフトバンク	KDDI，ソフトバンク	―
	採用マルチプル	EBITDAマルチプル	EBITDAマルチプル，EBIT倍率，PER	―
市場株価法		2,775～3,018円	2,723～3,018円	2,775～3,018円

若干の差異がありますが，大きく異なっているわけではありません。

(2) NTTドコモのフットボールチャート

　DCF法による評価額，マルチプル法による評価額，市場株価法による評価額をグラフ化したものが図表8－11(b)に示されています。フットボール・フィールドでのヤード表示とゲインの獲得状況のようにみえるため，フットボールチャートとよばれます。

　市場株価法は，ある期間の市場株価を用いるため，アドバイザー三社の評価額はほぼ等しくなっています。マルチプル法(類似会社比較法)についても，ドコモの類似会社は分かりやすいため，三社の評価額はかなり似通っています。DCF法はインプットするパラメータが多く，成長率やWACCの影響を受けやすいため，各社とも価格のレンジが広くなっています。

　最終的に決まった買付価格3,900円は，アドバイザー三社がDCF法を用いて算出したレンジに含まれていることに注意しましょう。これまで述べてき

図表8-11(b) | フットボールチャート

【各評価機関の株価算定のレンジ】

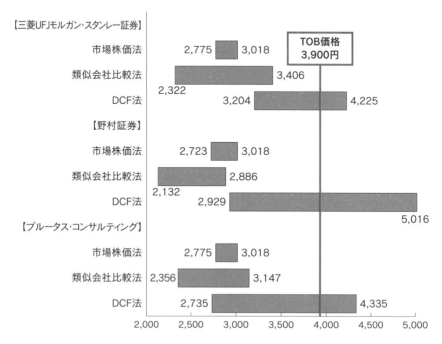

たように，DCF法は最も理に適った評価方法であり，その考え方は評価の基本原則といえます。評価額のレンジが広くなりがちであるという実務的な問題はありますが，アプローチが理に適っていることの方が重要です。NTTとドコモは，DCF法による結果を重視した意思決定を行ったと考えられます。

ESGと企業価値

	A	B	C	D	E	F	G	H
1		仮定						
2		投下資本	1,000		ESGインパクト		ROIC	
3		ROIC	8.0%			8.0%	8.5%	9.0%
4		WACC	6.0%		6.0%	1,333	1,417	1,500
5		FCF	80.0		WACC 5.5%	1,455	1,545	1,636
6					5.0%	1,600	1,700	1,800
7		EV(定額モデル)	1,333					

　財務的な企業価値の向上には，資本コスト（WACC）の低下，あるいは資本利益率（ここではROIC）の上昇が必要です。これまでのコラムで紹介してきたように，ESG経営は，ROICの向上とWACCの低下の両方に結びつくと考えられます。具体的な数値が分かれば，本書で学んだ方法を用いて，ESGが企業価値に与えるインパクトを推定することができます。

　日経SDGs経営大賞のSDGs戦略・経済価値賞を2019年に受賞したオムロンは，第84期の有価証券報告書において，次のように述べています。「当グループでは変化対応力の強化や事業ポートフォリオの組替え，さらにサステナビリティ課題への取組みなどにより，株価の安定や資本コストの低減が見られます。これらを考慮し2021年度の想定資本コストを5.5％とします（従前は6.0％）」。

　上の表は，定額モデルとエクセルのデータテーブル機能を使って，WACCとROICが企業価値に与えるインパクトを分析したものです。WACCの数値（6.0％）と低下幅（0.5％刻み）については，オムロンの事例を参考にしました。ROICについては，現実的な値（8.0％）を想定しています。投下資本が1,000，ROICが8％のとき，来期以降の期待FCFは80（セルC5）です。WACCを6％として定額モデルを適用すると，企業価値（EV）は1,333（＝80÷0.06，セルC7）になります。

　データテーブルの結果から分かるように，ESGへの取組みによって，WACCの低下とROICの上昇が同時に実現すると，矢印の方向に沿った企業価値の向上が期待できます。

バリュエーションと経営戦略

1. 競争優位とファイナンス	6. M&Aのバリュエーション
2. 財務指標と競争優位	7. 競争優位とバリュエーション
3. 事業構造とシステマティックリスク	8. 戦略立案と戦略評価
4. 競争劣位企業の事業計画	9. 事業ポートフォリオの評価
5. 競争劣位企業のバリュエーション	

第9章のテーマとポイント

● トヨタ自動車と日産自動車は，ある時期までライバルであり，競争優位を競っていました。現在では，トヨタが競争優位にあり，日産は競争劣位のポジションで再生を図っているように見えます。自動車産業では，環境や気候変動への影響を背景として，ガソリン型エンジンからの変革が進んでいます。トヨタは，量産ハイブリッド自動車をはじめとして，電気自動車，燃料電池自動車，水素エンジン自動車など全方位の開発を進めると同時に，水素エネルギー社会の構築を見据えた投資を継続的に行っています。日産は，経営者の報酬問題などコーポレートガバナンスに対する懸念やアメリカ市場での販売不振が続いています。

● 両社の競争ポジションは，株式市場の評価に表れています。近年，トヨタは株式時価総額が最大の日本企業というポジションにあります。2021年6月には，株価が上場来高値を更新し，株式時価総額が30兆円を上回りました。一方，日産自動車の株価は低迷し，2021年6月の株式時価総額は3兆円にも達していません。

● このように，経営戦略における競争優位とコーポレートファイナンスにおけるバリュエーションには，密接な関係がありそうです。本章では，バリュエーションと経営戦略の関係について，数値例とエクセルによる財務モデルなどを用いた説明を行います。

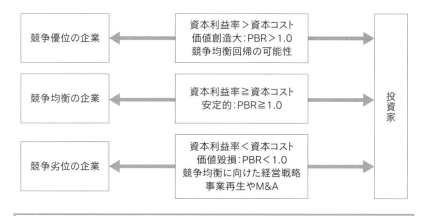

競争優位の企業	←	資本利益率＞資本コスト 価値創造大：PBR＞1.0 競争均衡回帰の可能性	→	投資家
競争均衡の企業	←	資本利益率≧資本コスト 安定的：PBR≧1.0	→	
競争劣位の企業	←	資本利益率＜資本コスト 価値毀損：PBR＜1.0 競争均衡に向けた経営戦略 事業再生やM&A	→	

経営戦略における競争優位とバリュエーションには上に示したような関係がある。
経営戦略の手段であるM&Aのシナジー効果の評価や事業ポートフォリオ分析を取りあげる。

● 競争優位の企業は，資本利益率が資本コストを大きく上回り，価値を創造することで，企業価値の向上を実現します。競争劣位の企業は，資本利益率が資本コストを下回る状態が続くため，企業価値は低下します。競争均衡の企業は，資本利益率が資本コストを上回ります。

● 競争劣位の企業は，資本利益率が資本コストを上回る水準に戻すまでの事業戦略と経営計画を示す必要があります。競争優位にある企業は，その持続に努めると同時に，競争均衡に回帰するシナリオを考慮する必要があります。競争均衡にある企業は，現状維持に安泰せず，競争優位を目指すことが望まれます。

● 競争劣位にある企業の事業再生の手段として，同業他社とのM&Aがあります。DCF法を用いることで，M&Aのシナジー効果の価値を評価することができます。シナジー効果の価値を適切に配分することができれば，M&Aは売手と買手の双方にとって有益な取引になります。

● SWOT分析による事業戦略の選択とDCF法によるバリュエーションを組合せることで，企業価値の向上に結び付く経営戦略を策定することができます。また，DCF法と関係が深いマルチプル法を適切に用いることで，事業ポートフォリオの分析や評価をすることができます。本章の最後に，事業ポートフォリオの選択に成功したソニーのケースを紹介します。

1. 競争優位とファイナンス

　経営戦略論における**競争優位**(competitive advantage)とは，企業が業界や市場で経済価値を創出し，同様の行動をとっているライバル社がほとんど存在しない状態をいいます。競争に圧倒的に成功しているということもあります。競争優位にある企業は，高いパフォーマンスをあげ，資本利益率が資本コストを大きく上回る状態が続きます。競争優位にある企業や事業は，大きな価値を創造するため，評価額が投下資本より高くなり，PBRや時価簿価比率は1.0を大きく上回ります。

　競争優位にある業界やビジネスは，非常に魅力的です。新規参入を虎視眈々と狙う企業や代替品の開発を進める企業が存在します。川上(売手)や川下(買手)からの参入もあります。独占禁止法等による規制の圧力もリスク要因です。事業計画を立案する際には，競争優位が失われ競争均衡の状態になるシナリオを用意して，それに備える必要があるといえます。

　競争均衡(competitive parity)とは，戦略的には成功しているのですが，複数の競合企業も同様の行動をとっている状態です。競争均衡にある企業や事業は，資本コスト以上の資本利益率をあげることができますが，そのスプレッドは大きくありません。価値を創造しているため，評価額が投下資本以下になることはありませんが，大幅に上回ることもありません。PBRや時価簿価比率は1.0より少し高いレンジで推移すると考えられます。

　競争均衡にある企業は，現状を維持しつつ，競争優位のポジションを目指すことになります。もちろん，ライバル社も同様のことを考えます。価値を創造している以上，新規参入にも備える必要があります。現状維持で満足していたのでは，競争劣位に陥る可能性があります。

　競争劣位(competitive disadvantage)とは，戦略がうまくいかず，競争に失敗している状態をいいます。競争劣位にある企業や事業は，資本利益率が資本コストを下回る状態が続き，投資家の資産価値を毀損します。ビジネスの評価額は投下資本を下回り，PBRや時価簿価比率は1.0より低くなります。競争劣位の状態にある企業や事業は，資本利益率を資本コストと同水準まで

	競争優位	競争均衡	競争劣位
経営戦略論の定義（定性）	競争に圧倒的に成功 同様の行動をとっている 競合企業は存在しない	競争に成功 複数の競合企業が同様 の行動をとっている	競争に失敗
ファイナンスの定義（定量） 資本利益率と資本コスト	資本利益率＞資本コスト （大きく上回る，スプレッ ド大）	資本利益率≧資本コスト （上回る，スプレッド小）	資本利益率＜資本コスト
経済的価値	大きな価値を創造	価値創造 （競争優位より小）	価値の毀損
バリュエーション 評価額/投下資本 （時価簿価比率,PBR）	評価額＞投下資本 時価簿価比率やPBRは 1.0を大きく上回る	評価額≧投下資本 時価簿価比率やPBRは 1.0を上回る	評価額＜投下資本 時価簿価比率やPBRは 1.0を下回る
事業計画の留意点	新規参入と規制のリスク （独占禁止法など） 競争均衡回帰の可能性	安定的な状態 競争優位を目指す 現状維持を過信しない	競争均衡（資本利益率＝ 資本コスト）を目指す

高めることが必要になります。

　図表9-1は，競争状態とファイナンスの関係を示したものです。経営戦略論は，企業や事業の競争状態を定性的に表現します。ファイナンスでは，企業の競争状態を財務指標や資本コストで表します。企業の方針や競争状態を定性的に表す経営戦略と，定量的に分析するファイナンスが結びつくと，現実的で理論的なバリュエーションになります。

2. 財務指標と競争優位

　図表9-2(a)は，同じ業界に属する類似上場企業四社の財務指標です。図表9-2(b)は，エクセルを用いた分析です。投下資本利益率（ROIC）と直近の成長率をみると，A社が最も高くなっていることが分かります。中長期的に，同業他社を上回る資本利益率と成長率が持続するのであれば，A社は競争優位の状態にあるといえるでしょう。

	A社	B社	C社	D社
投下資本(簿価)	3,200	4,460	1,480	4,020
ROIC	10.0%	8.5%	8.6%	7.6%
税引後営業利益(予想)	321	379	127	305
直近3年間の成長率(CAGR)	4.0%	1.7%	2.6%	1.0%
EBITDA(予想)	742	920	300	754
株式時価総額(E)	3,650	3,800	1,270	2,000
有利子負債(D)	1,400	1,750	520	2,480
EV(=E+D)	5,050	5,550	1,790	4,480
EV/EBITDA	6.8倍	6.0倍	6.0倍	5.9倍
競争ポジション	競争優位	競争均衡	競争均衡	競争均衡

投下資本＝有利子負債＋自己資本(簿価)，余剰現金や非事業用資産は考慮しない。

　経営戦略のフレームワークを用いて，同業他社より優れている理由を示すことができれば，競争優位のポジションにあることが明確になります。競争優位をもたらす要因は，その企業だけがもつ経営資源(強み)です。加えて，それが稀少であり，他社には容易に模倣できず，強みを生かせる組織力が必要になります。第7章でも説明したVRIOです。

　VRIOアプローチによって，A社には競争優位の源泉があり，それが継続する見込みが強いとしましょう。株式価値や企業価値は，企業の将来性を反映します。ファイナンスやバリュエーションによる定量的な評価が，定性的な経営戦略分析と整合的であるのは，A社のマルチプルが同業他社より高いことです。

　図表9-2(a)(b)をみると，A社のEV/EBITDA倍率が他の三社より高くなっています。財務指標，戦略分析，バリュエーション，すべてがA社の競争優位を裏付けています。同業他社の三社のマルチプルは，ほぼ同じ水準にあります。したがって，三社は競争均衡の状態にあると考えられます。

　マルチプルにはPERやPBRもありますが，いずれも株価が対象です。第8

	A	B	C	D	E	F	G
1		類似上場四社のデータ					
2		企業名	A社	B社	C社	D社	
3		EBITDA (予想)	742	920	300	754	
4		株式時価総額 (E)	3,650	3,800	1,270	2,000	
5		有利子負債 (D)	1,400	1,750	520	2,480	
6		EV (＝E+D)	5,050	5,550	1,790	4,480	=F4+F5
7		EV/EBITDA	6.8	6.0	6.0	5.9	=(F4+F5)/F3
8		マルチプル平均		6.19			=AVERAGE(C7:F7)
9							
10		投下資本簿価	3,200	4,460	1,480	4,020	
11		営業利益 (来期予想)	459	542	182	436	
12		NOPAT (来期予想)	321	379	127	305	=F11*(1-$C$18)
13		ROIC	10.0%	8.5%	8.6%	7.6%	=F12/F10
18		法人税率 (t)	30%				

章で説明したように，株価や株式関連の指標は，資本構成(レバレッジ)の影響を受けます。それに対して，EV/EBITDAやEV/営業利益は，企業価値と営業利益(と減価償却費)をベースにしているため，資本構成の影響を受けにくく，エンタープライズの評価を適切に表しています。

　第8章でも述べたように，競争優位の状態や高い成長率が永久的に続くとは考えられません。現状，競争優位にあり，その源泉を保有しうまく活用している企業のマルチプルが高いのは，当面の間の高い価値創造を現時点で評価した結果です。経済全体のサステナブル成長率を上回るペースで，永久的に価値創造を続けることができる企業やビジネスは，ほとんど存在しないと考えられます。

3. 事業構造とシステマティックリスク

(1) 類似企業のWACCとアンレバードベータ

　図表9-3(a)は，四社のWACCとアンレバードベータ(unlevered beta)を示しています。図表9-3(b)は，エクセルシートと数式を表しています。第5章や第6章の説明を思い出しながら，確認をしてください。アンレバード

図表9-3(a) | 類似上場企業のWACCとアンレバードベータ

	A社	B社	C社	D社
負債コスト	1.4%	2.0%	1.5%	3.0%
株式ベータ	1.25	1.40	1.30	1.90
株式資本コスト	8.5%	9.4%	8.8%	12.4%
D/(D+E)	0.277	0.315	0.291	0.554
WACC	6.42%	6.88%	6.55%	6.70%
アンレバードベータ	0.99	1.06	1.01	1.02

【前提】法人税率＝30%，リスクフリー・レート＝1.0%，マーケット・リスクプレミアム＝6.0%
アンレバードベータ＝株式ベータ÷[1＋(1－法人税率)(D/E)](近似計算)
(計算例) A社のWACC＝(0.277)(1.4%)(1－0.3)＋(0.723)(8.5%)＝6.42%
A社のアンレバードベータ＝1.25÷[1＋(1－0.3)(0.384)]＝0.99
【結果】WACCの平均＝6.6%，業界ベータ(アンレバードベータの平均)＝1.0

ベータの算出には，実務的なアプローチを使用しています(図表6-5(b)の
ケース2)。第6章でも述べたように，アンレバードベータの平均は業界ベー
タや産業ベータとよばれます。

　各社の負債コストの大きさは，有利子負債比率や有利子負債対EBITDA倍
率と整合的になっています。有利子負債対EBITDA倍率は，キャッシュイン
フローであるEBITDAを有利子負債の返済原資とみなす指標です。低いほど
負債返済の信頼性が高くなります。株式資本コストは，CAPMを適用して算
出します。WACC算出における負債ウェイト(D/(D+E))のエクイティ(E)は，
株式時価総額です。

　企業全体の資本コストであるWACCは，類似事業を営む企業間で近い値
になります。同様に，ビジネスリスクの指標であるアンレバードベータの値
も，類似企業間で近似します。一方，財務レバレッジ(有利子負債の利用の
程度)の影響を受ける株式ベータや株式資本コストは，類似企業間でもバラ
つきます。レバレッジが高い企業の株式は，相対的にハイリスク・ハイリ
ターンであることに注意しましょう。同業四社の中では，D社の有利子負債
比率が最も高くなっています。そのため，D社の株式ベータ(株式のリスク)

図表9－3(b)｜類似上場企業のWACCとアンレバードベータ：エクセルによる分析

	A	B	C	D	E	F	G	H
1		類似上場四社のデータ						
2		企業名	A社	B社	C社	D社		
4		株式時価総額 (E)	3,650	3,800	1,270	2,000		
5		有利子負債 (D)	1,400	1,750	520	2,480		
6		EV (＝E＋D)	5,050	5,550	1,790	4,480	=F4+F5	
15		業界ベータの算出						
16		リスクフリー・レート (r$_f$)	1.00%					
17		マーケット・リスクプレミアム(MRP)	6.00%					
18		法人税率 (t)	30%					
19		D/E	0.384	0.461	0.409	1.240	=F5/F4	
20		株式β (レバードβ)	1.25	1.40	1.30	1.90		
21		アンレバードベータ (β$_U$)	0.99	1.06	1.01	1.02	=F20/(1+(1-$C$18)*F19)	
22		業界ベータ (industry beta)		1.02			=AVERAGE(C21:F21)	
26		負債コスト (R$_d$)	1.4%	2.0%	1.5%	3.0%		
27		株式資本コスト (R$_e$, CAPM)	8.50%	9.40%	8.80%	12.40%	=$C$16+F20*$C$17	
28		D/(D+E)	0.28	0.32	0.29	0.55	=F5/F6	
29		WACC	6.42%	6.88%	6.55%	6.70%	=F28*F26*(1-$C$18)+(1-F28)*F27	
30		WACC(平均)		6.63%			=AVERAGE(C29:F29)	

- アンレバードベータ (β_U) ＝株式 $\beta \div [1+(1-t)(D/E)]$
- 株式資本コスト (R$_e$) ＝r$_f$＋β(MRP)
- WACC＝(D/(D+E))(R$_d$)(1-t) + (E/(D+E))(R$_e$)

と株式資本コストは，四社の中で最も高くなっています。

(2) 事業構造とシステマティックリスク

　リスクとリターンを表裏一体とみなすファイナンスでは，ビジネスリスクが等しい企業に対する投資家の期待リターンは等しくなります。ビジネスリスクを決める要因は，事業の収益構造(事業構造，ビジネスモデル)です。同種の事業を行う企業間では，事業構造が類似します。

　事業構造を共通部分(システマティックな部分)と各企業に固有の部分(非システマティックな部分)に分類しましょう。前者は，競争優位にある企業にも，競争劣位にある企業にも共通しています。ファイナンスやバリュエーションにおいて，事業構造の共通部分に起因するリスクは市場リスク(システマティックリスク)です。したがって，市場リスクの指標であるアンレバードベータは，類似企業間で近い値になります。また，アンレバードの資

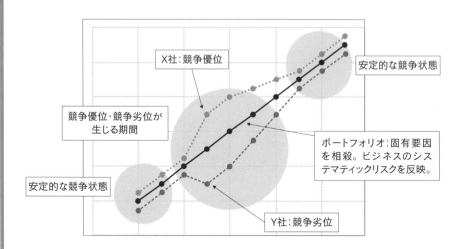

本コストに近いWACCも，類似企業間でほぼ等しい値をとります。

図表9-3(c)は，同業のX社とY社の株価の動向です。両社とも有利子負債はなく，株価を企業価値とみなすことにします。縦軸は株価（企業価値），横軸は時間です。両社とも株価と企業価値は持続的に向上していますが，完全に同じ動きをしているわけではありません。

安定的な競争状態にある時期，両社の株式価値や企業価値は，サステナブル成長率で同じように安定的に伸びていきます。図では，左下の丸で囲んだ部分が相当します。

業界内でX社が競争に成功し，競争優位を実現したとしましょう。同社の資本利益率は高くなり，資本コストを上回ります。投資家はX社の評価を高めるため，一時的に同社の株価は大きく上がり，株式リターンはマーケットをアウトパフォームします。逆に，競争に失敗したY社の株式の評価額は低下したり，停滞したりします。図では，真ん中にある大きな丸で囲んだ部分になります。

競争優位が永久的に続くことはありません。競争劣位にある企業も経営の再生に努めます。その結果，業界は再び安定的な競争状態に戻ると考えられ

ます。図では右上の丸のパートが，再来した安定的な競争状態を表しています。

リスク回避的な投資家はポートフォリオを保有します。図には，X社とY社の株式を等しく保有している投資家の資産価値の推移も示しています。ポートフォリオ内では，X社の株価の上昇とY社の株価の下落が固有要因として相殺されます。ポートフォリオのリスクは，分散投資で消去できない市場リスクです。市場リスクが等しければ，競争優位と競争劣位がもたらす一時的なリターンの変動は，それほど気にする必要はありません。

4. 競争劣位企業の事業計画

ここでは，競争劣位の状態にある企業の事業計画を取りあげます。図表9−4は，図表9−2(a)の上場四社と同業のK社の事業計画を示しています。

業界では，A社が競争優位にあり，B社，C社，D社が競争均衡，そしてK社が競争劣位にあります。数年前までは，全社が競争均衡にありましたが，A社の競争戦略が奏功しました。その影響を大きく受けたのがK社です。競争に失敗したK社は，競争劣位の状態になりました。競争劣位にあることは，WACCとROICの値で確認することができます。

K社には有利子負債がありません。同社のWACCは図表9−3(a)の四社の値より若干高い7.0％です。この値は，アンレバードベータの業界平均である業界ベータに対応しています。図表の資本利益率(ROIC，22行目)の数値を見てください。分母に期末の投下資本(NWC＋固定資産)である1,600，分子に税引後営業利益56を用いると3.5％になります。来年からの計画では，3年間の資本利益率はWACCを下回ります。とくに，1年目と2年目のROICは，WACCを大幅に下回り，価値を毀損することになります。

競争劣位にあるK社は，様々な施策によって，競争均衡への回帰を目指す必要があります。外部環境と経営資源の分析を行った結果，競争均衡まで回復する戦略の実現可能性が確認できました。表の事業計画は，その施策を反映しています。1年目と2年目は，販売促進と新製品の開発を積極的に行い

図表9-4｜競争劣位企業（K社）の事業計画

	A	B	C	D	E	F	G	H	I
1		K社の財務モデルとバリュエーション							
2		事業計画の前提条件＼ 年度	0	1	2	3	4	5	
3		売上高成長率		0.0%	3.0%	2.0%	1.0%	1.0%	
4		売上総利益率	32%	32.0%	33.0%	34.0%	34.5%	34.5%	
5		販売費一般管理費 (売上高比率)	22.7%	23.0%	23.0%	22.0%	21.0%	21.0%	
6		設備投資		200	180	150	155	155	
7		減価償却費 (固定資産比率)	10.0%	10.0%	10.0%	10.0%	10.0%	10.0%	←
8		法人税率	30%						
9		WACC (Discount rate)	7.0%	←					
10		サステナブル成長率	1.0%						
11									
12		要約PL	0	1	2	3	4	5	
13		売上高	2,250	2,250	2,318	2,364	2,387	2,411	=G13*(1+H3)
14		売上総利益	710	720	765	804	824	832	=H13*H4
15		販売費及び一般管理費	510	518	533	520	501	506	=H13*H5
16		減価償却費	120	140	144	145	146	147	=(G21+H6)*H7
17		営業利益	80	63	88	139	177	179	=H14-H15-H16
18		税引後営業利益	56	44	61	97	124	125	=H17*(1-$C$8)
19		要約BS (NWC＋固定資産)							
20		NWC	400	430	450	450	459	468	
21		固定資産 (正味)	1,200	1,260	1,296	1,301	1,311	1,319	=G21+H6-H16
22		資本利益率 (ROIC)	―	2.7%	3.6%	5.6%	7.1%	7.1%	=H18/(G20+G21)

減価償却費は（期首固定資産＋設備投資）の10%

WACCは業界ベータに対応：1%＋1.0×6.0%＝7.0%

資本利益率（ROIC）の分母は期首の投下資本（NWC＋固定資産）

ます。そのため，販売費及び一般管理費の対売上高比率は高まり，営業利益率や資本利益率は低迷します。利益は減少し利益率も低迷しますが，NWCと設備投資は抑制せず，3年目以降の準備をします。経営戦略の成果は，4年目と5年目，そしてそれ以降に表れます。

　もう一度，資本利益率の行(22行目)を見てください。戦略の成果が表れる4年目と5年目のROIC(セルG22，H22)は，わずかですがWACCを上回ります。競争劣位にある企業は，資本利益率が資本コストを上回るような事業計画を立案することが必要です。実現可能な事業計画における資本利益率が資本コストを下回る場合，現在の経営陣では企業価値の毀損を食い止めることができません。投資家は，経営陣の交代を要求するでしょう。

5. 競争劣位企業のバリュエーション

(1) DCF法によるバリュエーション

　類似上場企業のデータとK社の事業計画を用いて，バリュエーションを行います。図表9-5(a)は，エクセルを用いた企業価値評価を示しています。事業計画からFCFの主要四項目が算出できます。NOPAT（税引後営業利益）と減価償却費は要約PL，設備投資は事業計画の前提条件，NWC増加額は要約BSの数値を用いています。

　上で述べたように，K社は事業を縮小するのではなく，新製品の開発・製造・販売を進めることで，業績を回復させる計画です。そのため，1年目と2年目は，設備投資とNWC投資を積極的に行い，2年目と3年目の売上高の増加を目指します。とくに，1年目は減価償却費を上回る積極的な設備投資を行うため，期待FCFがマイナスになります。手元資金があれば，それを投資

図表9-5(a)｜DCF法によるバリュエーション（K社）

H18：税引後営業利益
H16：減価償却費
H6：設備投資（前提）
H20, G20：NWC（金額）

	A	J	K	L	M	N	O	P
1								
2		FCFとバリュエーション	1	2	3	4	5	
3		NOPAT	44	61	97	124	125	=H18
4		減価償却費	140	144	145	146	147	=H16
5		設備投資	200	180	150	155	155	=H6
6		NWC増加額	30	20	0	9	9	=H20-G20
7		期待FCF	-46	5	92	105	108	=O3+O4-O5-O6
8		6年目期待FCF					108.65	=H18*(1+C10)*(1-C10/H22)
9		ターミナルバリュー(TV5)					1,811	=O8/(C9-C10)
10		PV (FCF)	-43	5	75	80	1,368	=(O7+O9)/(1+$C$9)^O2
11		企業価値 (EV)	1,485	=SUM(K10:O10)				

C9：WACC
C10：成長率
H22：ROIC

5年目の期待FCFとTV5を5回割引く

バリュードライバー式によるターミナルバリュー

- 図表9-4の前提条件と事業計画を用いてFCFを算出
- ターミナルバリュー（TV5）の算出にはバリュードライバー式を採用
- 企業価値評価（EV）＜投下資本（NWC＋固定資産＝1,600）
　⇒ 予測期間の1～3年目におけるROIC＜WACCとなることが原因
- TV5(1,811)＞5年目投下資本（1,787＝468＋1,319（図表9-4のH20, H21））
　⇒ 5年目以降はROIC≧WACCとなり価値創造が期待できるため

- FCF＝NOPAT－再投資（設備投資＋NWC増加額－減価償却費）
    ＝NOPAT－NOPAT×再投資比率
    ＝NOPAT×（1－IR）（IR(Investment Ratio)は再投資比率）
- バリュードライバー式
  サステナブル成長率（g）＝資本利益率（ROIC）×再投資比率（IR）
  →IR＝g/ROIC
  →FCF＝NOPAT×（1－g/ROIC）
- ターミナルバリュー： $TV_t = \dfrac{FCF_{t+1}}{WACC-g} = \dfrac{NOPAT_{t+1}(1-\dfrac{g}{ROIC})}{WACC-g}$
- バリュードライバー式を用いたターミナルバリューにはROICとWACCが明示される

に回します。内部資金がなければ，資金調達をする必要があります。

　計画通りに進捗すると，3年後にFCFが大きく回復し，その後も順調に増加します。事業計画の予測期間は5年間です。予測期間以降のFCFは，サステナブル成長率で安定的に成長することが期待できます。サステナブル成長率は，リスクフリー・レートと同じ1％を仮定しています（図表9－4のセルC10）。

　ターミナルバリュー（TV_5）は，サステナブル成長モデル（定率成長モデル）を用いて算出します（図表9－5(a)のセルO9）。サステナブル成長モデルの分子は，ターミナル以降の継続期間の起点である6年後の期待FCFです。表のセルO8と数式が示されているセルP8を見てください。ここでは，バリュードライバー式を用いて6年後の期待FCFを算出しています。

　図表9－5(b)は，バリュードライバー式を示しています（図表8－7(b)の再掲）。第8章でも述べたように，バリュードライバー式は，ROICや再投資を明示的に取り扱うため，ターミナルバリューの計算式にROICとWACCが含まれます。このモデルでは，5年目のROICが継続すると仮定しています。

　図表9－5(a)の10行目は，将来の期待FCFの現在価値です。セルO10では，5年後の期待FCFとTV5の合計をWACCで5回割引いています。TV5には，6年後以降のすべての期待FCFが含まれていることに注意してください。した

がって，セルK11で求めている企業価値(EV)は，将来のすべての期待FCFの現在価値の和になっています。

(2) 競争状態とバリュエーションの特徴

図表9-5(a)の下のパネルには，投下資本(簿価)と企業価値評価(時価)の関係が示されています。現時点における企業価値の評価額は1,485であり，投下資本1,600を下回ります。投下資本は，図表9-4のNWCと固定資産の合計額です。

評価額が簿価より低くなっている理由は，投下資本を用いた経営の成果が，投資家の期待を下回るからです。K社の事業計画では，1年目から3年目の期間において，ROICがWACCを下回ります。事業再生に成功し競争均衡に達した後は，ROICがWACCを上回りますが，最初の3年間の影響が相対的に大きいため，現時点の評価額が簿価より低くなっています。図表9-1でも述べたように，競争劣位にある企業の評価額は，投下資本より低くなると考えられます。

競争均衡のポジションを回復した5年後には，評価額が投下資本を上回るはずです。確認してみましょう。図表9-5(a)のターミナルバリュー(TV$_5$)が，5年後の評価額です。セルO9を見ると1,811になっています。投下資本は，図表9-4のNWC(セルH20)と固定資産(セルH21)を合わせた1,787です。評価額が投下資本より高くなっています。この結果は，ターミナル以降の資本利益率(ROIC＝7.1%)が資本コスト(WACC＝7%)より高くなることと整合的です。

図表では示していませんが，安定的な経営状態が期待されるターミナル時点のEV/EBITDAマルチプルについても検討しておきましょう。EVはターミナルバリューの 1,811です。図表9-2の類似上場企業のマルチプルと比較するため，EBITDA(予想)には6年目の値を用います。ここでは，簡便的に5年目のEBITDAに成長率を加味した値とします。図表9-4の表から，5年目のEBITDAは，営業利益179と減価償却費147を加えた326になります。簡便的に計算した6年目のEBITDAは，329(326×1.01)です。したがって，TV$_5$/

EBITDA$_6$＝1,811÷329＝5.5倍になります。

　競争均衡にあるB社，C社，D社のマルチプルは，5.9倍〜6.0倍でした。これら三社の現状とK社の将来を比較すると，K社に適用したWACCは若干高く，K社の事業計画におけるROICは低いことが分かります。競争均衡に回帰したK社のROICスプレッドが現状の三社より小さいため，マルチプルも低くなると考えられます。

(3) 資本コストと成長率の感度分析

　エンタープライズDCF法では，WACCはすべての項に含まれます。また，サステナブル成長率は，ターミナルより先のすべての項に含まれます。これら二つのキーファクターは，DCF法の結果に大きな影響を与えます。図表9−5(c)は，エクセルのデータテーブルを用いて行ったWACCと成長率に関する感度分析の結果を示しています。

　WACCについては7.0％を中心にして1.0％刻み，成長率については1.0％を中心にして0.5％刻みとしました。青の太線で囲った表中央の数値は，DCF法で算出した評価額1,485です。この値は，成長率1.0％，WACC 7.0％に対応しています。この外側の囲みは，WACCが6％〜8％，成長率が0.5％〜1.5％である場合の評価額のレンジです。評価額のレンジは，1,235〜1,866です。

図表9−5(c)｜感度分析（WACCと成長率）

		成長率				
		0.0%	0.5%	1.0%	1.5%	2.0%
	5%	2,174	2,249	2,340	2,455	2,606
	6%	1,763	1,792	1,826	1,866	1,915
WACC	7%	1,470	1,477	1,485	1,493	1,501
	8%	1,251	1,247	1,242	1,235	1,225
	9%	1,082	1,072	1,061	1,046	1,029

第8章でも分析したように，資本コストを上回る資本利益率が期待できる企業は，成長が価値のドライバーになります。いまの場合，ターミナル以降のROICは7.1％です。したがって，WACCが7.0％より低いケースでは，成長率が高くなるほど，企業価値は向上します。表では，WACCが7.0％，6.0％，5.0％のケースにおいて，成長率と企業価値が正の関係になっていることが確認できます。

　WACCが低いほど，成長率の上昇が企業価値の増加に与える影響が大きくなっていることも分かります。例えば，WACCが5％のとき，成長率2％と成長率0％に対応する企業価値の差は432(2,606−2,174)です。WACCが6％のときは，それが152(1,915−1,763)になっています。

　資本利益率が資本コストを下回る場合は，成長が企業価値を毀損します。成長投資の資本利益率が，投資家の期待(資本コスト)を下回るからです。いまの場合，WACCが8.0％と9.0％の行が相当します。成長率が高くなるほど，企業価値は低下しています。

⑷ 予測期間とターミナル

　第8章では，資本利益率と資本コストが近似する時点をターミナルにすることで，サステナブル成長率に対する企業価値の感応度が小さくなることを説明しました。表では，WACCが7.0％や8.0％のケースが相当します。企業価値の向上と整合するのは，資本利益率が資本コストを上回る場合ですので，WACC＝7.0％のケースを取りあげましょう。表から確認できるように，WACCが7.0％のケースでは，成長率の値は結果に大きな影響を与えません。

　事業計画の作成からDCF法によるバリュエーションを行う過程では，大量のデータや数値をインプットし，多くの計算をすることになります。単に計算結果を出すだけではなく，経営戦略論やファイナンス理論，価値創造の原則との整合性をチェックすることで，バリュエーションの妥当性を検証することができます。

6. M&Aのバリュエーション

(1) シナジー効果と事業計画

　業界内の競争の激化や外部環境の脅威の増大に直面すると，M&Aが有力な戦略手段になります。ここでは，同じ業界内の企業同士が経営統合をする水平型M&Aとバリュエーションを取りあげましょう。経営統合を検討して

図表9−6(a) ｜ シナジー効果を反映した事業計画

	A	B	C	D	E	F	G	H
1		K社の財務モデルとバリュエーション						
2		事業計画の前提条件＼　年度	0	1	2	3	4	5
3		売上高成長率		0.0%	3.0%	2.0%	1.0%	1.0%
4		売上総利益率	32%	32.0%	33.0%	34.0%	34.5%	34.5%
5		販売費一般管理費 (売上高比率)	22.7%	23.0%	23.0%	22.0%	21.0%	21.0%
6		設備投資		200	180	150	155	155
7		減価償却費 (固定資産比率)	10.0%	10.0%	10.0%	10.0%	10.0%	10.0%
20		NWC	400	430	450	450	459	468
21		固定資産 (正味)	1,200	1,260	1,296	1,301	1,311	1,319
22		資本利益率 (ROIC)	−	2.7%	3.6%	5.6%	7.1%	7.1%

	A	B	C	D	E	F	G	H
1		シナジー効果を反映した財務モデルとバリュエーション						
2		事業計画の前提条件＼　年度	0	1	2	3	4	5
3		売上高成長率		0.0%	3.0%	2.0%	1.0%	1.0%
4		売上総利益率	32%	32.5%	33.5%	34.0%	34.5%	35.0%
5		販売費一般管理費 (売上高比率)	22.7%	22.0%	22.0%	21.0%	20.0%	20.0%
6		設備投資		190	160	150	145	145
7		減価償却費 (固定資産比率)	10.0%	10.0%	10.0%	10.0%	10.0%	10.0%
20		NWC	400	420	440	440	450	455
21		固定資産 (正味)	1,200	1,251	1,270	1,278	1,281	1,283
22		資本利益率 (ROIC)		4.3%	5.3%	6.8%	8.3%	8.9%

(上)シナジー効果を反映した事業計画
(下)スタンドアローンの事業計画 (図表 9−4 と同じ)
【シナジー効果】
●仕入れ共通化，大規模化 ⇒ 売上原価率の低下，売上総利益率の上昇
●重複業務の効率化 ⇒ 販売費及び一般管理費率の低下
●設備の共有 ⇒ 設備投資額の減少
●運転資本管理の効率化 ⇒ NWCの減少

いるのは，業界大手B社と事業再生を急ぐK社です。第4章でも説明したように，水平型のM&Aには，シナジー効果があると考えられます。

　例えば，別々に仕入れていた原材料の仕入れを共通化することで，ボリュームディスカウントによる売上原価率の低下が期待できます。原価率の低下は，売上総利益率の上昇につながります。販売や管理における重複業務が効率化できると，販売費及び一般管理費が削減できます。これらコストの低減は，売上高営業利益率を向上させます。

　投下資本を削減することも可能です。いくつかの固定資産を共通に利用することで，設備投資額を減らすことができます。運転資本管理が進んでいる企業のシステムを共有することで，運転資本の効率化が実現できます。固定資産とNWCの効率化は，投下資本の減少と総資産回転率の上昇をもたらします。売上高利益率と総資産回転率の双方が高まると，資本利益率は向上します。

　図表9－6(a)の下の表は，M&Aのシナジー効果を反映したK社の事業計画です。上の表はK社が独自で事業再生を行う場合の事業計画です(スタンドアローンの事業計画，図表9－4と同じ)。両者を比較すると，シナジー効果による財務指標の改善が鮮明になります。売上高利益率は上昇，販売費及び一般管理費の対売上高比率は低下，設備投資とNWCは減少しています。そして，資本利益率は向上します。WACCは不変ですので，ROICスプレッドも大きくなります。

(2) M&Aの価値

　図表9－6(b)は，シナジー効果を反映したFCF計画とバリュエーションの結果です。WACCは7％，サステナブル成長率は1％です。ビジネスの市場リスクやサステナブル成長率は，M&Aの影響を受けないと仮定します。

　上の表のセルK11をみると，シナジー効果を反映した企業価値評価額は1,965になることが分かります。M&AがK社にもたらす価値は，この評価額とスタンドアローンの評価額の差です。表では，セルK13に示した480(1,965－1,485)がM&Aによるシナジー効果の価値になります。

図表9-6(b) | M&Aのバリュエーション

	A	J	K	L	M	N	O	P
1								
2		**FCFとバリュエーション**	**1**	**2**	**3**	**4**	**5**	
3		NOPAT	68	88	116	143	153	
4		減価償却費	139	141	142	142	143	
5		設備投資	190	160	150	145	145	
6		NWC増加額	20	20	0	10	5	
7		期待FCF	-3	49	108	130	146	
8		6年後期待FCF					137.45	
9		ターミナルバリュー(TV$_5$)					2,291	
10		PV (FCF)	-3	43	88	99	1,737	
11		企業価値 (EV) **シナジー効果**	1,965					
12								
13		M&Aの価値	480	←	シナジー効果を反映したバリュエーションと			
					スタンドアローンのバリュエーションの差額			

			成長率			
		0.0%	0.5%	1.0%	1.5%	2.0%
	6%	2,254	2,320	2,398	2,491	2,607
WACC	7%	1,894	1,927	1,965	2,008	2,059
	8%	1,625	1,640	1,656	1,674	1,694
	9%	1,416	1,421	1,425	1,430	1,434
	10%	1,251	1,249	1,246	1,243	1,239

(上) シナジー効果を反映した事業計画に基づくバリュエーション
(下) 企業価値評価の感度分析 (WACCと成長率)

　シナジー効果やM&Aの価値をどのように配分するかは，企業間の立場や他の買収候補があるかなどに依存します。簡便化のため，B社がK社を現金で買収するスキームを考えましょう。買収価格をP*とすると，P*はスタンドアローンの評価額より高くなります。それより低い金額であれば，自社で事業再生を行う方が，K社とその投資家にとって得になるからです。また，P*はシナジー効果を含む価格より高くなることもありません。それより高い金額での買収は，B社とその投資家にとって割高な買い物になるからです。

　M&Aによって，K社の株主はP*−1,485の利益を得ます。B社の株主は，1,965−P*に加え，自社のシナジー効果の価値を得ます。経営統合は，B社にもシナジー効果をもたらすと考えられます。売上高利益率や資産効率の改善が見込めるからです。このように，価値があるM&Aは，双方の投資家に利

益をもたらします。

　下の表は，WACCと成長率をファクターにした感度分析です。資本利益率が高まるため，WACCのレンジは6〜10％にしてあります。図表9−6(a)に戻り，セルH22を見てください。予測期間最終期のROICは8.9％になっています。予測期間後の継続期間においても，ROICは8.9％です。上で述べたように，ROIC≒WACCとなるケースでは，成長率がバリュエーションに与える影響は小さくなります。表ではWACC＝9％が相当します。

　資本利益率が資本コストを上回る場合（WACC＝6％，7％，8％），成長率が高くなると，企業価値は向上します。資本利益率が資本コストを下回る場合（WACC＝10％），成長は価値を毀損することになります。

(3) シナジー効果の分布

　M&Aにおいては，相手企業のことを深く理解するために，ビジネスや財務，法務のデューデリジェンス(精査)を行います。それでも，M&Aによるシナジー効果が期待通りであるという保証はありません。そこで，意思決定をサポートするために，シナジー効果の確率分布を利用するアプローチがあります。モンテカルロシミュレーションといわれるものです。モンテカルロシミュレーションを行うと，起こりうる前提条件の組合せに対する結果が，確率分布の形で示されます。

　図表9−6(c)は，クリスタルボールというソフトを用いたモンテカルロシミュレーションの結果を示しています。下のパネルで注記しているように，シナジー効果を反映した事業計画の5年目の売上総利益率と設備投資が分布するケースを考えました。売上総利益率は，平均値35％，下限(悪化)33％，上限(良好)37％とし，左右対称の三角分布とします。名前の通り，平均値の確率が最も高い三角形の分布です。設備投資は145を平均値とし，140〜150のレンジをとる三角分布を仮定します。売上総利益率と設備投資の間には，相関はないとします。

　図表に示したグラフが，M&Aシナジー効果の分布です。左右対称の分布を仮定したため，結果の分布も左右対称になっています。グラフの下につけ

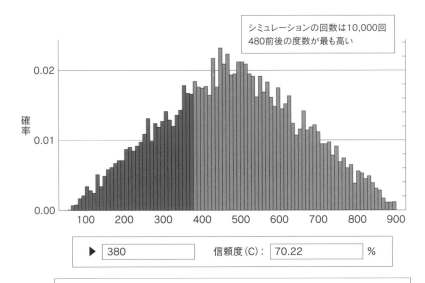

図表9−6(c) | M&Aシナジー効果の分布

シミュレーションの回数は10,000回
480前後の度数が最も高い

確率

0.02

0.01

0.00

100 200 300 400 500 600 700 800 900

▶ 380   信頼度(C): 70.22 %

● 売上総利益率(5年目):悪化＝33％，平均＝35％，良好＝37％の三角分布
● 設備投資(5年目):悪化＝150，平均＝145，良好＝140の三角分布
● シナジー効果が380以上になる確率が70％

た枠内にある数値 380と信頼度70％は，シナジー効果の価値が380以上にな
る確率が70％あることを示しています。あらかじめ，70％という基準を決
めておくと，スタンドアローンの価格に380のプレミアムをのせた価格を買
収価格の上限にする等の意思決定ができます。

　図表9−6(d)は，シナジー効果を保守的に見た場合です。売上総利益率は，
平均値35％，下限33％，上限36％（先の例では上限37％）としました。設備
投資の共有化がうまくいかず，設備投資が155（先の例では150）必要となる
可能性も考慮しています。前提条件の分布が非対称であるため，シナジー効
果の分布も左右非対称になっています。

　保守的な場合，基準値である70％に対応する値は335です。シナジー効果
の価値が335以上になる確率がほぼ70％になります。この場合，スタンドア

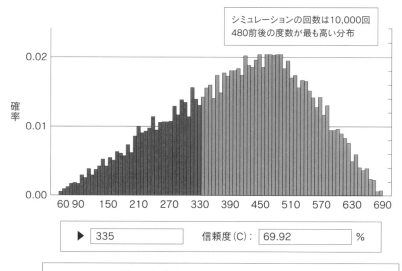

図表9−6(d) | M&Aシナジー効果の分布：保守的な前提

シミュレーションの回数は10,000回
480前後の度数が最も高い分布

確率

0.02

0.01

0.00

60 90　150　210　270　330　390　450　510　570　630　690

▶ 335　　　　　　　信頼度(C)：　69.92　　　％

- M&Aシナジー効果を保守的に予測
- 売上総利益率(5年目)：悪化＝33％，平均＝35％，良好＝36％の三角分布
- 設備投資(5年目)：悪化＝155，平均＝145，良好＝140の三角分布
- シナジー効果が335以上になる確率が70％

ローンの価格に上乗せできるプレミアムは335になります。

7. 競争優位とバリュエーション

(1) 競争優位が持続するケース

　ここでは，競争優位の状態にある企業のバリュエーションを取りあげます。図表9−7(a)は，競争優位が持続するシナリオにおけるA社の事業計画とバリュエーションです。競争優位が持続するため，同業他社より高い資本利益率(22行目)が継続します。同社のWACCは，図表9−3(a)で求めた6.42％です。資本利益率が資本コストを継続的に上回るため，企業価値評価額は投下

図表9-7(a) | 競争優位のバリュエーション

	A	B	C	D	E	F	G	H
1		競争優位 A社						
2		事業計画の前提条件＼ 年度	0	1	2	3	4	5
3		売上高成長率	4.0%	4.0%	3.0%	2.0%	1.0%	1.0%
4		売上総利益率	35%	35.5%	35.5%	35.5%	35.0%	35.0%
5		販売費一般管理費 (売上高比率)	20%	20.0%	20.0%	20.0%	20.0%	20.0%
6		設備投資		330	340	350	350	350
7		減価償却費 (固定資産比率)	10.0%	10.0%	10.0%	10.0%	10.0%	10.0%
8		法人税率	30%					
9		WACC (割引率)	6.42%					
10		サステナブル成長率	1.0%					
11								
12		要約PL	0	1	2	3	4	5
13		売上高	4,600	4,784	4,928	5,026	5,076	5,127
14		売上総利益	1,600	1,698	1,749	1,784	1,777	1,794
15		販売費及び一般管理費	925	957	986	1,005	1,015	1,025
16		減価償却費	270	283	289	295	300	305
17		営業利益	405	459	475	484	461	464
18		税引後営業利益	284	321	333	339	323	325
19		要約BS (NWC＋固定資産)						
20		NWC	700	740	750	770	780	780
21		固定資産 (正味)	2,500	2,547	2,598	2,653	2,703	2,748
22		資本利益率 (ROIC)		10.0%	10.1%	10.1%	9.4%	9.3%

	A	J	K	L	M	N	O
1							
2		FCFとバリュエーション＼ 年度	1	2	3	4	5
3		NOPAT	321	333	339	323	325
4		減価償却費	283	289	295	300	305
5		設備投資	330	340	350	350	350
6		NWC増加額	40	10	20	10	0
7		期待FCF	234	271	264	263	280
8		6年後の期待FCF					293
9		ターミナルバリュー(TV$_5$)					5,403
10		PV (FCF)	220	240	219	205	4,164
11		企業価値 (EV)	5,048				

(上) 競争優位が持続するシナリオの財務計画：ROIC＞WACCが持続
(下) FCF計画とバリュエーション
EBITDA$_6$＝EBITDA$_5$×1.01＝777，TV$_5$/EBITDA$_6$＝5,403÷777＝6.95倍となり，競争均衡にある同業他社のマルチプル (5.9〜6.0倍) を上回る。ターミナル以降も競争優位が継続することと整合的。

資本(簿価)を大きく上回ります。

ターミナルバリューについても同様です。ターミナルにおける投下資本は3,528(セルH20とH21)になります。ターミナルバリューは5,403(セルO9)なので，評価額は投下資本より高くなります。ターミナル以降も競争優位が持続し，資本利益率が資本コストを上回ることを計画しているからです。

ターミナルバリューをEBITDAで除したマルチプルもみておきましょう。EBITDA(予想)には，5年目のEBITDA＝769(464＋305)にサステナブル成長率を加味した値を用います。表の下のパネルを見てください。EBITDAは777，$TV_5/EBITDA_6$マルチプルは6.95倍になります。現状の競争均衡にある類似企業三社のマルチプルは5.9倍〜6.0倍，競争優位にあるA社のマルチプルは6.8倍でした(図表9-2(a)(b))。ターミナルバリューのマルチプル分析は，競争優位が持続するシナリオと整合的になっています。

サステナブル成長率は，K社と同様にリスクフリー・レートに等しい1.0%になっています。第8章で述べたように，経済全体の成長率を上回る率で永久的に成長を続ける企業はありません。また，経済全体の成長率の一つの指標は長期の金利です。ここでは，リスクフリー・レートが相当します。

(2) 競争優位が持続しないケース

競争優位が持続するかどうか，どのくらいの期間持続するかは難しい問題です。業界内のライバル社，新規に参入を狙う企業，川上や川下の業界からの浸食など，競争優位のビジネスやポジションは常に狙われています。そのため，競争優位にある企業やその投資家は，競争均衡に回帰するシナリオを予測して，備えることが必要であると考えられます。

競争優位にあるA社ですが，ライバルのB社とK社の経営統合の影響等を受けて，資本利益率が低下する可能性があります。図表9-7(b)は，競争優位から競争均衡に回帰するシナリオの財務予測を行い，バリュエーションを行った結果です。

短期的には高い利益率を維持しますが，3年目以降は資本利益率が低下します。このシナリオと財務計画を用いて算出した企業価値は3,839(セル

	A	B	C	D	E	F	G	H
1		A社の財務モデルとバリュエーション（競争均衡）						
2		事業計画の前提条件＼ 年度	0	1	2	3	4	5
3		売上高成長率	4.0%	4.0%	3.0%	2.0%	1.0%	1.0%
4		売上総利益率	35%	35.0%	34.0%	33.0%	33.0%	33.0%
5		販売費一般管理費 (売上高比率)	20%	20.0%	20.0%	20.0%	20.0%	20.0%
6		設備投資		330	340	350	345	345
7		減価償却費 (固定資産比率)	10.0%	10.0%	10.0%	10.0%	10.0%	10.0%
8		法人税率	30%					
9		WACC (割引率)	6.42%					
10		サステナブル成長率	1.0%					
11								
12		要約PL	0	1	2	3	4	5
13		売上高	4,600	4,784	4,928	5,026	5,076	5,127
14		売上総利益	1,600	1,674	1,675	1,659	1,675	1,692
15		販売費及び一般管理費	925	957	986	1,005	1,015	1,025
16		減価償却費	270	283	289	295	300	304
17		営業利益	405	435	401	359	360	362
18		税引後営業利益	284	304	281	251	252	254
19		要約BS (NWC＋固定資産)						
20		NWC	700	740	750	770	780	780
21		固定資産 (正味)	2,500	2,547	2,598	2,653	2,699	2,739
22		資本利益率 (ROIC)		9.5%	8.5%	7.5%	7.4%	7.3%

	A	J	K	L	M	N	O
1		A社の財務モデルとバリュエーション（競争均衡）					
2		FCFとバリュエーション＼ 年度	1	2	3	4	5
3		NOPAT	304	281	251	252	254
4		減価償却費	283	289	295	300	304
5		設備投資	330	340	350	345	345
6		NWC増加額	40	10	20	10	0
7		期待FCF	217	220	176	197	213
8		6年後の期待FCF					220.91
9		ターミナルバリュー(TV$_5$)					4,076
10		PV (FCF)	204	194	146	154	3,142
11		企業価値 (EV)	3,839				

（上）競争優位が持続せず競争均衡に回帰するシナリオ：ROICが徐々に低下
（下）FCF計画とバリュエーション
EBITDA$_6$＝EBITDA$_5$×1.01＝673，TV$_5$/EBITDA$_6$＝6.1倍となり，競争均衡にある同業他社のマルチプル（5.9～6.0倍）とほぼ同水準。ターミナル以降は競争均衡の状態になることと整合的。

K11）となり，競争優位が持続する場合の5,048から24％下落することになります。ターミナルバリューのマルチプルは6.1倍であり，競争均衡にある三社の値に近くなります。

8. 戦略立案と戦略評価

(1) SWOT分析

　企業の外部環境と社内の経営資源を結び付けて事業方針を決めるフレームワークとして，**SWOT分析**がよく知られています。SWOTとは，強み(Strength)，弱み(Weakness)，機会(Opportunity)，脅威(Threat)の頭文字をとったものです。強みと弱みは経営資源，機会と脅威は外部環境に相当します。

　図表9-8(a)は，SWOT分析の仮想事例です。企業には，地理的にも文化的にも近いアジア市場の経済成長という機会があります。主力の国内市場の成熟化に加え，低コストと低価格を武器に参入してくる海外企業の存在は，脅威になります。

　経営資源のVRIO分析を行った結果，品質とブランド，生産システムとESG経営において強みをもっていることが確認されました。ESG経営については，各種の調査で常に高い評価を得ています。経済産業省が実施している健康経営優良法人認定制度におけるホワイト500にも選定されました。

　図表には，強みを生かした戦略を示しました。弱みを克服する戦略もありますが，ここでは考慮しません。強みを生かして機会をとらえる戦略(SO戦略)として，成長ポテンシャルがある海外市場への積極的な展開が考えられます。国内市場で培ってきた品質を維持しながら，現地調達・現地生産を行うことで，質の良い製品を低価格で提供することが可能です。強みを生かして脅威に備える戦略(ST戦略)は，国内市場への高機能製品の投入とサービタイゼーションです。両者を組合せることで，差別化することが可能になります。すでにある顧客基盤とブランドを生かすことができます。

　各事業戦略と整合的な財務戦略は対照的です。クロスボーダーでの成長事業の展開には，リスクがあります。設備投資や拠点整備に必要な資金も多額になります。リスクと成長ポテンシャルが併存する場合，財務基盤が安定しており，多額の資金ニーズに対応することが必要です。エクイティを中心とした資本構成と十分な手元資金を保有することが，財務の方針になります。

内部資源 ＼ 外部環境	Opportunity（機会） アジア諸国の経済成長 ESGの潮流	Threat（脅威） 国内市場の成熟化 海外企業の低価格参入
Strength（強み） 品質・ブランド 生産システム ESG経営	［SO戦略］ 海外積極展開	［ST戦略］ 国内中心に差別化 高性能製品投入
Weakness（弱み）	［WO戦略］	［WT戦略］
財務戦略 （事業整合的）	財務の安定性 成長投資とリスク対応 エクイティ中心（現金保有）	安定した収益 負債の節税効果 適切なレバレッジ

成熟した国内市場での差別化戦略は，安定した収益が見込めるため，レバレッジの短所が小さく，負債の節税効果の価値が高くなると考えられます。適切なレバレッジを利用することが，財務の方針になります。

(2) 戦略の評価

経営戦略を判断する基準の一つは，バリュエーションです。戦略を評価するためには，FCF計画，資本コストの算出，サステナブル成長率の推定が必要になります。図表9−8(b)は，それぞれの戦略をDCF法で評価する際のポイントをまとめたものです。

高い，低い，ハイリスク，ローリスクなどは，すべて相対的なものです。このテーブルは，実際に算出された数値や指標が戦略と整合的であるかどうかをチェックするために用います。単に数値を並べて計算するだけではなく，事業戦略や財務戦略との関係を確認しながら，経営戦略を評価することが必要です。

企業固有のポジションや価値観とESGの上に経営戦略とファイナンスを整合的に積み重ねたとき，将来の期待FCF計画とバリュエーションの信憑性が高くなります。

バリュエーション ＼ 戦略	海外展開	国内差別化
FCF計画の特徴	低い利益率と高い回転率 継続的な投資が必要 予測期間の期待FCFは小さい 売上高の成長率は高い	高い利益率と低い回転率 サービス化に必要な投資と人件費 予測期間の期待FCFは大きい 売上高の成長率は低い
リスクと資本コスト	ハイリスク・ハイリターン 資本コストは高い 節税効果なし（小さい）	ローリスク・ローリターン 資本コストは低い 節税効果あり（税引後コスト）
永久成長率	海外新興国の成長率や金利を重視 相対的に高い	日本のGDP成長率や金利を重視 相対的に低い
リアルオプション	成長機会による拡張オプション 中止・撤退オプション	とくになし
ESG	海外経営におけるESG促進 海外での環境配慮，現地雇用促進 グローバル経営のガバナンス体制	ESG経営の維持と強化

9. 事業ポートフォリオの評価

(1) マルチプル法による事業ポートフォリオの評価

　稀少な経営資源をどのように配分するかを決める事業ポートフォリオの選択は，重要な経営戦略です。第6章で紹介したように，2020年に経済産業省が「事業再編実務指針〜事業ポートフォリオと組織の変革に向けて〜」を作成し，公開しました。事業再編ガイドラインとよばれています。この背景には，日本企業の事業ポートフォリオの分析と再構築が必要であるという見方があります。ここでは，第8章で紹介したマルチプル法を用いて，事業ポートフォリオの分析と評価について説明します。

　図表9−9は，三つの主力事業(X事業，Y事業，Z事業)をもつ企業の要約財務データです。各事業の特徴，事業ごとの営業利益とEBITDAに加え，類似上場企業のデータから算出した業界マルチプルが示されています。各事業

	X事業	Y事業	Z事業	全社
事業の特徴	成熟業界 シェア低下	成長市場 シェア上昇	安定市場 シェア上位	主要三事業 の合計
営業利益	100	120	250	470
減価償却費	10	50	60	120
EBITDA	110	170	310	590
業界マルチプル（平均）	6.5	9.0	7.0	
事業価値（マルチプル）	715	1,530	2,170	
企業価値（事業価値の合計：sum of the parts）				4,415
企業の市場価値（株式時価総額＋有利子負債）				4,200

- X事業の業界マルチプルのレンジ：4.5～7.5倍
- マルチプル＝4.5を適用した場合のX事業の価値＝495
- 事業価値の合計＝4,195

の利益やEBITDAは，本社経費を調整した値です。業界マルチプルは，その事業のセグメント比率が高い複数の上場企業のEV/EBITDAマルチプルの平均値としました。

　企業は事業のポートフォリオであるという見方をすると，企業価値は三つの事業価値の合計になります。図表の例では4,415です。パーツを合計するため，SOTP（Sum Of The Parts）といわれます。一方，株式市場の評価は4,200になっており，SOTPの結果と異なっています。

　投資家とのミーティングにおいて，X事業に対する懸念が示されたとしましょう。成熟業界において，マーケットシェアが低下している事業です。このような事業に業界平均のマルチプルを用いることは説得的ではありません。

　類似上場企業のマルチプルを詳しく調べると，4.5倍～7.5倍という幅がありました。マーケットシェアが高い企業のマルチプルは7.0近辺に集まっており，マーケットシェアが低い企業のマルチプルは5.5以下になっています。X事業のマーケットシェアは小さく，低下傾向も続いているので，マルチプルは低いと考えられます。そこで，マルチプルとして4.5倍を用いると，X

事業の価値は495，SOTPによる全社の評価額は4,195になり，市場価格に近くなります。

　事業のマルチプルが類似企業の平均を下回る場合，その事業の価値創造は難しい局面にあると考えられます。その事業を保有することが，他の事業に投下する経営資源を制約するという問題もあります。事業再編ガイドラインにしたがうと，そのような事業は早く切り出し，別の企業の下で成長を目指すのが好ましいといえます。

(2) ソニーの事例―事業ポートフォリオの分析―

　事業ポートフォリオの分析の事例として，ソニーのケースを紹介しましょう。ソニーと投資ファンドのサード・ポイント(Third Point)の公開資料，そしてロイター等のニュース記事が基になっています。

　2013年，サード・ポイント(ファンド)は，ソニーに対してエンタテインメント事業を分離することを提案しました。当時のソニーの主力事業は，エレクトロニクスとみなされていました。数年が経過した2019年，ファンドは，エンタテインメント事業をソニーの主力事業と位置付け，半導体事業の分離やエレクトロニクス事業の規模の適正化を提案しました。事業ポートフォリオに関する株主提案です。

　提案の根拠の一つは，バリュエーションでした。ソニーの企業価値は，営業利益の8倍で評価されていましたが，ゲーム・音楽・映画事業を営むアメリカのディズニーや中国のテンセントなどのマルチプルは約20倍でした。ファンドは，ソニーのゲームや音楽事業が世界有数の強いポジションであると評価しています。また，ソニーの半導体事業は，イメージセンサーで世界一位のポジションをもつ強い事業です。実際，PPM分析を行うと，両事業ともスターに位置することが分かります。それにもかかわらず，企業全体のマルチプルが相対的に低く，その原因は事業ポートフォリオの複雑さにあるというのが，ファンドの分析でした。

　ファンドは，設備投資負担が大きい半導体事業を分離することで，半導体特有の市場サイクルや設備投資への対応がしやすくなると主張しました。同

時に，オリンパスやソニーフィナンシャルホールディングス（当時）などの株式を売却し，エンタテインメント事業に経営資源を集中することで，市場の評価が高くなるという見方を示しました。

　投資家の視点からソニーを分析すると，コングロマリット・ディスカウント（多角化による企業価値の低下）が生じているように見えたのかもしれません。先に述べたように，複数の事業を手掛ける企業のバリュエーションには，各事業（パーツ）の評価額を合計するSOTP法があります。全社の評価額がパーツの合計額より低い場合，何らかのディスカウントが生じていると考えられます。コーポレートファイナンスの分野では，コングロマリット・ディスカウントとよばれています。もちろん，多角化が常にディスカウントをもたらすわけではありません。近年では，多角化によるプレミアムの可能性が指摘されています。

(3) ソニーの対応—事業ポートフォリオの選択—

　ソニーは，半導体事業の分離とソニーフィナンシャルホールディングスの株式売却には反対しました。オリンパスの株式は取得時の三倍以上の価格で売却しました。

　ソニーは，プレイステーション向けに開発した技術がイメージセンサーの開発に結び付いているというシナジー効果を主張しました。また，半導体事業への投資を平準化する計画も示しました。さらに，同事業を分離すると，ライセンス費用の負担が大きく，人材採用やグループ運営にとって好ましくないことを説明しました。その上で，半導体事業の名称をイメージング＆センシング・ソリューションに変更し，同事業を内部に維持する方針を発表しました（ソニー（2019年）「株主そして多様なステークホルダーの皆様へ向けたCEOレターの発信について」）。

　株式の約65％を保有していたソニーフィナンシャルホールディングスについては，利益への安定的な貢献などを理由に，保有を維持することを発表しました。2020年5月には，ソニーブランドの効果やAI技術のフィンテックへの活用を理由に，ソニーフィナンシャルホールディングスの株式を買い付

け，完全子会社化しました。株主提案とは逆の結果になりましたが，この完全子会社化は，その後の日本企業の親子上場解消の一例になりました。NTTがドコモの完全子会社化を発表したのは，この事例のすぐ後です。ソニーは社名をソニーグループ株式会社にすると同時に，エレクトロニクス事業を担う子会社がソニー株式会社の商号を継承する計画を発表しました（ソニー「経営方針説明会」2020年5月19日）。

経営方針の中には，ソニーグループ株式会社のミッションとして，事業ポートフォリオ管理とそれに基づくキャピタルアロケーション，グループシナジーと事業インキュベーションによる価値創出，イノベーションの基盤である人材とテクノロジーへの投資が謳われています。

サード・ポイントは，ソニーの対応を受けて，再度の主張をした後，保有株式を売却しました。同ファンドが保有した期間の収益率は，80％以上であったと推測されています（ロイター「サード・ポイントがソニーADRを売却」2020年8月19日）。

その後のソニーは事業間のシナジーを実現しているように見えます。エンタテインメント事業のみに集中したソニーが，実際にどのような評価を受けていたかは分かりません。しかしながら，ソニーの事例から二つのことを確認することはできます。一つは，企業内部の技術の移転やシナジー効果が，外部の投資家には必ずしも見えていないことです。もう一つは，投資家の提案の中には，建設的で有益なものがあり，企業経営の方針として採用されたり，経営方針の実施を後押ししたりすることです。後者は，企業と投資家の協働といえるでしょう。

ソニーは2020年度の当期純利益が初めて1兆円を上回るという予想を発表，その後実現しました。業績予想の発表を受けて，同社の株価は大きく上昇し，12,000円を上回りました。約10年前の2012年当時，同社の株価は1,000円以下に低迷していました。企業価値の低迷期から現在にかけて，同社はパソコン（VAIO）事業の売却を行うなどの施策を実行してきました。株主との対話も踏まえながら，企業価値の向上に向けた事業ポートフォリオの最適化に取り組んできた良い事例といえます。

クロスボーダーとベンチャーのバリュエーション

第10章のテーマとポイント

● 国内市場の成熟化や海外市場の成長ポテンシャルを背景に，日本企業のクロスボーダーの投資やM&Aが増加しています。例えば，三菱商事と中部電力は，オランダのエネルギー企業のエネコ(Eneco)社を買収しました(2020年)。パナソニックは，サプライチェーンの最適化ソフトウエアを手掛けるアメリカのブルーヨンダー(Blue Yonder)社を買収しました(2021年)。海外市場への進出とその手段であるクロスボーダーの投資やM&Aは，企業経営の重要なテーマになっています。

● 大学発のベンチャーや大企業によるCVC(コーポレート・ベンチャーキャピタル)が話題になるように，ベンチャー企業の設立やベンチャー企業への投資も盛んになっています。機械学習や深層学習の技術を手掛けるプリファードネットワークスや，スペースデブリの除去技術を手掛けるアストロスケールなど，日本国内でも有望なベンチャー企業が成長しています。

● 本章では，クロスボーダーの投資とベンチャー企業の評価について説明します。図表に示したように，両者にはいくつかの共通点があります。クロスボーダーであれ，ベンチャーであれ，その評価にはDCF法を適用します。投資家の期待(割引率)と企業の経営成果(FCF)を組合せたDCF法は，コーポレートファイナンスやバリュエーションの基本です。

● 新興国や新興企業(ベンチャー)には，将来の利益やFCFが大幅に低下するリスクがあります。この種のリスクが分散投資で消去できない場合，期待FCFを下

クロスボーダーのバリュエーション	ベンチャー企業のバリュエーション

	クロスボーダーのバリュエーション	ベンチャー企業のバリュエーション
共通点	● DCF法の適用 ● 新興国のカントリーリスク ● カントリー・リスクプレミアム ● 期待FCFと資本コストの通貨の整合性	● DCF法の適用 ● 新興企業のハイリスク ● アーリーステージの高い割引率 ● 目標FCFと目標収益率，期待FCFと 　期待収益率の整合性
	● 金利平価と購買力平価 ● スポットレート法とフォワードレート法	● ベンチャーキャピタル法（VC法） ● 潜在株式が株式評価や議決権に与え 　る影響

げる方法と割引率を高くする方法があります。後者の方法では，新興国企業の資本コストにカントリー・リスクプレミアムを上乗せしたり，アーリーステージのベンチャー企業の資本コストにリスクプレミアムを追加したりします。

● クロスボーダーのバリュエーションでは，期待FCFと資本コストの通貨整合性をとることがポイントです。期待FCFがドル建てであれば資本コストもドル建て（ドルベース），期待FCFが円建てであれば資本コストも円建て（円ベース）にします。期待FCFと資本コストの通貨が異なると，価値評価や意思決定を間違える可能性があります。

● 期待FCFと資本コストの通貨整合性をとる方法として，スポットレート法とフォワードレート法があります。フォワードレート法では，金利や期待インフレ率の相違を調整する金利平価や購買力平価を用いて，為替のフォワードレートを算出し，期待FCFの通貨を変換します。資本コスト（期待収益率）やサステナブル成長率の変換においても，金利や期待インフレ率の相違を調整します。

● ベンチャー企業の評価では，期待と目標の整合性をとることがポイントです。期待FCFには期待収益率，高い目標FCFを割引く際には，高い目標収益率を用います。ベンチャー企業の評価では，将来に発行される予定の株式数（潜在株式数）を正しく取り入れることも重要になります。潜在株式数が多い場合，株式評価や議決権の配分がその影響を大きく受けるためです。

第10章　クロスボーダーとベンチャーのバリュエーション

271

1. クロスボーダーの投資評価

海外の投資プロジェクトや海外企業の評価を**クロスボーダー**(cross border)**のバリュエーション**といいます。クロスボーダーのバリュエーションにおいても，DCF法を適用します。クロスボーダーにおけるDCF法の注意点は，期待FCFと資本コストの通貨整合性をとることです。

図表10－1(a)は，日本企業からみた米ドル建ての投資プロジェクトの評価を示したものです。期待FCFはドル建て，資本コストもドル建てになっています。資本コスト(期待収益率)はパーセント表示のため，通貨という意識が弱くなりますが，期待FCFと整合的な値を用いることが大切です。ドル建ての期待FCFの現在価値を求めるのに，日本の投資評価に用いる割引率(円に対応)を使ってはいけません。日本とアメリカのリスクフリー・レート(金利)が異なる場合，資本コストも異なるはずです。

ドル建ての期待FCFとドル建ての資本コストを用いると，表にあるドル建てのNPV($)が算出できます。ドル建てのNPVを円建てのNPV(円)に変換したければ，現在の為替レート(スポットレート，spot rate)を用います。このアプローチを**スポットレート法**といいます。

資本コストと同様に，IRRについても通貨を意識します。表のIRR($)は，ドル建てのFCFの内部収益率です。IRRはエクセルのIRR関数を用いて算出します。表の最後の行には，円建ての内部収益率(IRR(円))の算出が示されています。日本とアメリカの金利の比率を用いていることに注意をしてください。二国間の収益率(資本コスト)は，金利やインフレ率の比率と関係があります。詳しくは，後のセクションで説明します。

図表10－1(b)は，エクセルによる海外投資の評価モデルです。シートのG列は，左横のセルに挿入されている関数や数式を示しています。確認をしてください。

図表10−1(a) | 海外投資の評価（スポットレート法）

年度	0	1	2	3
期待FCF（$）	−500	200	220	200
資本コスト（$）	7.0%			
NPV（$）	$-500 + \dfrac{200}{1.07} + \dfrac{220}{1.07^2} + \dfrac{200}{1.07^3} = 42.332$ドル			
NPV（円）	42.332×110＝4,656.52円（スポットレート＝110円/$）			
IRR（$）	11.6%（エクセルで算出）			
IRR（円）	（1+IRR（$））×〔（1+円金利）/（1+ドル金利）〕−1＝10.5%			

- 日本企業からみたドル建て（$）の投資評価
- アメリカの金利（ドル金利）＝2.0%，日本の金利（円金利）＝1.0%
- 円/ドルのスポットレート＝110円/ドル

図表10−1(b) | エクセルによる海外投資評価（スポットレート法）

	A	B	C	D	E	F	G	H
1		海外投資の評価						
2		前提						
3		資本コスト ($)	7.0%					
4		金利 (アメリカ)	2.0%					
5		金利 (日本)	1.0%					
6		円/ドル スポットレート	110.0					
7								
8		① スポットレート法						
9		年度	0	1	2	3		
10		期待FCF ($)	-500	200	220	200		
11		PV (FCF ($))	-500	187	192	163	=F10/(1+$C$3)^F9	
12		NPV ($)	42.33				=SUM(C11:F11)	
13		NPV (円)	4,656.52				=C12*C6	
14		IRR ($)	11.6%				=IRR(C10:F10)	
15		IRR (円)	10.5%				=(1+C14)*(1+C5)/(1+C4)-1	

第10章　クロスボーダーとベンチャーのバリュエーション

273

2. 金利平価と購買力平価

　図表10−1(a)(b)の例から分かるように，国境をまたぐクロスボーダーの
バリュエーションでは，金利が異なる国の通貨や為替レートを扱う必要があ
ります。最も基本的なアプローチは，金利平価と購買力平価という考え方で
す。数値例を用いて説明しましょう。

　図表10−2(a)は，二国間の金利の相違に注目した投資の数値例を示して
います。金利が低い日本で資金調達(借入れ)をして，金利が高いアメリカで
資金を運用するという計画です。現時点で円をドルに変換し，ドルで1年間
運用した後，運用成果を円に変換して借入れを返済します。

　現時点における為替レートは，**スポットレート**(spot rate)です。為替
レートは変動しますが，将来の為替を予約することで，その変動リスクを回
避することができます。将来の為替の予約レートを**フォワードレート**
(forward rate)といいます。表には，二種類のフォワードレートが示されて
います。一つは，スポットレートと同じレート(1＄＝110円)で予約が可能
な場合です。表の一番下の行に，元利返済後の利益計算の結果が示されてい
ます。この場合，手元に確実に1万円が残ります。元手はゼロですので，何
もせずに利益が出ることになります。競争的な市場では，リスクをとること
なくリターンを得る機会はないため，この結果は起こらないと考えられます。

　金利とスポットレートが決まっている場合，フォワードレートが利益をゼ
ロにするように決まります。金利平価の列を見てください。フォワードレー
トが1ドル＝108.9円であれば，借入れを返済した後に手元に残る資金はゼロ
になります。手元資金がゼロの状態から始めて，結果がゼロになっています。
リスクをとらずに利益を得る機会が消滅しました。これが正しい考え方です。

　フォワードレート(為替予約レート)が金利によって決まるという考え方は，
金利平価（**IRP**, Interest Rate Parity）といわれます。為替の変動リスクをカ
バーするという意味で，カバー付き金利平価ということもあります。図表の
下のパネルをみてください。金利平価による為替のフォワードレートは，二
国間の金利の比率によって決まります。

為替予約（フォワードレート）	スポットレートの場合	金利平価
円の借入れ	100万円（円金利＝1％）	
ドル変換（スポットレート）	9,091ドル（1ドル＝110円）	
1年後のドル	9,272.7ドル（ドル金利＝2％）	
フォワードレート	1$＝110円	1$＝108.9円
1年後の日本円	102万円	101万円
元利（円）返済後の利益	＋1万円	0

- 元手ゼロ。低金利の日本（1％）で資金調達をして金利が高いアメリカ（2％）で運用
- 市場金利で借入れ可能，法人税や手数料は考慮しない
- スポットレート＝110円/ドル
- 1年後の為替レートの変動を回避するためフォワードで予約
- 金利平価：フォワードレート＝スポットレート×［（1＋円金利）/（1＋ドル金利）］
  ＝110×（1.01）/（1.02）＝108.9円/ドル

図表10−2(b) | 金利平価と購買力平価

- 金利平価（Interest Rate Parity, IRP）：
  フォワードレート＝スポットレート×［（1＋円金利）/（1＋ドル金利）］

- 購買力平価（Purchasing Power Parity, PPP）：
  フォワードレート＝スポットレート×［（1＋円インフレ率）/（1＋ドルインフレ率）］
  円インフレ率は日本の期待インフレ率，ドルインフレ率はアメリカの期待インフレ率

- 円/ドル以外のケース（円/ユーロ，ドル/ユーロ等）も同様

- この本では金利と期待インフレ率は期間を通じて一定と仮定

　金利平価では，金利の低い国の通貨が強くなります。数値例では，日本の金利が1％，アメリカの金利が2％です。したがって，フォワードレートはスポットレートより円高になります。計算結果をみると，スポットレートが1ドル＝110円であるのに対し，フォワードレートは1ドル＝108.9円になっています。

為替のフォワードレートについては、**購買力平価**（**PPP**, Purchasing Power Parity）という考え方もあります。図表10−2(b)に示したように、購買力平価では金利の代わりに二国間の期待インフレ率の比率を用います。インフレ率は購買力の指標です。

　本書では、期間を通じて資本コストは一定であるとしています。金利と期待インフレ率の比率についても、期間を通じて一定であるとして説明を進めていきます。

3. 資本コストとFCFの変換

　金利平価を用いて、クロスボーダーの投資評価におけるもう一つのアプローチについて説明しましょう。スポットレート法に対して、**フォワードレート法**といいます。計算過程は複雑になりますが、クロスボーダーの投資評価に対する理解を深めたり、スポットレート法の結果を確認したりするのに有益です。

　図表10−3(a)は、フォワードレート法による投資評価を示したものです。スポットレート法（図表10−1(a)）との相違は、期待FCFが円建てであり、資本コスト（割引率）も円建てになっていることです。期待FCFを円建てに換算する際にフォワードレートを用いるため、フォワードレート法といわれます。フォワードレートは、スポットレートと二国間の金利の比率と年数（べき乗）を用いて算出します。円建ての資本コスト（資本コスト（円））は、ドル建ての資本コストと二国間の金利の比率を用いて求めます。金利に代えてインフレ率を用いることもあります。

　表のNPV（円）の行を見てください。フォワードレート法では、円建ての期待FCFと円建ての資本コストを用いて、円建てのNPVを求めます。円建てのNPVの値は、スポットレート法を用いて算出した図表10−1(a)の値に等しくなります。円建てFCFを用いて算出した円建てIRRも、図表10−1(a)の値と一致しています。

　図表10−3(b)は、エクセルによるモデル（フォワードレート法）です。各

年度	0	1	2	3
期待FCF（$）	−500	200	220	200
期待FCF（円）	−55,000	21,784	23,728	21,359
資本コスト（円）	5.95%（＝1.07×(1.01)/(1.02)−1）			
NPV（円）	$-55{,}000 + \dfrac{21{,}784}{1.0595} + \dfrac{23{,}728}{1.0595^2} + \dfrac{21{,}359}{1.0595^3} = 4{,}656.52円$			
IRR（円）	10.5%（エクセルで算出）			

- ドル金利＝2.0%，円金利＝1.0%，資本コスト（$）＝7.0%
- 円/ドルのスポットレート＝110円/ドル
- フォワード（t年）＝スポットレート×［(1＋円金利)/(1＋ドル金利)］^{t}
- t年の期待FCF（円）＝期待FCF（$）×フォワードレート（t年）
- 資本コスト（円）＝(1＋資本コスト（$）)×(1＋円金利)/(1＋ドル金利)−1

図表10−3(b) | エクセルによる海外投資評価（フォワードレート法）

	A	B	C	D	E	F	G	H
1		海外投資の評価						
2		前提						
3		資本コスト ($)	7.0%					
4		金利 (アメリカ)	2.0%					
5		金利 (日本)	1.0%					
6		円/ドル スポットレート	110.0					
7								
17		② フォワードレート法						
18		年度	0	1	2	3		
19		期待FCF ($)	-500	200	220	200		
20		フォワードレート (円/ドル)	110.0	108.9	107.9	106.8	=$C$6*((1+$C$5)/(1+$C$4))^F18	
21		期待FCF (円)	-55,000	21,784	23,728	21,359	=F19*F20	
22		資本コスト (円)	5.95%				=(1+C3)*(1+C5)/(1+C4)-1	
23		PV (FCF))	-55,000	20,561	21,137	17,959	=F21/(1+$C$22)^F18	
24		NPV (円)	4,656.52				=SUM(C23:F23)	
25		IRR (円)	10.5%				=IRR(C21:F21)	

年度のフォワードレートの計算は，20行目にあります。資本コストの変換は22行目，円建てFCFの現在価値は23行目，円建てNPVは24行目，円建てIRR(円)は25行目です。シートのG列は，左横のセルにインプットされている関数や数式を示しています。確認してください。

スポットレート法とフォワードレート法が同じ結果になることは，二国間の金利の比率を用いた資本コストの変換が，金利平価と整合的であることを意味しています。

4. クロスボーダーの企業価値評価

(1) スポットレート法とフォワードレート法による企業価値評価

DCF法によるクロスボーダーの企業価値評価は，基本的に海外投資の評価と同じです。スポットレート法では，現地通貨建ての期待FCFと資本コストを用います。ターミナルバリューの算出に用いるサステナブル成長率も，現地の値をインプットします。第8章で説明した手順を用いて現地通貨建ての企業価値や事業価値を算出し，スポットレートを用いて自国通貨建ての企業価値に換算します。

図表10−4(a)は，日本を自国とした場合のアメリカ企業のバリュエーションの数値例です。エクセルシートを用いた計算結果を示しました。資本コスト，期待FCF，成長率は，すべてドル建て($)の値です。期待FCFとターミナルバリュー($TV_3(\$)$)の現在価値を合計すると，ドル建ての企業価値($EV(\$)$)が算出できます(セルC15)。スポットレートを用いると，円建ての企業価値($EV(円)$)が求まります(セルC16)。

図表10−4(b)は，フォワードレート法によるクロスボーダーの企業価値評価です。ここでは，サステナブル成長率を円建てに変換する必要があります。金利平価を用いる場合，成長率の変換についても，二国間の金利の比率を用います。図表のエクセルシートのセルC8とその右側にある数式を見てください。日米間の金利の相違を反映して，アメリカにおける1.5%の成長率は，日本では0.5%になります。その下のセルC9は，資本コスト(期待収

図表10−4(a) │ クロスボーダーの企業価値評価（スポットレート法）

	A	B	C	D	E	F
1		海外企業の価値評価 (Cross Border Valuation)				
2		前提				
3		資本コスト ($)	7.0%			
4		金利 (アメリカ)	2.0%			
5		金利 (日本)	1.0%			
6		成長率 (アメリカ)	1.5%			
7		円/ドル スポットレート	110.0			
10						
11		① スポットレート法				
12		年度	**1**	**2**	**3**	TV₃($)
13		期待FCF ($)	200	210	220	4,060
14		PV (FCF ($))	187	183	180	3,314
15		EV ($)	3,864			
16		EV (円)	425,050			

ドル建ての期待FCFと資本コスト,
成長率を用いて EV($) を算出。
⇒ スポットレートを用いて円建て
のEV(円) に変換。

● EV (円) ＝EV ($)×円／ドルスポットレート
　　　　　＝3,864.09×110＝425,050

図表10−4(b) │ クロスボーダーの企業価値評価（フォワードレート法）

	A	B	C	D	E	F	G	H
1		海外企業の価値評価 (Cross Border Valuation)						
2		前提						
3		資本コスト ($)	7.0%					
4		金利 (アメリカ)	2.0%					
5		金利 (日本)	1.0%					
6		成長率 (アメリカ)	1.5%					
7		円/ドル スポットレート	110.0					
8		成長率 (日本, 円建て)	0.5%	=(1+C6)*(1+C5)/(1+C4)−1				
9		資本コスト (円)	5.95%	=(1+C3)*(1+C5)/(1+C4)−1				
10								
18		② フォワードレート法						
19		年度	**1**	**2**	**3**	TV₃ (円)		
20		期待FCF ($)	200	210	220	—		
21		フォワードレート (円/ドル)	108.9	107.9	106.8	=$C$7*((1+$C$5)/(1+$C$4))^E19		
22		期待FCF (円)	21,784	22,649	23,495	433,593	=E22*(1+C8)/(C9-C8)	
23		PV (FCF(円))	20,561	20,176	19,754	364,559		
24		EV (円)	425,050					

二国間の金利の比率を適用
資本コストと成長率を円建てに変換
為替のフォワードレートを算出

スポットレート法とフォワードレート法の
結果は一致する

TV₃ (円) は円建てFCFと円建て資本コスト,
円建て成長率を用いて算出

益率)の変換です。

　金利平価によるフォワードレートを用いて，各年度の期待FCFを円建てに変換し，円建ての資本コストで現在価値を求めます。円建てのサステナブル成長率を用いて，ターミナルバリューを求め，その現在価値を算出します。すべてを足し合わせると，円建ての企業価値評価額が求まります。シートでは，セルC24のEV(円)がフォワードレート法による円建ての企業価値評価額です。図表10−4(a)の評価額と一致しています。

　フォワードレート法とスポットレート法の結果が一致することは，二国間の金利の比率を用いた資本コストと成長率の変換が適切であることを意味しています。

(2) 企業価値評価におけるIRR

　図表10−4(c)は，ドル建てと円建ての期待FCFを用いて，IRRを計算したものです。投資額は現時点における評価額です。3年後の値は，3年後の期待FCF(FCF_3)とターミナルバリュー(TV_3)の合計になっています。ターミナ

図表10−4(c)｜IRRの確認

年度	0	1	2	3
	▲EV	FCF_1	FCF_2	$FCF_3 + TV_3$
ドル建てFCF($)	▲3,864	200	210	220+4,060=4,280
ドル建てIRR($)	7.0%(エクセルIRR関数で計算)			
円建てFCF(円)	▲425,050	21,784	22,649	23,495+433,593=457,088
円建てIRR(円)	5.95%(エクセルIRR関数で計算)			

26	③ IRR 計算				
27	年度	0	1	2	3
28	期待FCF ($, EVとTV含む)	-3,864	200	210	4,280
29	IRR ($)	7.0%			
30	期待FCF (円, EVとTV含む)	-425,050	21,784	22,649	457,088
31	IRR (Yen)	5.95%			

ルバリューを適切に用いることで，企業価値評価におけるIRRの計算をすることができます。

IRRはNPVをゼロにする割引率でした（図表7-2(a)参照）。適切な資本コストを用いて算出した現時点の企業価値評価額を投資額とみなす場合，IRRは資本コストに一致するはずです。

図表の計算結果もその通りになっています。下に示したエクセルを用いた計算結果を確認しましょう。ドル建てのIRRは7.0％であり，ドル建ての資本コスト（図表10-4(a)(b)のセルC3）に一致します。円建てのIRRの算出には，フォワードレート法で用いた円建ての期待FCFを使っています。円建てのIRRは5.95％になり，円建て資本コスト（図表10-4(b)のセルC9）に一致することが確認できます。

5. カントリー・リスクプレミアム

(1) カントリー・リスクプレミアム

新興国における投資評価や企業価値評価では，**カントリー・リスクプレミアム**（**CRP**, Country Risk Premium）を考慮することがあります。カントリー・リスクプレミアムは，その国（カントリー）に投資をすることで追加的に生じるリスクに対するプレミアムです。

例えば，新興国の政治体制や資本市場の制度に対する信頼性は，先進国より低いと考えられます。政治体制や諸制度が変わると，取引契約や金融契約が反故にされるなどの理由で，投資資金の回収ができなくなる可能性があります。ビジネスを継続することが困難になったり，利益やFCFが大きく落ち込んだりするリスクが考えられます。分散投資によって，この種のカントリーリスクを消去することができない場合，投資家はカントリー・リスクプレミアムを求めます。

カントリー・リスクプレミアムの代表的な指標は，各国が発行する国債利回りの差です。国債や政府保証債はソブリン債とよばれるため，利回りの差を**ソブリンスプレッド**ということがあります。グローバルな資本市場では，

アメリカ国債のドル建て利回りをリスクフリー・レートとみなします。各国のドル建て国債の利回りとアメリカ国債の利回りの差が，ソブリンスプレッドになります。カントリー・リスクプレミアムの指標であるソブリンスプレッドは，各国の債務返済の信用度を評価する格付によって決まります。格付の高い国は，カントリーリスクが低くスプレッドも小さくなります。逆に，格付の低い国は，カントリーリスクが大きいため，高いスプレッドが要求されます。

(2) グローバルCAPMとカントリー・リスクプレミアム

　グローバルに分散投資をする投資家（グローバルな投資）の立場から，CAPMとカントリー・リスクプレミアムについて考えましょう。グローバルな投資家が基準とする通貨は，ドルになります。また，資本コストの算出に適用するCAPMは，グローバルCAPM（global CAPM）といわれます。

　グローバルCAPMでは，リスクフリー・レートとしてアメリカ長期国債の利回り，市場ポートフォリオとしてアメリカのS&PやMSCIワールドインデックスを用います。個別企業のベータは，グローバルな市場ポートフォリオに対する値です（グローバルCAPMに対して，各国の国債利回りと株価指数を用いるCAPMをローカルCAPM（local CAPM）とよぶことがあります）。

　図表10-5 は，グローバルな投資家からみた二つの企業の資本コストの数値例です。二つの企業は，同種のビジネスを異なる国で行っています。一社は，カントリーリスクのないアメリカでビジネスを行っています。もう一社は，カントリーリスクがある新興国でビジネスを行っています。二つの企業は，ビジネスを行うカントリーのみが異なっています。

　投資家はグローバルCAPMを適用して，両企業のドル建ての資本コストを算出します。このとき，二つの企業で異なるのは，ソブリンスプレッドの有無です。新興国で事業を行う企業には，CAPMで算出した資本コスト（7%）にソブリンスプレッド（2%）が加算されます。上で述べたように，ソブリンスプレッドは，カントリー・リスクプレミアムの指標です。新興国企業の資本コストの算出モデルは，CRPを考慮したCAPM（CAPM with CRP）とよば

図表10−5 | カントリー・リスクプレミアムを考慮した資本コスト

	アメリカ企業	新興国の企業
リスクフリー・レート（ドル）	1.0%	
ソブリンスプレッド（ドル）	0	2.0%
ベータ	1.0	
市場リスクプレミアム	6.0%	
資本コスト（ドル建て）（CAPM with CRP）	7.0% （1%＋1.0×6.0%）	9.0% （1%＋2%＋1.0×6.0%）

- 同じ事業を異なる国（カントリー）で行う企業の資本コスト（ドル建て）
- カントリー・リスクプレミアム（ソブリンスプレッド）のみが異なる
- CAPM with CRP：カントリー・リスクプレミアム（CRP）を考慮したCAPM

れることがあります。

　分散投資で消去できないカントリーリスクは，CAPMのベータに反映されるという考え方もあります。いまの場合，新興国の企業のベータが1.33であれば，グローバルCAPMを用いたドル建ての資本コストは9%（1%＋1.33×6%）になります。現実的には，株価データが取得できなかったり，グローバルな市場ポートフォリオに対するベータの算出が困難であったりするため，ソブリンスプレッドを用いる方法が使われているようです。

　二国間の株式市場のボラティリティの比率である**相対ボラティリティ**（relative volatility）を用いて，カントリーリスクを反映する方法もあります。例えば，ワールドインデックスのボラティリティが30%，新興国の株式市場のボラティリティが36%である場合，1.2（36%÷30%）をグローバルな市場リスクプレミアムにかけ合わせます。クロスボーダーのバリュエーションでは，その他にもいくつかの実務的な方法が用いられています。

6. ベンチャー企業の割引率

(1) ベンチャー企業のステージ

ここでは，新興のベンチャー企業(venture)のバリュエーションについて説明します。図表10−6(a)は，標準的なベンチャー企業のステージと企業の規模，売上高，FCFの関係を示したものです。

創業後しばらくの期間は，売上があがらず，利益は赤字，FCFもマイナスになります。必要な資金は，自己資金やファミリーからの融資などで工面します。事業化が視野に入ると，**ベンチャーキャピタル**(Venture Capital, **VC**)から最初の資金調達を行います。VCは，将来性のあるベンチャー企業を投資対象とするファンドです。図のファーストラウンドが，VCからの1回

図表10−6(a)｜ベンチャー企業のステージ

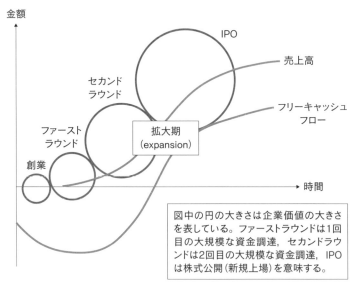

(出所)朝岡大輔 (2006年，NTT出版)『戦略的コーポレートファイナンス』図表6.2

目の資金調達を示しています。ここで調達した資金は、製品やサービスの開発とプロモーションに投資されます。この段階では、投資が必要なため、FCFはマイナスになります。VCから調達した資金が、マイナスのFCFを補います。キャッシュフローのパターンは、第4章の図表4-9(b)も参照してください。

事業が軌道に乗ってくると、2回目の大規模な資金調達を行い、売上と利益の増加を目指します。図では、セカンドラウンドの資金調達になります。多額の資金を調達して活用することで、売上高が増加し、利益が黒字化、FCFがマイナスからプラスに転じていきます。この時期を拡大期(expansion)ということがあります。順調にいくと、株式公開(IPO, Initial Public Offering)の可能性が高まります。株式公開をするためには、上場基準を満たす必要があります。事業計画が合理的である、業績予想の信頼性が高い、情報開示や組織の体制が整備されていることなどが条件になります。

上場基準を満たし、株式公開ができるステージになると、売上高が安定し、利益やFCFがプラスになります。その後、企業価値を高める投資機会があれば、資金調達を行い、価値向上と成長を両立させていきます。

(2) ベンチャー企業の割引率

図表10-6(b)は、ベンチャー企業のステージと割引率の関係を示したものです。ここでは、時間軸を逆にして、バックワードに見ていきましょう。上場基準を満たすステージになると、業績が安定してくるため、CAPMをベースにした類似上場企業と同水準の割引率が適用されます。実務では、類似上場企業(コンプス、ピアーズ)のマルチプルや割引率を用いて、バリュエーションを行うことが多いようです。図ではTV(ターミナルバリュー)としてあります。

それより前のステージでは、相対的に高い割引率が適用されます。高い割引率が用いられる理由については、いくつかの説があります。例えば、未上場企業の株式は、流動性が不足していることが考えられます。株式市場に上場していれば、株式を売買したいときに、すぐに市場価格で取引ができます。

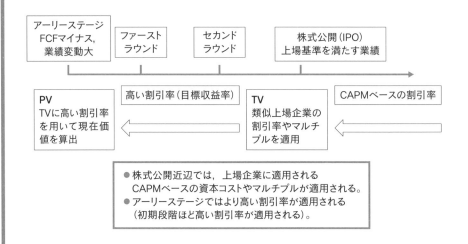

図表10－6(b)｜ベンチャー企業の割引率

上場していなければ，売手や買手を見出すために時間とコストがかかります。スムーズな売買ができないリスクを反映して，割引率が高くなっているというわけです。しかしながら，短期的な売買には関心がなく，企業の株式を長期間保有してFCFでの回収を目指す投資家も多数存在します。アーリーステージの企業の割引率が高い理由は，流動性の欠如のみではないといえます。

ベンチャー企業の業績やFCFの予測は不確実性が大きいため，高い割引率を適用するという説もあります。これは，新興国のカントリーリスクに対してリスクプレミアムを追加することと同じです。ベンチャー企業の場合，利益やFCFが目標値から下振れするリスクが大きいと考えられます。株式公開を実現するまでに倒産したり退出したりする企業も少なくありません。VC等の投資家は，この種のリスクを重視して，高い割引率を適用しているという考え方です。

7. 期待収益率と目標収益率

目標として定めた業績の下振れリスクがあるベンチャー企業の評価において，割引率を高く設定することは，直感的に理解できます。同じことですが，業績の下振れリスクをFCFのシナリオとして反映することも可能です。

図表10-7をみてください。ベンチャー企業と投資家(VC)が，将来の事業計画について議論をし，目標値が合意できたとしましょう。ここでは，5年後にFCFを200にすることが目標になっています。

目標値は，成功時(ベストケース)の経営成果を示しています。ベンチャー企業の経営者は，自信をもって事業を行わなければなりません。失敗することを恐れず，高い目標を掲げ，起業家精神をもって進んでいきます。

投資家は，もう少し冷静に事業計画を評価します。多くのベンチャーが失敗することも認識しています。投資家は目標値をベストケースとみなし，ベンチャーが失敗してFCFがゼロになるシナリオも考慮します。その結果，投資家の視点から見た客観的な期待FCFは100になります。

将来のFCFを現在価値に割引く場合，二つのアプローチがあります。一つは，これまでと同様に，下振れを含むFCFのリスクを考慮した期待FCFとリ

図表10-7 | 期待収益率と目標収益率

シナリオ(5年後)	失敗	期待	目標(成功)
FCF	0	100	200
期待FCF 期待収益率＝8%		期待FCF＝100 現在価値＝$100/(1.08)^5＝68$	
目標FCF 目標リターン＝24%		目標FCF＝200 $200/(1+r)^5＝68 \rightarrow r＝24\%$ 現在価値＝$200/(1.24)^5＝68$	

● 期待FCFを期待収益率で割引いた現在価値が，目標FCF(ベストケースのFCF)を目標リターンで割引いた現在価値と等しくなるように，目標リターンが決められる。

スクに応じた資本コストを用いることです。図表では，このアプローチにおける資本コスト（期待収益率）を8％と仮定しています。期待FCFを資本コストで5回割引くと，現在価値68が求まります。現時点の評価額が68，5年後の期待FCFが100である場合，投資の期待収益率は8％になります。

　もう一つのアプローチは，ベンチャーの経営者の目標FCFを分子にすることです。利益やFCFにおいて，経営者と投資家の目標が一致していれば，対話も進みやすくなります。ただし，評価額（現在価値）は，先のアプローチと同じ値になるはずです。分子が異なる二つのアプローチにおいて，現在価値が等しい場合，割引率が調整ファクターになります。表の計算結果が示すように，このアプローチにおける割引率は24％です。分子が目標FCFであるため，この値を**目標収益率**や**ターゲットリターン**（target rate of return）といいます。現時点の評価額が68，5年後の目標FCFが200である場合，目標収益率は24％というわけです。

　将来のFCFの割引現在価値を求めるという意味で，どちらのアプローチもDCF法を適用しています。ベンチャー企業の評価実務において，高い割引率が適用される理由の一つは，後者のアプローチを用いることが多いためです。次に紹介するVC法も，後者のアプローチに分類されます。

8. ベンチャーキャピタル法

(1) ベンチャーキャピタル法

　ベンチャー企業への投資を専門的に行うベンチャーキャピタルの名が付けられた評価方法として，**ベンチャーキャピタル法**（**VC法**, Venture Capital method）があります。将来のキャッシュフローを割引くという意味では，VC法はDCFアプローチの一つですが，特徴的な点もあります。ここでは，ベンチャー企業の評価実務で用いられるVC法について説明します。

　VC法では，まず将来時点における利益目標を定めます。将来時点の目安は，株式上場の基準を満たし，IPOが可能になる時期とします。目標利益に類似上場企業のマルチプルを適用して，将来価値（ターミナルバリュー）を算

出します。前のセクションで取りあげた目標収益率を割引率にして，ターミナルバリューの現在価値を求めます。

　図表10−6(b)では，TVがマルチプルを用いたターミナルバリュー，PVが目標収益率を割引率にして算出した評価額になります。マルチプルには，簡便的にPERを用いることが多いようです。ターミナルに至るまでの期間，ベンチャー企業は研究開発や設備投資に必要な資金が不足する状態が続きます。期待FCFがプラスになることは稀です。ターミナル時点まで投資家に配分できるキャッシュがないため，その期間における期待FCFの現在価値は考慮しません。ベンチャー企業を評価するVC法の特徴の一つです。

　VC法では，ターミナルまでのベンチャー企業の資金調達を評価に取り入れます。資金調達を前提にして算出される評価額を**ポストマネーの評価**（post-money valuation）といいます。資金調達後の評価額という意味です。VCにとってポストマネーの評価は，ベンチャー企業への投資額を含んだ金額になります。

　ポストマネーに対して，資金調達前の評価額を**プレマネーの評価**（pre-money valuation）といいます。プレマネーの評価額と投資額を足し合わせると，ポストマネーの評価額になります。ポストマネーやプレマネーという用語は，資金調達が生命線であるベンチャー企業の特徴を表しています。

(2) ベンチャーキャピタル法の数値例

　図表10−8(a)はVC法の数値例です。ベンチャーキャピタル（VC）からの2回の資金調達を前提として，5年後の株式上場（IPO）を計画しているベンチャー企業を考えます。今回は，ファーストラウンドの資金調達，3年後にセカンドラウンドの資金調達を計画しています。

　現在の発行済み株式数は6万株（オーナーが所有），IPOまでに追加で発行する株式数（潜在株式数）は4万株です。IPOまでに追加で発行する予定の潜在株式には，社員のストックオプションの権利行使分やセカンドラウンドの資金調達に際して発行する株式などが含まれます。合計10万株の中には，今回の資金調達において発行される株式数は含まれていません。

- 現時点から5年後にIPOを目標とするベンチャー企業がVCから1億円の資金調達を計画

- 発行済み株式数(6万株)と将来の潜在株式数(4万株)の合計は10万株

- 5年後の目標利益＝5,000万円，類似上場企業のPERの平均＝20 倍

- TV_5(IPO価格)＝5,000万円×20倍＝10億円，目標収益率r＝30％(年率)

- ポストマネーの評価：POST＝$TV_5 \div (1+r)^5$＝$10 \div (1.3)^5$＝2.69億円，
  プレマネーの評価：PRE＝2.69億円－1億円＝1.69億円

- VCのオーナーシップ比率＝1億円÷2.69億円＝37.13％

- VCに発行する株式数をNとすると，N/(100,000＋N)＝37.13％
  ⇒N＝(0.3713)(100,000)÷(1−0.3713)＝59,100株

- 株価＝POST÷総株式数＝2.69億円÷159,100株＝1,693円
  株価＝PRE÷潜在株式数＝1.69億円÷100,000株＝1,693円
  株価＝投資額÷新規発行株式数＝1億円÷59,100株＝1,693円

　簡便化のため，有利子負債はなく，IPOまでは配当をしないと仮定します。IPO時の目標利益は5,000万円，類似上場企業のPERの平均は20倍です。したがって，IPO時の株式時価総額(TV_5，5年後のターミナルバリュー)は10億円と予想されます。

　成功シナリオ(IPO実現)に対するVCの目標収益率は30％です。計算結果が示すように，ポストマネーの評価額は2.69億円，プレマネーの評価額は1.69億円になります。ポストマネーの評価額2.69億円に占めるVCの出資額は1億円，所有比率(オーナーシップ比率)は37.1％です。ファーストラウンドにおける理論株価は，1,693円と算出されます。図表では三通りの方法で理論株価を算出していますが，すべて同じ値になっています。

　図表10−8(b)は，エクセルを用いたVC法の計算結果です。上で述べたように，セルF10の理論株価，セルF11の理論株価，セルF13の理論株価が，すべて同じ値になっています。セルF14には，株価を用いたVCの投資収益率が算出されています。現在，一株1,693円で購入した株式の5年後の目標株価は6,287円です。投資収益率の年率は30％になり，目標収益率と等しくなります。

図表10−8(b)｜エクセルによるVC法の計算例

	A	B	C	D	E	F	G
1		ベンチャーキャピタル法（VC法）					
2		前提：			IPO時の株式時価総額（目標，万円）	100,000	=$C$3*$C$4
3		IPO時の利益（目標，万円）	5,000		IPO時の発行済み株式数（算出）	15.9	=C5+C6+F9
4		類似企業のマルチプル	20		IPO時の理論株価	6,287	=F2/F3
5		発行済み株式数（オーナー，万株）	6				
6		潜在株式数（将来のVC, SOなど，万株）	4		POST（ポストマネーの評価，万円）	26,933	=F2/(1+C10)^C9
7					VCの保有比率	37.1%	=C11/F6
8		1stラウンド：VCの前提			増資前株式数（潜在株式含む，万株）	10.0	=C5+C6
9		IPOまでの期間（年数）	5		VCに発行される株式数（万株）	5.91	=F7*F8/(1-F7)
10		目標リターン（IPOまでの5年間）	30%		理論株価① POST+総株数	1,693	=F6/(F8+F9)
11		投資額（万円）	10,000		理論株価② 投資額+新規発行株	1,693	=C11/F9
12					PRE（プレマネーの評価）	16,933	=F6-C11
13					理論株価③ PRE+株数（PRE）	1,693	=F12/F8
14					投資収益率	30.0%	=(F4/F10)^(1/C9)-1

9. ベンチャーキャピタル法と潜在株式

(1) 潜在株式数と株価

　ベンチャー企業の資金調達と株式評価では，その後に発行される**潜在株式**（potential dilutive shares）の影響が大きくなります。図表10−8(a)(b)の例では，既存株主であるオーナーが6万株を保有しています。加えて，セカンドラウンドの資金調達とストックオプションとして，将来的に4万株の株式が追加発行される見込みです。ファーストラウンドの資金調達において，合理的な潜在株式数は4万株ということになります。

　資金ニーズが強いベンチャー企業では，潜在株式数が多くなります。そのため，資金調達時に発行する株式数と株価が，潜在株式数の影響を受けやすいという特徴があります。図表10−8(b)のモデルでは，セルF8が潜在株式を含む株式数，セルF9がベンチャーキャピタル（VC）に発行される株式数，セルF10が理論株価になっています。セルG9やG10に示した計算式から分かるように，F9やF10は潜在株式数（F8）の関数になっています。

　資金調達時（ファーストラウンド）において，株式を購入するのはVCです。割高な価格で株式を購入すれば，VCは損をします。得をするのは，既存株主であるオーナーです。逆に，割安な価格で株式を買うことができれば，

潜在株式数の見込み	過少	適正	過大
① 潜在株式数（万株）	2.0	4.0	6.0
② 増資前株式数 （オーナー持分 6万株＋①）	8.0	10.0	12.0
③ VC比率（投資額÷POST）	37％	37％	37％
④ VCに発行される株数（万株） （（②×③）÷（1−③））	4.7 8(0.37)/(1−0.37)	5.9 10(0.37)/(1−0.37)	7.1 12(0.37)/(1−0.37)
⑤ VC取得株価 （投資額÷④）	2,120円 （1億円÷4.7万株）	1,693円 （1億円÷5.9万株）	1,410円 （1億円÷7.1万株）
⑥ IPO時の株価 （10億円÷（10万株＋④））	6,800円 （10億円÷14.7万株）	6,287円 （10億円÷15.9万株）	5,850円 （10億円÷17.1万株）
VC投資収益率 （（⑥÷⑤）^（1/5）−1）	26％＜30％	30％	33％＞30％
損得	オーナー得/ VC損		オーナー損/ VC得

VCが得をします。損をするのはオーナーです。

　図表10−9(a)を見てください。表はVCの立場から，潜在株式の影響を分析した結果です。潜在株式数の適正な見込みは4万株です。このとき，VCは一株1,693円で株式を5.9万株購入し，1億円を出資（投資）します。ファーストラウンドから5年後のIPO時の目標株価は6,287円でした。前セクションでも述べたように，投資収益率は30％になり，目標収益率に一致します。

(2) 潜在株式と利害対立

　図表10−9(a)の表における第2列（「過少」の列）は，潜在株式数を少なく見込んだケースです。表では2万株として計算をしました。VCは，一株2,120円で4.7万株を購入します。将来的には，適正な潜在株式が発行されるため，IPO時点の株式数は14.7万株，株価は6,800円になります。VCの投資収益率は26％になり，目標の30％に届きません。本来1,693円であった株式を2,120円という割高な価格で購入したVCが損をします。保有株数が一定である

図表10−9(b)｜潜在株式数の影響：エクセルによる分析

	A	B	C	D	E	F	G	H
1		ベンチャーキャピタル法:潜在株式の影響						
2		前提：IPOまでの期間（年数）			IPO時の時価総額	100,000	=$C$3*$C$4	適正な潜在株式数を用いて算出
3		IPO時の利益（目標, 万円）	5,000		IPO時の株式数	14.7	=C5+C6+F9	
4		類似企業のマルチプル	20		IPO時の株価	6,791	=F2/F3	
5		発行済み株式数（万株）	6					
6		適正な潜在株式数（万株）	4		POST	26,933	=F2/(1+C11)^C10	
7		潜在株式数（見込み）	2		VC保有の比率	37.1%	=C12/F6	
8					増資前株式数（潜在株式数含む）	8.0	=C5+C7	
9		1stラウンド：VCの前提			VC発行株数	4.72	=F7*F8/(1-F7)	
10		IPOまでの期間（年数）	5		発行価格（投資額÷株数）	2,117	=C12/F9	
11		目標リターン	30%		投資収益率	26.3%	=(F4/F10)^(1/C10)-1	
12		投資額（万円）	10,000					

VCの投資収益率		潜在株式数		
		2	4	6
マルチプル	15	26.9%	30.0%	32.3%
	20	26.3%	30.0%	32.9%
	25	25.9%	30.0%	33.3%

- セルF3：IPO時の適正株式数（オーナーの保有株数（C5）＋適正な潜在株式数（C6）＋VC発行株数（F9））
- セルF8：VC以外の投資家に対する発行株式数（オーナーの保有株数（C5）＋潜在株式数（C7））
- データテーブルの潜在株式数はC7，マルチプルはC4

オーナーは，IPO時点の株価が高くなる分だけ得をします。

表の第4列（「過大」）は，潜在株式数を多く見込んだケースです。表では6万株としました。VCは，一株1,410円で7.1万株を購入します。IPO時点の株式数は17.1万株，株価は5,850円になります。VCの投資収益率は33％になり，目標の30％を上回ります。本来1,693円であった株式を1,410円という割安な価格で購入できたVCは得をします。IPO時の株価が下がる分だけ，オーナーは損をします。

図表10−9(b)は，潜在株式の影響を分析するためのモデルです。セルC6には適正な潜在株式数が入っています。その下のセルC7は，ファーストラウンドで資金調達条件を決める際の潜在株式数（見込み）です。図表では2万株（過少）のケースを取りあげました。セルF3はIPO時の株式数です。株式数は，オーナーの保有株数（C5），適正な潜在株式数（C6），資金調達に際して発行された株式数（F9）の合計になっています。

データテーブルを用いた感度分析では，潜在株式数の見込み（C7）を行に

インプットしました。列にはマルチプルを挿入してあります。潜在株式数を過少に見積もると，マルチプルが高くなるほどVCの投資収益率が低下し，オーナーが得をします。

　潜在株式数を過大に見積もると，マルチプルが高くなるほどVCの投資収益率が大きくなります。このときは，オーナーが損をします。潜在株式数が適正であれば，マルチプルによらず，VCは得も損もしません。

　このように，VC法による企業価値評価や株価評価では，資金調達からIPOまでに発行される潜在株式数が，企業(オーナー)と投資家(VC)の損益に影響します。利害対立の原因になるため，十分に注意をすることが必要です。

　また，増資によるベンチャー企業の資金調達は，議決権にも大きな影響を与えます。数値例では，ベンチャー企業の株式保有比率は37％であり，議決権の3分の1超をもつことになります。議決権は，経営の意思決定に関する権利ですので，これも利害対立の原因になります。

COLUMN ESGとCFPの研究：アーリーステージから成長期

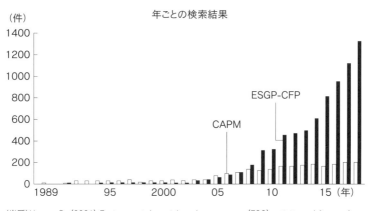

図表｜ESGとCFPに関する研究の増加

（出所）Huang, D. (2021) Environmental, social, and governance (ESG) activity and firm performance: A review and consideration, *Accounting and Finance61*.

　上のグラフは，ファイナンスの伝統的なテーマに関する研究（CAPM関連，ESGとの関連なし）と，ESGP－CFP（Corporate Financial Performance）に関する研究の動向を調べた結果を示しています。ESGPは，企業のESGパフォーマンス（ESG performance）の意味です。白色の棒グラフが伝統的なテーマに関する研究の数，黒色がESGに関する研究の数です。過去30年間において，ESGを取りあげた研究の数は，伝統的なテーマの研究の2倍以上になるという報告もあります。

　グラフから分かるように，2010年以降は，ESGP-CFPに関する研究が大きく増加しています。国連におけるSDGs（Sustainable Development Goals）の採択が2015年，CO_2削減目標を定めたパリ協定の発効が2016年，アメリカのビジネス・ラウンドテーブルがステークホルダー資本主義への転換を明言したのが2019年です。社会の動向と歩調を合わせるように，ESGとコーポレートファイナンスの研究は，創業からアーリーステージを経て，成長期や拡大期に入ったといえます。

資本構成と資金調達

第11章のテーマとポイント

1. 資本構成とその考え方
2. MMの無関連命題
3. レバレッジと資本コスト
4. 資本構成のトレードオフ理論
5. 財務の柔軟性
6. 情報の非対称性とペッキングオーダー理論

7. エージェンシー理論と資本構成
8. エクイティファイナンスとEPSの希薄化
9. 転換社債
10. M&Aと資金調達
11. 資本構成とベータ

第11章のテーマとポイント

● 企業は，資本構成（負債とエクイティの組合せ）について，金融市場や経営環境を踏まえた選択を行います。現時点（2021年）において，ユニクロや任天堂は，有利子負債がない無借金経営を行っています。かつてのトヨタ自動車も，無借金経営でした。有利子負債がないことは，利益が高水準であることの表れです。また，経営や財務の柔軟性を維持できるという面もあります。感染症の経験が示すように，財務の柔軟性は自社でコントロールできない危機への対応力になります。

● ソフトバンクグループは，低金利下での有利子負債を積極的に活用し，M&Aや投資事業を行ってきました。事業が順調であれば，負債の利用は高いROEやEPSに結び付きます。事業が悪化すれば，多額の有利子負債が経営の重石になります。投資事業の損失を計上した際，同社はアリババ株式の売却等によって，約1兆円の負債の削減を行いました。その後，事業が好転し，2020年度には日本企業として過去最高となる4.9兆円の当期純利益を記録しました。

● 本章のテーマは，企業の資本構成と資金調達です。コーポレートファイナンスにおいて，このテーマを学ぶ際の出発点は，完全競争市場を前提としたモジリアーニ教授とミラー教授の無関連命題（MMの無関連命題）です。MMの無関連命題では，企業価値を決めるのは事業のリスクとリターンであり，資本構成や資金調達の方法は影響しません。モジリアーニ教授は1985年，ミラー教授は1990年にノーベル経済学賞を受賞しました。

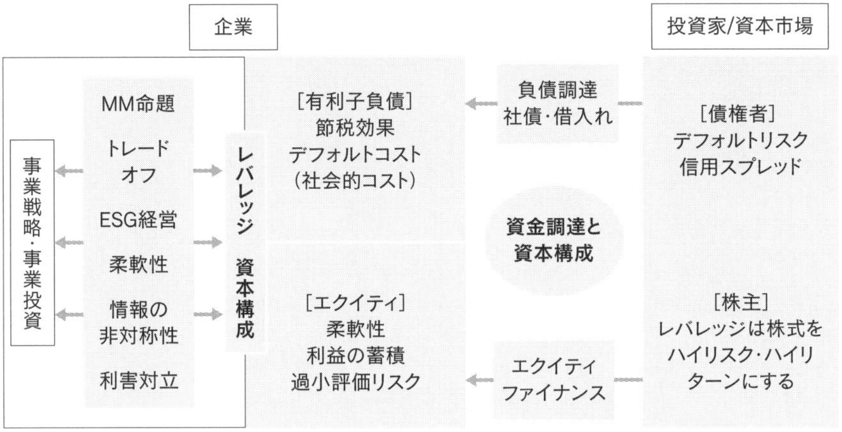

図中のテキスト：

企業

| 投資家/資本市場

MM命題
トレード
オフ
ESG経営
柔軟性
情報の
非対称性
利害対立

事業戦略・事業投資

レバレッジ 資本構成

[有利子負債]
節税効果
デフォルトコスト
（社会的コスト）

負債調達
社債・借入れ

[債権者]
デフォルトリスク
信用スプレッド

資金調達と
資本構成

[エクイティ]
柔軟性
利益の蓄積
過小評価リスク

エクイティ
ファイナンス

[株主]
レバレッジは株式を
ハイリスク・ハイリ
ターンにする

条件付き理論：現実的な諸要因を前提とした様々なアプローチ
MMの無関連命題（理論の出発点），トレードオフ理論（長所と短所のトレードオフ），
ESG経営とデフォルトの社会的コスト，経営のサステナビリティと財務の柔軟性，
情報の非対称性，ステークホルダー間の利害対立問題

- 事業のリスクとリターンが変わらなければ，企業価値は変わりません。このとき，ローリスク・ローリターンの負債のウェイト（レバレッジ）を高めると，株式はハイリスク・ハイリターンになります。

- 法人税とデフォルトコストという要因を考慮すると，資本構成のトレードオフ理論が導かれます。トレードオフ理論では，節税効果が負債の長所，デフォルトコストが負債の短所になります。追加的な節税効果と追加的なデフォルトコストが一致するポイントが，企業価値を最大にする最適資本構成です。

- サステナビリティや社員の生活を重視するESG経営という観点からすると，デフォルトによる社会的な損失は，非常に大きな要素になる可能性があります。そのため，ESGやサステナビリティを重視する企業は，保守的なレバレッジ（低い負債比率）を選択すると考えられます。保守的なレバレッジは，財務や経営の柔軟性という観点からも，現実的な資本構成といえます。

- 資本構成には，その他にも情報の非対称性を条件とするペッキングオーダー理論や，投資家と経営者の利害対立を条件とするいくつかの説があります。これらは，現実的な諸要因を取り入れた条件付き理論（conditional theory）といわれます。現実の企業の資金調達や資本構成には，様々な要因が複合的に関係していると考えられます。

1. 資本構成とその考え方

　企業の資金調達の方法は，負債調達とエクイティファイナンス(株式発行を伴う資金調達)に大別できます。資金の源泉を表す貸借対照表の右側には，負債と純資産(エクイティ)の簿価が示されています。コーポレートファイナンスでは，負債と株式の組合せを**資本構成**(capital structure)といいます。本章では，資本構成がどのように決定され，企業価値や株式価値にどのような影響を与えるかについて説明します。

　負債の概念は，紀元前5世紀の古代ローマの十二表法に登場しており，長い歴史をもっています。一方，1602年のオランダ東インド会社が起源とされる株式制度の歴史は浅いといえます。もっとも，株式会社制度が成立する以前から，事業に対する持分と引き換えに出資を募り，持分に応じて成果を配分する仕組みは存在していました。株式会社制度は，持分の形態が進化したものであると考えられます。

　伝統的な持分制度と異なり，株式会社の株主は有限責任(limited liability)です。会社に出資する株主が負う責任と損失は，出資額に限定されます。企業が債務超過に陥ったり，負債の返済が困難になったりしても，株主は追加的な責任を負う必要がありません。株式会社の形態が広く普及した大きな理由は，この有限責任制度にあります。現代の社会に必要な財やサービスの多くは，株式会社によって提供されています。株式というファイナンスのイノベーションが，社会的な価値に貢献をしたといえるでしょう。

　第2章でも紹介したように，株式会社における負債と株式には，企業の支払いと経営のコントロールという点で大きな相違があります。企業は，負債の利息と元本を支払う義務があります。支払うことができなければ倒産です。株式の配当は，必ずしも支払う義務がありません。企業が財務的な困窮状態に陥った場合，債権者は裁判所の手続きを通じて企業の資産を売却し，その対価によって債権を回収することができます。株主には，このような権利がありません。

　企業からの支払い(収益の配分)という点において，債権者は株主より優先

します。収益配分が劣後する代わりに、株主には企業経営のコントロール権が与えられています。取締役の選任や合併等の組織再編に関する議決権です。債権者は議決権をもっていません。特徴が異なる負債と株式という選択肢があるため、企業には、両者の組合せ（資本構成）を決定する余地があります。

　企業の資本構成は、企業と投資家の関係を分析するコーポレートファイナンスの大きなテーマです。資本構成については、**モジリアーニとミラーの無関連命題**（MMの無関連命題）が有名です。その後、現実的な諸要因を取り入れたいくつかの**条件付き理論**（conditional theory）が提示されています。以下では、企業価値や株主価値という観点から、MM命題や条件付き理論について説明します。

2. MMの無関連命題

(1) MMの無関連命題

　ノーベル経済学賞を受賞したモジリアーニ（F. Modigliani）とミラー（M. Miller）が定式化したのは、資本構成は企業価値や資本コストと無関連であるというアイデアでした。二人の頭文字をとってMMの無関連命題とよばれます。第8章でも紹介しましたが、下記が1958年の論文で示されたMMの無関連命題です。

The market value of any firm is independent of its capital structure and given by capitalizing its expected return at the rate, ρ, appropriate to its class. The average cost of capital to any firm is completely independent of its capital structure.

　「企業価値は資本構成と独立であり、企業のリスク（クラス）に応じた適切な割引率を用いて期待収益（期待FCF）を割り引くことで求められる。また、加重平均資本コスト（WACC）は、企業の資本構成と無関連である」

　レストランの評価は、シェフの腕前やメニューの価格、店舗の立地などによって決まります。レストランの資本構成が、顧客からの評価に影響することはなさそうです。同様に、資本構成を変えたからといって、企業の事業内

容が変化するわけではありません。プロダクトやサービスは，同じように顧客に提供され，キャッシュフローを生み出します。企業の価値が変わるのは，経営判断によってビジネスの内容が変わる場合です。

MM命題は，このことを理論的に示し，それまで曖昧で定性的に考えるしかなかったテーマに一つの解を与えました。分析手法も明快であるため，現代でも資本構成や資本コストを考える際の出発点になっています。

(2) 無関連命題と資本コスト

第5章と第6章で述べたCAPMとMMの無関連命題を用いて，資本構成と資本コストについて理解を深めましょう。CAPMとMM命題は，どちらもノーベル経済学賞を受賞した教授たちの業績です。

負債がある企業の資産は，負債と株式によってファイナンスされています。負債がない企業の資産は，株式のみでファイナンスされています。事業内容や資産内容が変わらなければ，どちらの資本構成においても，ビジネスのリスクと資本コストは同じです。ビジネスのリスクが同じということは，企業のベータ（資産のベータ）が等しいことを意味します。

第6章で紹介したように，コーポレートファイナンスでは，負債がない状態をアンレバード，負債がある状態をレバードとよびます。負債がない企業のベータはアンレバードベータ，資本コストはアンレバードの資本コストです。負債がある場合，株式のベータをレバードベータ，株式の資本コストをレバードの資本コストということがあります。事業内容が変わらなければ，アンレバードの状態からレバードの状態になっても，企業全体の資本コストは変わりませんが株式の資本コストは変わります。

図表11−2(a)は，MMの無関連命題による資本コストの関係式を示したものです。MMの無関連命題は，法人税や取引コストがない完全競争市場を前提にしています。法人税がないため，負債の節税効果は考慮しません。企業と投資家の間に情報の非対称性はなく，エージェンシー問題等の利害対立もない状況を考えます。情報の非対称性とエージェンシー問題については，後に説明します。

図表11−2(a)｜資本構成と株式資本コスト(MM命題)

- 前提：完全競争市場(法人税，取引コストなし)，情報の非対称性やエージェンシー問題はない。法人税を考慮しないため負債の節税効果はない。

- 記号：アンレバードの資本コスト＝r_u，株式資本コスト(レバードの資本コスト)＝r_e，負債コスト＝r_d，リスクフリー・レート＝r_f，負債＝D，株式＝E

- 資本コストの無関連命題：$\dfrac{D}{E+D} r_d + \dfrac{E}{E+D} r_e = r_u$

  | 加重平均資本コスト | アンレバードの資本コスト |

- 株式資本コスト：$r_e = r_u + \dfrac{D}{E} (r_u - r_d) = r_f + (r_u - r_f) + \dfrac{D}{E} (r_u - r_d)$

  | ビジネスのリスクプレミアム | 財務のリスクプレミアム |

図表11−2(b)｜負債がある企業の資本コスト

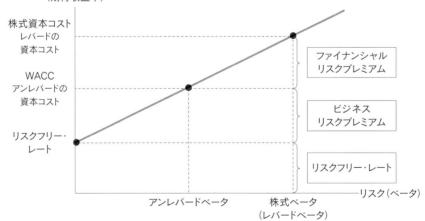

図表11－2(a)にある資本コストの無関連命題は，アンレバードの資本コストが，レバード企業の資本コストに一致することを示しています。左辺は，節税効果がない場合の**加重平均資本コスト**（税引前WACC）です。この関係式を展開すると，株式資本コストの式が導かれます。負債がある企業の株式の資本コストには，財務の**リスクプレミアム**（financial risk premium）が追加されます。

　図表11－2(b)は，資本コストとベータ（市場リスク）の関係を図示したものです。負債を利用すると，株式はハイリスク・ハイリターンになります。ハイリスクになるため，株式ベータ（レバードベータ）はアンレバードより高くなります。ハイリターンになることは，株式の資本コストがアンレバードの資本コストより高くなることと表裏一体です。

3. レバレッジと資本コスト

(1) レバレッジと株式資本コスト－負債コストが一定のケース－

　図表11－2(a)における関係式から，負債比率（レバレッジ，D/Eレシオ）が上昇すると，株式資本コストも高くなることが分かります。負債コストが一定であれば，株式資本コストはD/Eレシオに比例します。図表11－3(a)は，この関係を図示したものです。

　図表の下のパネルには，計算に用いた数値を示しました。アンレバードの資本コストは6%，負債の資本コストは1%です。このとき，D/Eレシオに対応する株式の資本コストを求めることができます。例えば，D/Eレシオが1.0のとき，株式資本コストは11%になります。D/Eレシオ＝1.0は，負債と株式が同額のケースです。企業の資産の2分の1が負債，2分の1が株式によってファイナンスされています。

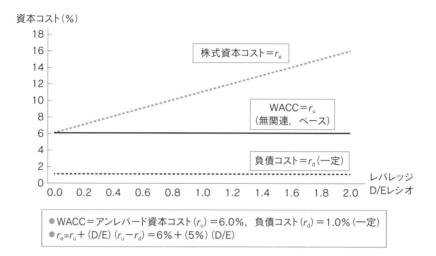

図表11-3(a)｜レバレッジと資本コスト（負債コスト一定）

資本コスト（％）

株式資本コスト＝r_e

WACC＝r_u
（無関連，ベース）

負債コスト＝r_d（一定）

レバレッジ
D/Eレシオ

- WACC＝アンレバード資本コスト（r_u）＝6.0%，　負債コスト（r_d）＝1.0%（一定）
- $r_e = r_u + (D/E)(r_u - r_d) = 6\% + (5\%)(D/E)$

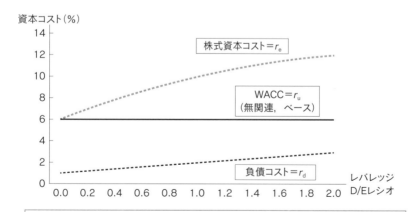

図表11-3(b)｜レバレッジと資本コスト（負債コスト上昇）

資本コスト（％）

株式資本コスト＝r_e

WACC＝r_u
（無関連，ベース）

負債コスト＝r_d

レバレッジ
D/Eレシオ

- WACC＝アンレバード資本コストは一定，　負債コストは負債比率とともに上昇
- 負債コストが上昇する場合，　WACCが一定であれば，　株式資本コストの上昇が緩和

	ケース1：負債なし	ケース2：負債あり
負債と負債コスト	−	負債＝D，負債コスト＝r_d
営業利益	P	P
支払利息（額）	0	$D(r_d)$
税引前利益	P	$P-D(r_d)$
法人税（税率 t）	Pt	$(P-D(r_d))t$
節税効果（年間）	なし	$D(r_d)t$
節税効果を引いた支払利息	0	$D(r_d)(1-t)$
節税効果を反映した負債コスト	0	$r_d(1-t)$

- 有利子負債の節税効果が永久的である場合，節税効果の割引率に負債コストを適用して，節税効果の現在価値を求めると下記になる。
- 節税効果の現在価値＝$D(r_d)t \div r_d = Dt$（有利子負債×法人税率）

(2) レバレッジと株式資本コスト−負債コストが上昇するケース−

レバレッジが高くなると，負債のリスクが大きくなり，負債コストは上昇する可能性があります。図表11−3(b)は，負債コストが上昇する場合のレバレッジと資本コストの関係を示したものです。

先と同様に，レバレッジ（D/Eレシオ）とともに株式の資本コストは上昇します。負債の資本コストが上昇するため，株式の資本コストの上昇は緩やかになります。負債比率の上昇によって，債権者が追加的に負担するリスクが大きくなる分，株主が追加的に負担するリスクは小さくなります。

(3) 負債の節税効果と資本コスト

MMの無関連命題は，法人税が存在しないことを前提にしています。現実の世界では，企業には法人税が課せられます。法人税がある場合，**負債の節税効果**（tax shield）を考慮する必要があります。

第6章や第8章で説明したように，負債の節税効果は，課税所得の計算において，支払利息を損金算入できるために生じます。株式の配当支払は，損金算入が認められていません。そのため，法人税を考慮すると，負債を利用することで，法人税が少なくなるというメリットがあります。

　図表11−3(c)は，負債の節税効果に関する説明です。負債をD，負債コストをr_d，法人税率をtとすると，年間の節税効果はD(r_d)tになります。年間の支払利息D(r_d)から節税効果を引くとD(r_d)(1−t)です。負債コスト(利子率)の部分を抜き出すと，r_d(1 − t)になります。第6章や第8章で説明した税引後の負債コストです。税引後の負債コストを用いたのが，税引後WACCでした。法人税をWACCに反映させると，レバード企業のWACCは，節税効果の分だけ低下します。

　節税効果によるWACCの低下は，企業の事業リスクの低下を意味しているわけではありません。資本構成が事業のリスクに影響しないのと同様に，負債の節税効果も事業とは無関係です。資本コストが低下するのは，税負担が減少するからです。企業が行う事業のリスクが小さくなるからではありません。

　図表11−3(c)の下のパネルは，節税効果の現在価値の計算例です。負債の節税効果の現在価値は，有利子負債の額×法人税率になります。

　節税効果を反映した資本コストとレバレッジの関係を図示したものが，図表11−3(d)です。図表11−3(b)に，税引後WACCを追加しました。アンレバードの資本コストは，やはりレバレッジとは無関係です。節税効果を反映した税引後WACCは，アンレバードの資本コストより小さくなります。

　例えば，D/E＝1.0における負債コストを2％とすると，株式の資本コストは10％(＝6％＋(6％−2％)×1.0)になります。節税効果がなければ，資本コストの加重平均は6.0％となり，アンレバードの資本コストに一致します。法人税率を30％とし，節税効果を考慮するとWACCは5.7％になります。確認してください。

　一見したところ，アンレバードの資本コストと大差はありません。しかしながら，WACCが割引率であることを考慮すると，0.3％の差は小さいとはいえません。例えば，期待FCFが永久的に100である場合，割引率＝6％を

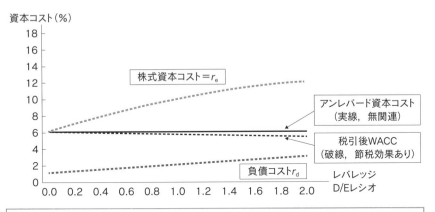

図表11-3(d)｜レバレッジと資本コスト（法人税あり）

資本コスト（％）

株式資本コスト＝r_e

アンレバード資本コスト
（実線，無関連）

税引後WACC
（破線，節税効果あり）

負債コストr_d

レバレッジ
D/Eレシオ

●法人税がある場合，レバード企業のWACC（税引後WACC）は，節税効果の分だけアンレバード
の資本コストより低くなる。ただし，ビジネスの市場リスクが変わるわけではない。

用いた現在価値は1,667になります。割引率＝5.7％のとき，現在価値は
1,754です。両者の差を率にすると，5.3％にもなります。

　現実の負債調達において，企業はコストを0.01％（1ベーシスポイント）刻
みで交渉します。低い方がよいということに加えて，資本コストのわずかな
差が企業価値に与える影響を無視できないためです。

4. 資本構成のトレードオフ理論

(1) 資本構成のトレードオフ理論

　図表11-3(c)の下のパネルで示したように，有利子負債が多くなるほど
節税効果の現在価値も大きくなります。事業の価値が資本構成の影響を受け
ない一方，負債の利用による節税効果が得られるのであれば，企業は資本の
ほとんどを負債でファイナンスすると考えられます。しかしながら，現実の
資本構成は，そのようになっていません。有利子負債が増えすぎると，デ

フォルトの可能性が表面化し，**デフォルトコスト**（財務的な危機に伴うコスト）が懸念されるようになるからです。

デフォルトコストには，デフォルトが直接的に影響するコストと間接的な影響によって生じるコストがあります。直接的なコストは，諸手続きに必要な経費（裁判所の手続き費用，弁護士等の専門家への支払い）です。間接的なコストには，信用不安がもたらす販売の減少やサプライヤーによる取引見合せや停止，有能な社員の離職による企業価値の低下などがあります。信用低下によるブランド価値の毀損や，雇用を守れなかったことに対する批判なども，間接的なコストといえるでしょう。

デフォルトの間接的なコストは，企業の状況によって異なるため，一般化したり定式化したりすることは容易ではありません。ただし，デフォルトが生じたり，その懸念が大きくなったりすると，企業価値が低下することは明らかです。デフォルトコストによる企業価値の低下は，レバレッジの短所といえます。

負債の利用は，節税効果とデフォルトコストのトレードオフをもたらします。節税効果を多く得ようとして負債を増やせば，デフォルトコストが大きくなります。デフォルトを回避するためには，節税効果をあきらめなければなりません。両者のトレードオフ関係を考慮すると，企業価値を最大にする資本構成（最適資本構成）が求まります。これが，**資本構成のトレードオフ理論**です。

図表11-4は，トレードオフ理論を図示したものです。レバレッジが低いとき，負債がもたらす追加的な節税効果は，デフォルトコストを上回ります。この状況では，レバレッジを高めると企業価値は向上します。負債比率が大きくなると，デフォルトの可能性が指数関数的に高まり，デフォルトコストが節税効果を上回ります。この状況では，レバレッジを低くすることで，企業価値の毀損を防ぐことができます。企業価値を最大にする最適な資本構成は，追加的なデフォルトコストと節税効果がバランスするポイントにあります。

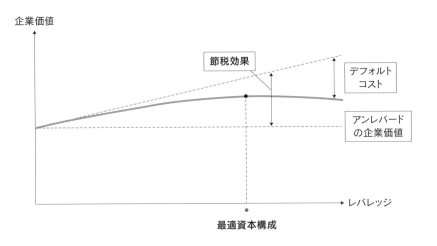

図表11−4 | 資本構成のトレードオフ理論

企業価値

節税効果

デフォルト
コスト

アンレバード
の企業価値

レバレッジ

最適資本構成

(2) トレードオフ理論のインプリケーション

　法人税率と負債の節税効果は，企業間で大きな差がありません。一方，デフォルトコストの大きさは，企業間で異なります。収益が安定している企業や，現金化が容易な有形固定資産を多く保有する企業は，デフォルトコストが小さいと考えられます。トレードオフ理論によると，このような企業は，負債の節税効果を重視して，高い負債比率を選択します。インフラ関連の電鉄会社や電力会社，陸運会社や不動産会社などが当てはまります。

　競争が激しい成長業界に属する企業は，収益が不安定です。現金化が困難な無形資産を多くもつ企業や研究開発型の企業は，キャッシュフローの予測が困難です。このような企業は，デフォルトリスクを回避するため，低いレバレッジを選択すると考えられます。研究開発型のベンチャー企業や製薬企業の有利子負債が少ないことは，トレードオフ理論で説明ができそうです。

　デフォルトは，企業だけではなく社員や社会にも影響します。日本の労働市場の流動性は低いことが知られています。そのため，デフォルトが社員の生活や雇用に与える影響は大きくなります。政府による企業の救済が行われ

る場合，雇用を守ることが理由の一つになることがあります。社会的な影響を考慮しての判断であると考えられます。

　日本では，起業や廃業が他の先進国と比べて少ないことも知られています。理由の一つとして，失敗やデフォルトをしたという評判のネガティブな影響が大きいことがあげられます。このように考えると，企業のデフォルトコストや財務的危機によるコストは，投資家だけではなく，社会的(social)にも影響があるといえます。

(3) ESG経営とレバレッジ

　コーポレートファイナンスのテキストでは，必ず資本構成のトレードオフ理論が取りあげられます。現実には，トレードオフ理論が示す最適な資本構成より低い保守的なレバレッジを選択する企業が多いようです。

　伝統的なトレードオフ理論は，財務的な節税効果とデフォルトコストを用いています。しかしながら，上で述べたように，デフォルトは社会的にも影響が小さくありません。現代の企業が理解しているデフォルトコストには，財務的なコストだけでなく，社員や社会に与える非財務的なコストが含まれていると考えられます。このアイデアは，サステナビリティを重視する**ESG経営**の考え方と整合的です。

　同様に，企業は節税をそれほど意識していないとも考えられます。多くの企業は，利益をあげて納税することを**社会的な責任**(CSR, Corporate Social Responsibility)と考えています。そのため，節税目的の負債利用に対する関心や評価は，財務数値ほど高くないのかもしれません。この考え方も，ESG経営の考え方と整合的です。

5. 財務の柔軟性

　保守的なレバレッジを維持する財務的な理由の一つとして，**財務の柔軟性**(financial flexibility)があげられます。企業が財務の柔軟性を重視してい

ることは，企業の財務担当者を対象にしたアンケート調査でも確認されています。

　財務の柔軟性とは，外部環境の不確実性に対応するため，財務的なゆとりをもつことです。財務の柔軟性を重視する企業は，トレードオフ理論が示す最適点より低い保守的なレバレッジを選択します。負債比率が低い企業は，信用リスクが小さく，社債やローンの格付が高くなります。

　無関連命題と異なり，財務の柔軟性は事業と関係があります。近年は，経営環境の不確実性が大きく，変化のスピードも速くなっているといわれます。企業価値を高める有益な投資やM&Aを実施するためには，正しい判断とスピーディーな資金投入が必要になります。投資の意思決定が正しくても，資金調達ができなければ，価値創造の機会を逃します。財務的に余裕がなく格付も低い企業に対して，資金の出し手は慎重になるため，資金調達に時間とコストがかかります。投資機会に迅速に対応するためには，財務の柔軟性と高い格付をもつことが好ましいと考えられます。

　格付が高い企業は，負債調達コストの変動に対しても柔軟性があります。平時であれば，企業は負債のリスクに見合う適切なコスト（金利）で資金調達をすることができます。一方，経済や金融に大きなネガティブショックが起こると，投資家のリスク回避傾向が強くなり，低格付企業の負債調達コストが大幅に上昇します。

　例えば，リーマンショックの直後，金融市場は大きく混乱し，リスクプレミアムが一気に高まりました。とくに，格付が低い企業の金利は急騰しました。当時，この影響を受けたのがソフトバンクでした。同社が発行した2年物社債は，5.1％という高い金利が要求されました。同じ時期，新日鉄やトヨタ自動車などは，5年物社債を1％程度の金利で発行しています。

　発行条件に影響を与えたのは格付です。以前から負債を積極的に利用していたソフトバンクの格付はBBB，トヨタ自動車はAAA，新日鉄はAAでした。平時であれば，BBB格付の社債の利率は1.5％程度でしたが，リーマンショックの直後に急騰しました。格付が低い企業は，金融市場の変動に対する柔軟性が乏しいといえます。

　事業会社にとって，金融は本業ではありません。財務の柔軟性を維持する

ことは，本業以外のリスクを回避することにも役立ちます。

6. 情報の非対称性とペッキングオーダー理論

(1) ペッキングオーダー理論

このセクションでは，**情報の非対称性**がある状況における企業の資金調達について説明します。経済学の領域では，ノーベル経済学賞を受賞したアカロフ教授(G. Akerlof)等が，情報の非対称性を分析するフレームワークを確立しました。コーポレートファイナンスにおいても，資金調達やペイアウトの分野で用いられています。

情報の非対称性がある場合の代表的な説は，**ペッキングオーダー理論**(pecking order)です。ペッキングオーダーとは，鳥がついばむ順番です。コーポレートファイナンスでは，資金調達の序列を意味します。

企業と投資家の間に情報の非対称性が存在しない場合，企業はファンダメンタルを反映したフェアな価格で証券を発行し，資金を調達することができます。一方，情報の非対称性が存在する状況では，証券の発行価格が過小評価されることがあります。過小評価された価格で証券を発行すると，既存株主の価値を毀損することになります。

情報の非対称性がある状況で株式と債券を比較すると，元利の支払いと満期が決まっている債券の方が，ミスプライシングは起こりにくいといえます。約束された支払いと満期がない株式は，債券に比べると評価が難しく，過小評価が生じやすくなります。

そのため，情報の非対称性がある場合，企業は過小評価の可能性が高いエクイティファイナンス(株式発行による資金調達)を回避する傾向があります。外部資金調達において選好されるのは，過小評価が起こりにくい負債調達です。

サステナブル成長モデルでみたように，企業には内部資金調達という方法もあります。利益の一部を内部留保して，再投資(成長投資)を行うスキームです。内部資金調達には過小評価の問題がありません。

このように考えると，情報の非対称性が存在する企業の資金調達は，まず内部留保，次いで負債，最後に株式という優先順位がつきそうです。この序列をペッキングオーダーといいます。

(2) 非対称性情報と資金調達の数値例

簡単な例を用いて，情報の非対称性がある場合の資金調達について理解を深めましょう。企業G(good company)と企業B(bad company)の二つのタイプの企業があるとします。企業Gの理論株価は120，企業Bの理論株価は80です。企業は自社のタイプを知っていますが，投資家はどちらのタイプであるかを識別することができません。この意味で，企業と投資家の間には情報の非対称性があります。企業のタイプが分からないため，現在の市場価格は平均値である100になります。

企業Gの立場からエクイティファイナンスを考えましょう。市場価格は過小評価です。ファンダメンタル価値が120の株式を100で発行すると，安売りをしたことになり，既存株主の価値を毀損します。企業Bは逆です。ファンダメンタル価値が80の株式を100で売ることは，既存株主の得になります。第10章で取りあげたベンチャー企業のオーナー(既存株主)とベンチャーキャピタルの関係と同じです。

この状況でエクイティファイナンスが発表された場合，投資家はアナウンスをした企業がタイプBであると考えます。そのため，株価は80に下がります。このことを予測する企業Gは，ファイナンスを行いません。企業Bがファイナンスを行い，投資家は企業がタイプBであると判断します。企業の行動と投資家の判断は整合的であり，情報の非対称性は正しく解消されます。経済学では，このような状態を**シグナル均衡**といいます。

その他の組合せでは，投資家の予測と企業の行動が合致しません。市場価格が100のままであれば，エクイティファイナンスをするのは企業Bのみです。市場の価格は誤っており，情報の非対称性が解消されません。市場価格が120であれば，企業Gも企業Bもファイナンスをしますが，市場価格は企業Gの評価になっており，企業Bは過大評価されています。

エクイティファイナンスにおけるシグナル均衡では，株価がファンダメンタル価値より高い状況でファイナンスが発表されます。ファイナンスの発表を受けて，株価は下落します。エクイティファイナンスの発表による株価の下落は，現実の株式市場でも観察されています。

(3) ペッキングオーダー理論のインプリケーション

　トレードオフ理論によると，収益性の高い企業はデフォルトコストが小さく，節税効果を得るために負債を利用すると考えられます。実際には，収益性が高い企業のレバレッジは低いことが報告されています。この現象は，ペッキングオーダー理論で説明できそうです。収益性の高い企業は利益が多く，内部資金調達が可能であるため，取引コストや過小評価のリスクがある外部資金調達を行う必要性が低いという解釈です。

　トレードオフ理論では，有形固定資産を多く保有する企業は，デフォルトコストが小さいため，レバレッジを利用すると解釈します。逆に，無形資産を多くもつ企業や研究開発型の企業は，デフォルトリスクを回避するため，低い負債比率を選択すると考えます。

　ペッキングオーダー理論では，評価しやすい有形固定資産の比率が高い企業は，情報の非対称性の問題が小さいため，外部資金調達（とくに負債調達）を行うと考えます。逆に，無形資産や研究開発が多い企業は，資産内容の評価が困難であるため，ミスプライシングのリスクが大きい外部資金調達を避け，内部留保を重視するという説明ができます。研究開発型の企業は，将来の不確実性に対処するために，レバレッジを低くし，財務の柔軟性を維持しているという解釈も可能でしょう。

　ペッキングオーダー理論は，情報の非対称性を用いて，企業の資本構成を理解しようというアプローチです。トレードオフ理論では説明が困難な現象を説明することもできます。ただし，財務の柔軟性を含め，これらの諸理論は，それぞれが独立して企業の資本構成や資金調達を説明できるというものではありません。相互補完的，あるいは複合的であるといえます。

7. エージェンシー理論と資本構成

(1) エージェンシー問題

　このセクションでは，資本構成における**エージェンシー理論**(agency theory)を取りあげます。所有と経営が分離した企業の経営者は，株主から経営を委託されているという意味で，株主の代理人(エージェント)とみなせます。株主本人ではないため，常に株主の利益だけを考えて行動するわけではありません。そのため，株主との間で利害が一致しないというエージェンシー問題が生じます。エージェンシー問題が資本構成に与える影響を分析したり，問題を解決する手段として資本構成を用いたりするアプローチが，資本構成のエージェンシー理論です。

　エージェンシー理論は，経営者が株主の利益に反して，私的な便益(private benefit)を追求すると考えます。私的な便益として，豪華な役員室や社用車，手厚い経費予算などの資源の浪費，効率性ではなく事業の拡大を志向するための過大投資などが指摘されています。失敗を回避するため，十分なリスクを取らずに地位の安定を図るという経営上の保身もありえます。経営者が私的な便益を追求すると，株主価値が低下する可能性があります。株主価値の毀損を**エージェンシーコスト**(agency cost)といいます。

　エージェンシー問題を回避しコストを抑制する方法として，**負債による規律付け**があります。資本構成に占める負債のウェイトが高いと返済負担が大きいため，経営資源を浪費する余裕はなくなります。また，デフォルトのリスクが高い中で緊張感のある経営をする必要があるため，過大投資も抑制されると考えられます。負債調達を原資として企業買収を行う**レバレッジド・バイアウト**(**LBO**, Leveraged Buyout)は，負債による規律付けが当てはまる事例であるといわれます。

　エージェンシー理論では，資本構成が経営者の行動や意思決定を通じて事業に影響を与えます。資本構成が事業やビジネスと関連します。

(2) 負債による規律付け

　数値例を用いて，エージェンシー問題と負債による規律付けについて理解を深めましょう。図表11－7(a)は，二つの経営戦略とそれぞれの財務的な特徴，バリュエーションを示しています。拡大戦略は，売上高は多いのですが，資本利益率は低いという特徴があります。バリュエーションも低く，PBRは1.0を下回ります。価値を毀損する戦略といえます。効率戦略は，売上高は少ないですが，資本利益率は高く，PBRは1.0を上回ります。価値を創造する戦略です。

　企業価値や株式価値という観点からは，効率戦略を選択することが正しい判断です。しかしながら，所有と経営が分離した企業の専門経営者は，売上高を伸ばす志向が強く，拡大戦略を選択する可能性があります。過大投資がエージェンシー問題，それによって失われる価値がエージェンシーコストです。

　エージェンシー問題を解決する手段は，いくつか考えられます。例えば，経営者にファイナンシャル・インセンティブを与えることです。ストックオ

図表11－7(a)｜エージェンシー問題の例

(A) 経営戦略と財務分析

経営戦略	投下資本	売上高	営業利益	資本回転率	売上高営業利益率	資本利益率
拡大戦略	200億円	200億円	10億円	1.0回	5%	5.0%
効率戦略	150億円	150億円	15億円	1.0回	10%	10.0%

(B) 経営戦略のバリュエーション

経営戦略	FCF（税引後営業利益）	割引率（資本コスト）	事業価値資産価値	PBR
拡大戦略	7.0億円	5.0%	140億円	0.7倍
効率戦略	10.5億円	5.0%	210億円	1.4倍

● 法人税率＝30％，定額モデルを用いたバリュエーション，PBR＝企業価値÷投下資本

図表11-7(b) | 負債による規律付け

経営戦略	営業利益 （期待値）	営業利益 （レンジ）	元利支払額	デフォルト リスク
拡大戦略	10億円	7億〜13億円	10億円	あり
効率戦略	15億円	12億〜18億円	10億円	なし

- 企業には有利子負債があり，毎期の返済額（元本と利息）は10億円。
- 拡大戦略をとると，営業利益が10億円を下回り，デフォルトに陥る可能性がある。
- 効率戦略をとると，営業利益の下限は12億円であり，デフォルトリスクはない。
- デフォルトを回避したい経営者（専門経営者）は，効率戦略を選択する。

プションなど報酬が株式価値に連動する仕組みがあれば，経営者が効率戦略を選択するモチベーションが強くなります。近年では，日本企業においても，株式連動型の報酬制度を取り入れる事例が増えています。

　適切なレバレッジを用いることで経営を規律付け，エージェンシー問題を解決する方法もあります。図表11-7(b)を見てください。企業には負債があり，毎期の元利支払額が10億円であるとします。拡大戦略を選択すると，債務が履行できず，デフォルトに陥る可能性があります。デフォルトになれば，経営責任が追及されたり，経営者失格の烙印が押されたりします。雇用も失い，社会的な損失が生じます。効率戦略を選択すると，デフォルトリスクはなく，経営を維持することができます。

　適切な報酬体系と資本構成を用いることで経営を規律付け，企業価値の向上と整合する意思決定を促進することができます。この例からも分かるように，エージェンシー理論のアプローチでは，資本構成が企業の事業や戦略と関連します。

(3) 資産代替

　レバレッジを高めることで，経営に対する規律付けの効果が期待できます。一方，過度なレバレッジが，過大投資や過小投資の原因になることもありま

	現状	リスクのある事業		
		成功(50%)	失敗(50%)	期待値
企業価値	101	200	0	100
負債の価値	100	100	0	50
株式の価値	1	100	0	50

●負債が過度に多いとき，株主価値を重視する経営者は，ハイリスクの事業を選択するインセンティブをもつ。企業価値は現状の方が高いため，ハイリスク事業への転換は過大投資になる。

す。過大投資の例は，**資産代替**(asset substitution)といわれます。負債が過多の場合，株主の利益を追求する経営者が，リスクの大きいビジネスを選択して，企業価値を毀損するという問題です。

図表11−7(c)は，数値例を用いて資産代替の問題を示したものです。負債比率を高めた結果，企業は債務超過に陥るギリギリの状態にあります。ここで，企業がリスクのある事業を選択できるとしましょう。成功すれば資産価値は200まで向上しますが，失敗すればゼロです。期待値は100ですから，現状(101)より企業価値は低くなります。現状の資産をリスクのある事業に代替することは，価値を損なう意思決定といえます。

株主の利益という観点からすると，リスクのある事業は魅力的です。有限責任制がある株主は，失敗しても追加の負担がありません。成功すると100のFCFを得ることができます。株主の期待FCFは50であり，現在価値も現状の1より高くなると考えられます。一方，債権者の資産価値は低下します。リスクのある事業に資産を代替すると，債権者から株主へ価値の移転が起こります。この意味で，資産代替の問題は，株主と債権者の間の利害対立問題とみなせます。

資産代替の問題を回避するため，債権者は様々な策を講じます。例えば，負債契約において，追加的な借入れを制限したり，追加借入れを行う際に債権者の承諾を必要としたりします。これらの条件は，**財務制限条項**(コベナ

ンツ)といわれます。

　企業による支出に制約を課すこともあります。企業が自らの裁量で実行できる投資の金額に一定の上限を設定したり，株主への配当に制約を課したりするコベナンツがあります。企業の情報開示を義務付け，債権者が企業の状態をモニタリングできるようにすることも対策の一つです。

(4) デット・オーバーハング

　過大な負債が原因で，価値のある投資を見送るという問題が生じることもあります。負債が重くのしかかっているという意味で，**デット・オーバーハング**(debt overhang)の問題といわれます。

　負債の返済額が大きく，有益な新規プロジェクトが生み出す成果(FCF)の一部が既存の負債の返済に充てられる状況を考えましょう。新規プロジェクトには投資資金が必要ですが，コベナンツにより，企業は負債調達をすることができません。株式による資金調達は可能ですが，プロジェクトの成果の一部が優先的に負債の返済に充てられるため，株主のFCFが投資コストに合わなくなります。ここでは，収益配分の優先順位が障害になっています。結局，企業はNPVがプラスの投資を行うことができず，価値創造の機会は見送られます。

　デット・オーバーハングの問題を解決するための方法として，重石である負債を軽くすることが考えられます。負債を株式に転換する**デット・エクイティ・スワップ**(debt equity swap)は，現実にも観察される資本政策の一つです。

　有益な新規プロジェクトを既存の企業や負債から分離して，資金調達をする方法もあります。コーポレートでファイナンスをするのではなく，プロジェクトでファイナンスをする方法です。**プロジェクトファイナンス**(project finance)とよばれます。プロジェクトファイナンスは，インフラ関連のエネルギーや交通分野のプロジェクトにおいて，利用されることが多い資金調達の方法です。資産や事業の証券化も同様の資金調達の方法といえます。

8. エクイティファイナンスとEPSの希薄化

　株式による資金調達(エクイティファイナンス)は，負債調達と対になることが多い方法です。節税効果はありませんが，デフォルトリスクもありません。財務の柔軟性には貢献しますが，情報の非対称性が大きい場合は，過小評価の程度やリスクが大きくなります。規律付けの効果は小さいですが，資産代替やデット・オーバーハングの問題はありません。

　エクイティファイナンスに固有のイシューとして，**一株当たり利益**(EPS, Earnings Per Share)**の希薄化**(dilution)があります。ファイナンスに伴って新株が発行されるため，株式数が増加し，短期的にEPSが低下する現象です。企業価値や株式価値の希薄化や毀損ではないことに注意をしてください。

　図表11−8は，EPSの希薄化の数値例です。企業には負債がなく，発行済株式数は1億株，資本コストは10％とします。また，期待FCFと利益は一致すると仮定します。表Aに示した現状では，毎期100億円のFCFと100円のEPSが期待されます。定額モデルを用いると，株式価値(一株当たり理論価

図表11−8 │ EPSの希薄化と株式価値

A：現状(発行済み株式数＝1億株)，資本コスト＝10％

	t＝1	t＝2	t＝3	t＝4	t＝5以降
期待FCF(億円)	100	100	100	100	100(毎期)
期待EPS(円)	100	100	100	100	100(毎期)
株式価値(円)	1,000				

B：公募増資1億株(発行済み株式数＝2億株)，新規投資，資本コスト＝10％

	t＝1	t＝2	t＝3	t＝4	t＝5以降
期待FCF(億円)	100	140	180	200	240(毎期)
期待EPS(円)	50	70	90	100	120(毎期)
DCF法	$100/1.1+140/1.1^2+180/1.1^3+200/1.1^4+(240/0.1)/1.1^4=2,118$				
株式価値(円)	1,059(＝2,118÷2億株)				

格)は1,000円になります。

　表Bは，企業が公募増資(エクイティファイナンス)を行い，投資を行う場合の計画です。発行済み株式数は2億株に増加します。期待EPSの値が示すように，ファイナンスを行うと今後3年間のEPSは100円を下回ります。これが，EPSの希薄化です。投資の成果が表れる4年後の期待FCFは200億円になり，EPSは100円まで回復します。その後のEPSは100円を上回ることが期待されます。DCF法による評価を行うと，期待FCFの現在価値は2,118億円，株式価値は1,059円になることが分かります。

　エクイティファイナンスが発表されると，EPSの希薄化を懸念して株価が下落するという説明がありますが，必ずしも正しいとはいえません。価値を創造する投資資金を調達するファイナンスは，長期的な効果を評価することが重要です。短期的なEPSの低下＝株式価値や企業価値の下落，というわけではありません。

9. 転換社債

(1) 転換社債

　負債とエクイティの中間的な性質をもっている資金調達手段として，転換社債(転換社債型新株予約権付社債)があります。**転換社債(CB, Convertible Bond)**は，社債として発行されますが，決められた期間内(転換期間)に決められた条件で株式に転換することができるオプションが付いています。株式に転換することができる社債なので，転換社債といいます。社債と株式の性質が併存しているため，ハイブリッド型といわれることがあります。普通株式より配当支払いが優先する**優先株**(preferred stock)や，普通社債より元利の支払いが劣後する**劣後債**(subordinated bond)なども，ハイブリッド型といわれることがあります。借入れにおける劣後ローンも同様です。

　図表11-9は，普通社債と転換社債の数値例です。普通社債にはクーポンがありますが，転換社債はクーポンがゼロです。転換社債には，社債を株式に転換できるオプションがついています。社債額面100に対し転換価格は50

1期後の状態と確率	通常（80%）	好況（20%）
普通社債のFCF	102	102
社債の現在価値	102÷1.02＝100	
予想株価	45	60
転換社債のFCF	社債保有：100	株式転換：120（60×2株）
転換社債の現在価値	［(0.8)100＋(0.2)(120)］÷1.04＝100	

【社債・転換社債・株式】
- 社債：額面（元本）＝100，クーポンレート＝2%，資本コスト＝2%
- 転換社債：額面＝100，クーポンレート＝0，資本コスト＝4%
  転換価格＝50 ⇒ 転換により取得できる株式数＝100÷50＝2株
- 株式：資本コスト＝6.67%，現時点の株価＝［(0.8)45＋(0.2)60］÷1.0667＝45

【転換社債のオプション】転換社債には株式転換というオプションがある。オプションの価値が反映されるため，普通社債より低いクーポンで発行できる。表の数値例では，クーポンレートがゼロの転換社債とクーポンがプラスの普通社債の現在価値が等しくなる。

なので，転換オプションを行使すれば2株を得ることができます。リスクを反映した資本コストの大きさは，普通社債＜転換社債＜株式，という順序になっています。

　図表には，将来（1期後）の状態と予想株価，社債と転換社債のFCF，現在価値の計算が示されています。転換社債に注目しましょう。通常の状態における株価は45であるため，株式に転換するとFCFは90（45×2株）になります。転換しなければFCFは額面の100なので，社債のまま保有する方が得です。好況時の株価は60です。株式に転換するとFCFは120なので，転換オプションを選択する方が得になります。

　第7章のリアルオプションでも説明したように，オプションには価値があります。ただし，状態に応じて正しい選択をすることが必要です。通常であれば社債保有，好況になれば株式転換をするとき，転換社債の期待FCFは104です。資本コスト4%で割り引くと，クーポンがゼロの転換社債の現在価値は100になります。確認してください。いまの場合，クーポンレートが正

の普通社債の現在価値も100です。クーポンがない転換社債とクーポンがある普通社債の評価は一致します。転換権というオプションの価値が，普通社債のクーポンと同じ価値をもつからです。

(2) 資本構成の調整──ロームのリキャップCB──

投資決定にはNPVが正の投資を行うという明確な基準があります。バリュエーションには，DCF法という普遍的なアプローチが存在します。これに対して，本章のテーマである資本構成と資金調達には，明確な基準や普遍的な決まりがありません。企業は，市場環境と経営状態に応じて，資本構成を調整することになります。

例えば，財務の柔軟性や保守的な負債比率が好ましい状況では，負債の返済を優先したり，エクイティファイナンス(株式調達)を行ったりします。自己資本が増え，負債比率が大きく低下すると，ROEを高めたりエージェンシー問題の懸念を払拭したりするなど，負債を利用するメリットが出てきます。

近年は，マイナス金利政策によって，名目金利が極端に低い状態が続いています。低い金利は魅力的に見えるため，社債発行による資金調達をする企業が増えています。ゼロクーポンで発行できる転換社債を利用して，資本構成を調整する企業もあります。ローム(ROHM)が2019年に行った資本構成の調整は，このスキームをとっています。同社の開示資料等を用いて，実際の資本構成の調整について紹介しましょう。

ロームの財務の方針は，変動の大きい半導体業界での事業をサポートするための安定した財務基盤を維持することです。並行して，必要以上にキャッシュを積み上げず，状況に応じて追加的な利益還元を行うとなっています。**利益還元(ペイアウト)**の詳細については，第12章で取りあげます。

ロームは，100億円の手元資金と400億円の転換社債の発行で調達した合計500億円を用いて，**自社株買い**を行うことを発表しました。自社株買いはエクイティの減少につながります。転換社債は発行時点では負債です。負債の増加と株式の減少という資本構成の調整(資本の再構成)を行ったことにな

ります。資本の再構築(recapitalization)を目的とした転換社債は，**リキャップCB**とよばれることがあります。開示資料によると，資本市場や経営状況を勘案し，資本効率の改善を目的として，リキャップCBを発行したと考えられます。

　転換社債を発行した現実的な理由として，ゼロクーポンで発行ができ，キャッシュベースの金利支払いが生じないことが考えられます。先の数値例で確認したように，転換オプションが付いているため，転換社債をゼロクーポンで発行できたというわけです。その他にも，転換制限条項や現金決済条項などの工夫がされています。

　転換社債の発行と自社株買いによる資本の再構築が評価され，同社の株価は8,770円から9,200円を上回る水準まで上昇しました。第12章で説明しますが，自社株買いは，自社の株価が割安であるというシグナル機能をもちます。株価の上昇には，自社株買いのシグナル効果もあったと考えられます。資本の再構築を行った結果，90％であった同社の自己資本比率は，2020年6月末時点で84％まで低下しました。

10. M&Aと資金調達

(1) 武田薬品工業によるシャイアーの買収

　大規模なM&Aには，バリュエーションやシナジー効果の分析と同時に，資金調達の問題が伴います。第2章や第8章で取りあげたNTTによるドコモの完全子会社化は，約4兆円のM&Aでした。買収資金は，一時的に大手金融機関からの**ブリッジローン**(短期のつなぎ融資)で調達されました。ブリッジローンの返済に合わせて，NTTは社債調達等による長期性の資金調達を行う予定です。

　現時点(2021年12月)において，日本企業による最大規模のM&Aは，武田薬品工業(タケダ)が2019年に行ったシャイアー(アイルランド)の買収です。ここでは，公開資料を用いて，タケダの買収と資金調達の概要について紹介します。

交渉の過程で四度にわたり価格が引き上げられた結果，シャイアーの買収額は6.8兆円になりました。買収発表前のタケダの株式時価総額は3.9兆円，シャイアーの時価総額は日本円で4.2兆円でした。タケダは，自社より時価総額の大きい企業を買収したことになります。買収額6.8兆円は，買収前のシャイアーの時価総額に60％以上のプレミアムが付いたものです。

タケダは，シャイアーの株主に対して，現金と自社の株式を組合せた混合対価を支払いました。図表11−10(a)が示すように，対価の内訳は，現金が3兆円，自社の株式が3.8兆円という計画でした。買収の公表からクロージングまでの期間に調整がなされ，最終的な買収額は6.2兆円，株式対価は3.1兆円になりました。買収に伴い，3.1兆円ののれんが計上されました。

現金対価の3兆円を調達するため，タケダは約3.3兆円のブリッジローンを組みました。その後，ブリッジローンを長期の負債と劣後ローンに置き換える方針が示されました。

(2) 買収資金のファイナンス

図表11−10(a)は，当初の買収資金を長期の資金でファイナンスした結果を示しています。ブリッジローンは，長期借入と社債，期間が60年の劣後ローンに置き換わりました。劣後ローンは，支払いが通常の負債より劣後するため，先に紹介したハイブリッド型の資金調達に分類されます。負債とエクイティの中間的な性質をもつ劣後ローンは，一定の割合(タケダの場合は50％)が自己資本とみなされるため，格付の低下が緩和されるという長所があります。その代わりに金利は通常のローンより高くなります。

買収の株式対価として，シャイアーの株主にタケダの普通株式77,030万株が発行されました。当時の発行済み株式数は79,469万株であったため，タケダの株式数は約二倍に増加したことになります。

自社株式を買収の対価に用いる方法では，相手企業の株主に自社の株式を交付します。このケースでは，買収後のタケダの株式の約半数が，シャイアーの株主に保有されたことになります。発行済み株式数の増加と同時に，株主の構成が大きく変わりました。シャイアーの株主は，タケダの株主とし

図表11-10(a) | 買収の対価とファイナンス：武田薬品工業のケース

買収の対価		ファイナンス	
現金	3.0兆円	長期借入	1.2兆円
株式（自社）	3.8兆円	社債	1.6兆円
差額	0.3兆円	劣後ローン（資本性調達）	0.5兆円
		株式	3.8兆円
合計	7.1兆円	合計	7.1兆円

（出所）武田薬品工業の有価証券報告書や開示資料を用いて作成

て，このM&Aのリスクを負担し，リターンを得ることを選択したといえます。

　株式対価を用いた買収は，日本の会社法では株式交換によって可能ですが（会社法第767条以下），クロスボーダーの取引には用いることができません。このケースでは，シャイアーの本社があるイギリス王室属領ジャージー会社法によるスキーム・オブ・アレンジメントの制度を用いて行われました。

　海外企業の買収において，株式対価や株式と現金の混合対価のスキームを利用した事例は多くありません。タケダによるシャイアー買収の事例は，重要な参考事例になると考えられます。

(3) 事業ポートフォリオと資本構成の変化

　多額の負債調達は，格付の悪化を招きます。タケダは，EBITDAに対する純有利子負債（有利子負債－現預金）の比率を3～5年で2倍以下にし，投資適格の格付を維持する方針を打ち出しました。純有利子負債/EBITDAは，格付を決める重要な指標です。買収前は1.8倍でしたが，買収時には4.7倍まで上昇していました。

　買収後，投資適格の格付は維持されましたが，格付機関のS&PがA-からBBB+に，ムーディーズがA1からBaa2に格付を下げました。図表11-10(b)が示すように，買収前後のタケダのバランスシートを比較すると，レバレッ

図表11-10(b) | 買収前後のバランスシートの変化

【2018年3月末の要約貸借対照表】

流動資産：1.0兆円 （現金：0.2兆円）	負債：2.0兆円 （社債・借入れ：0.9兆円）
固定資産：3.0兆円 （のれん：1.0兆円）	純資産：2.0兆円

【2019年3月末の要約貸借対照表】

流動資産：3.0兆円 （現金：0.7兆円）	負債：8.7兆円 （社債・借入れ：5.7兆円）
固定資産：10.8兆円 （のれん：4.1兆円）	純資産：5.1兆円

（出所）武田薬品工業の有価証券報告書を用いて作成

ジが大幅に上昇していることが分かります。また，三倍強になった資産の約3分の1を無形資産であるのれんが占めていることも確認できます。トレードオフ理論のインプリケーションで述べたように，無形資産が多い企業は，デフォルトコストが大きいと考えられます。これらのことが格付の低下につながったと考えられます。

　買収の前後では，資本構成の変化と同時に，事業ポートフォリオや資産の内容も変わりました。タケダは，2018〜2020年にかけて，総額で約7,000億円（68億ドル）の海外事業の売却を行いました。日本国内の事業においても，アリナミンやベンザなどで知られる子会社の武田コンシューマーヘルスケアを2,420億円でブラックストーンに売却しました。ブラックストーンは，プライベート・エクイティ・ファンドです。これら事業売却の総額約1兆円は，シャイアー買収に際して調達した社債や借入金の返済に充当されると考えられます。資産の売却による資金調達といえるでしょう。

　タケダは，シャイアーの買収と事業の売却を通じて，大規模な事業ポートフォリオの組替えを行ったといえます。同時に，資本構成も大きく変化しま

した。イノベーションという観点でいうと，タケダによるシャイアーの買収は，外部から研究開発を取り込むオープンイノベーションということができます。日本企業は，自前主義によるイノベーションを志向する傾向があったのですが，近年では**コーポレート・ベンチャーキャピタル**(CVC, Corporate Venture Capital)を設立して，オープンイノベーションを促進する動きが出てきています。

11. 資本構成とベータ

(1) 実務的アプローチ

この章の最後に，資本構成とベータの関係を取りあげましょう。MMの命題を応用して，レバードとアンレバードの変換(図表6-5(b))について，より詳しい説明をします。

図表11-11(a)は，レバードとアンレバードのベータの関係式です。実務的アプローチは，第6章や第8章でも説明しました。負債のベータをゼロとみなす簡便法であり，負債額が一定の資本構成を仮定しています。

実際に市場で観察できる株式ベータ(レバードベータ)からアンレバードを求め，業界の平均値を求めます。この値は，**業界ベータ**や**産業ベータ**といわれます。産業ベータから，目標資本構成にあったレバードベータを算出し，CAPMを適用して株式の資本コストを求めるのが，実践的な株式資本コストの算出の手順です。アンレバードベータの算出をアンレバリング，レバードベータの算出をリレバリングということもあります。

図表11-11(b)は，この方法を用いて，株式の資本コストを求めた計算例です。エクセルシートのアンレバリングとリレバリングの計算式を確認してください。

(2) 負債ベータと資本構成

図表11-11(a)に戻り，右側にある負債ベータのパートを見てください。

tD [節税効果]	D [負債]
U (β_u) [アンレバード] [負債なしの企業]	E (β_e) [株式] [レバード]

V_t ($\beta_t = \beta_u$) [節税効果]	D (β_d) [負債]
U (β_u) [アンレバード] [負債なしの企業]	E (β_e) [株式] [レバード]

【実務的アプローチ】
負債額は一定でリスクフリー
（負債ベータ＝0）
節税効果の割引率＝負債コスト

$$\beta_u = \frac{\beta_e}{1+(1-t)\frac{D}{E}} \leftrightarrow \beta_e = \left[1+(1-t)\frac{D}{E}\right]\beta_u$$

【負債ベータ】
負債比率一定（負債額変動），
負債ベータ（β_d）考慮
節税効果変動，
節税効果のベータ＝アンレバードベータ

$$\beta_u = \frac{D}{D+E}\beta_d + \frac{E}{D+E}\beta_e$$

$$\leftrightarrow \beta_e = \beta_u + \frac{D}{E}(\beta_u - \beta_d)$$

パネルの数式は，MMの無関連命題から導かれる加重平均資本コスト（図表11-2(a)参照）において，資本コストをベータにした形です。ここでは，負債にリスクがあることを明示するため，負債ベータを用いています。ベータは，加重平均ができることに注意してください（図表5-6(c)参照）。株式ベータと負債ベータの加重平均が，アンレバードベータになります。法人税を考慮しない場合や節税効果と事業のリスクが等しい場合に，この関係式が成り立ちます。

　図表11-11(c)は，この関係式を用いて，アンレバリングとリレバリングを行った計算例です。目標資本構成の下における負債ベータをCAPMに適用すると，負債コストが算出できます。さらに，負債のウェイトと株式のウェイトを用いると，WACCを求めることができます。

図表11−11(b) 資本構成と資本コスト：実務的アプローチ

	A	B	C	D	E	F	G	H
1		資本構成と資本コスト (1) 実務的アプローチ						
2		企業		株式	負債	βe	βu	
3		A		100	20	1.1	0.96	=F3/(1+E3/D3*(1-$G$8))
4		B		200	100	1.5	1.11	=F4/(1+E4/D4*(1-$G$8))
5		C		300	50	1.2	1.07	=F5/(1+E5/D5*(1-$G$8))
6		平均(業界ベータ 産業ベータ)					1.05	=AVERAGE(G3:G5)
7		目標レバレッジ(D/E)					0.2	
8		税率					30%	
9		βe(リレバード, 推定)					1.20	=G6*(1+G7*(1-G8))
10		市場リスクプレミアム					5%	
11		リスクフリー・レート					1%	
12		re(推定)					7.0%	=G9*G10+G11

実務的アプローチによるアンレバリング

実務的アプローチによるリレバリング

CAPM

- 有利子負債の額が一定，負債のリスクなし（負債ベータ＝0）
- 節税効果も一定でリスクなし

図表11−11(c) 資本構成と資本コスト：負債ベータ

	A	B	C	D	E	F	G	H	I
1		資本構成と資本コスト (2) 負債ベータ							
2		企業		株式	負債	βe	βd	βu	
3		A		100	20	1.1	0.1	0.93	=F3*D3/(D3+E3)+G3*E3/(D3+E3)
4		B		200	100	1.5	0.2	1.07	=F4*D4/(D4+E4)+G4*E4/(D4+E4)
5		C		300	50	1.2	0.1	1.04	=F5*D5/(D5+E5)+G5*E5/(D5+E5)
6		平均(業界ベータ 産業ベータ)						1.01	=AVERAGE(H3:H5)
7		目標レバレッジ(D/E)						0.2	
8		βd(目標レバレッジ下の負債ベータ, 推定)						0.1	
9		βe(リレバード, 推定)						1.20	=H6+(H6-H8)*H7
10		市場リスクプレミアム						5%	
11		リスクフリー・レート						1%	
12		re(推定)						7.0%	=H9*H10+H11

負債ベータを考慮したアンレバリング

負債ベータを考慮したリレバリング

CAPM

- 負債比率が一定の資本構成，負債額は変動，負債リスクあり（負債ベータ）
- 負債の変動に伴い節税効果も変動，節税効果のベータ＝アンレバードベータ

負債のベータは，信用スプレッドを用いた負債コストから逆算することができます。実際には，投資適格の社債のベータは0.1〜0.2など非常に低い数値になります。実務的アプローチでは，このような現実を考慮して，負債ベータをゼロにしています。アンレバリングとリレバリングの過程において，誤差が相殺し合うことも理由の一つです。

　二つの関係式から分かるように，レバレッジとベータの(資本コスト)の関係は，資本構成の前提によって変わります。企業が成長するにつれ，資産と負債，株式の額が一定の率で増加する場合，負債比率は一定，あるいは一定のレンジ内で推移します。この場合には，負債ベータを取り入れた関係式が適しています。成熟した大企業では，資産や負債の額が安定的に推移すると考えられます。この場合には，実務的アプローチが適しています。

　どちらの方法をとる場合でも，ビジネスリスクの指標であるアンレバードベータが基準になることは重要です。理解しておきましょう。

COLUMN ESGに対する大学の取組み

図表｜京都大学におけるESGに対する取組みの例

　ESGは大学や学界が取り組みやすい研究テーマです。京都大学でも様々な取り組みが行われています。上の図表は，その一例を示したものです。

　毎年開催している「企業価値評価とファイナンス」講座の2021年度のサブタイトルは，「ESGとサステナビリティの視点」でした。講座では，サステナブル成長モデルを用いたバリュエーションと財務的な価値創造をベースにしつつ，専門家の方々による次のような講義を取り入れました。

- ● 機関投資家によるESGエンゲージメント，ESG投資
- ● SDGs債，ソーシャルボンド，グリーンボンド
- ● 事業会社のサステナブル経営の取り組み

　2019年に設置された「京都大学ESG研究会」には，事業会社，機関投資家，コンサルティング会社の方々が参加され，講義やセミナー，参加者の課題解決を目的としたゼミナール方式によるディスカッションが行われています。

　講座や研究会にご興味のある方は，下記のウェブサイトをご覧ください。

「企業価値評価とファイナンス」

https://www.kyodai-original.co.jp/open-academy/program/?no＝27

「京大ESG研究会」

https://www.kyodai-original.co.jp/?p＝8882

ペイアウトと現金保有

1. ペイアウトとその考え方　　　　6. エージェンシー理論とペイアウト

2. ペイアウト分析の基本モデル　　7. ペイアウトのライフサイクル仮説

3. ペイアウトの無関連命題　　　　8. 日本企業のペイアウト政策

4. 自社株買いのシグナル機能　　　9. 現金保有に関する諸説

5. 配当のシグナル機能　　　　　　10. 現金保有のデータ分析

第12章のテーマとポイント

● 食品スーパーのライフコーポレーション（ライフ）は，2020年9月に増配を発表しました。発表翌日の同社の株価は，大きく上昇しました。トヨタ自動車が2019年に行った自社株買いや，ロームの自社株買いを含む資本政策も，株式市場で好意的な評価を受けました。増配や自社株買いは，企業から株主へのペイアウト（利益還元）です。

● 本章では，企業のペイアウト（利益還元）を取りあげます。ペイアウトが企業価値や株主価値に与える影響を分析することが，本章のテーマになります。株主価値は，現時点において企業の株式を保有している株主の資産価値です。

● 完全競争市場を前提にすると，資本構成の場合と同様に，ペイアウトは企業価値や株主価値に影響しないという無関連命題が成り立ちます。無関連命題では，企業価値や株主価値を決めるのは事業です。ペイアウトの有無やペイアウトの方法は，株主価値に影響しません。

● 保有現金をペイアウトすることで，資本利益率の指標であるROEは改善されます。一方，リスクフリーである現金をペイアウトすることで，株式（株主）のリスクが大きくなるため，株式資本コスト（株主の期待収益率）は高くなります。資本利益率と資本コストが同時に高くなることでバランスがとれるため，ペイアウトは株主価値に影響しないのです。ペイアウトと株主価値の関係を分析する際には，財務指標（ROEやEPS）だけでなく，リスクや資本コス

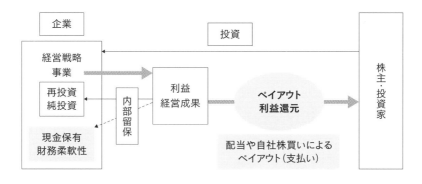

- 無関連命題（完全競争）：ペイアウトは株主価値に影響しない，価値を決めるのは事業
- ROE（経営成果）と株式資本コスト（投資家の期待）の双方に影響。リスクに与える影響に注意
- 条件付き理論：シグナリング，エージェンシー，ライフサイクル
- 学術的な理論とデータサイエンスを結び付けて現金保有やペイアウトを分析

トに与える影響を考慮することが重要です。

● 現実的な要因を取り入れると，ペイアウトが株主価値に影響する条件付き理論が成り立ちます。例えば，企業と投資家の間に情報の非対称性がある場合，自社株買いは自社の株価が割安であるというシグナル機能をもちます。増配は，期待FCFの増加が継続するシグナルと解釈できます。この場合，自社株買いや増配は株価の上昇要因になります。ライフの増配やトヨタ自動車とロームの自社株買いが発表された後に株価が上昇したことは，ペイアウトのシグナル機能で説明できます。

● ペイアウトには，シグナル機能の他にも，エージェンシー理論やライフサイクル仮説があります。エージェンシー問題は，コーポレートガバナンス改革によって，軽減されたと考えられます。Zホールディングスの配当政策は，ライフサイクル仮説と整合的な事例です。

● 本章では，企業の現金保有についても取りあげます。現金保有にも複数の仮説があります。企業の現金保有には，企業規模や収益性，成長性，リスク，実際の投資支出など様々な要因が複合的に関係しています。複合的な関係を定量化するアプローチとして，学術的な理論とデータサイエンスを結合した方法を紹介します。

1. ペイアウトとその考え方

　ペイアウト(payout)とは，企業が株主に利益還元としてキャッシュを配分することです。具体的には，**現金配当**(配当, dividend)と**自社株買い**(share repurchase)があります。以前は，配当政策といわれていましたが，自社株買いが増加したため，配当と自社株買いを合わせたペイアウトや総還元というよび方が定着してきました。

　企業のペイアウトを分析する際のポイントは，大きく三つあります。第一に，既存株主(current shareholder)を重視することです。企業がペイアウトに関する意思決定を行う場合，その時点における株主の資産価値(株主価値)を毀損しないことが必要です。コーポレートガバナンス・コードの原則1−3は，資本政策の動向が株主(既存株主)の利益に重要な影響を与え得ることを踏まえ，上場企業は資本政策の基本的な方針について説明を行うべきである，という指針を示しています。本章では，既存株主の資産価値を株主価値とよび，株主価値の観点から企業のペイアウトについて説明をします。

　第二に，ペイアウトと事業の関係に注意することです。多くの場合，ペイアウトは，事業の成果であるFCFを投資家に還元する手段であるとみなされます。事業がペイアウトを決めるため，ペイアウトが事業価値や株主価値に影響することはありません。第11章で取りあげた資本構成の無関連命題と同様に，ペイアウトは株主価値と無関連であるという命題が成り立ちます。一方，資本構成と同様に，エージェンシー問題がある場合，ペイアウトが事業に影響を与える可能性があります。

　第三に，これも資本構成と同じですが，ペイアウトについても条件付きの諸理論が提示されています。この章では，非対称情報下のシグナリング機能，利害対立問題がある場合のエージェンシー理論，ライフサイクルやケータリングという諸説を紹介します。

　ペイアウトと株主価値の関係に焦点をあてるため，以下では有利子負債がない企業を仮定します。有利子負債がある場合でも，結果はほとんど変わりません。

2. ペイアウト分析の基本モデル

図表12-2の数値例を用いて，ペイアウトと株主価値の関係について分析をしましょう。取引コストや税金などを考慮しない競争的な市場を仮定します。また，企業と投資家の間には情報の非対称性が存在しません。投資家は，図表12-2にある情報に基づいて，事業や株式を評価します。

図表の右側にある事業と投資のパネルを見てください。企業の事業は，毎期一定の期待FCFを生み出します。収益は安定していますが，有益な成長機会はありません。そのため，減価償却費に見合う設備の更新投資を行い，NWCは一定の水準を維持する計画を立てています。純投資（設備投資＋NWC増加額－減価償却費）がゼロなので，FCFは税引後利益に一致します。サステナブル成長率はゼロです。事業の評価には，成長率がゼロの定額モデルを適用します。

その下にあるバリュエーションのパートでは，資本コストや価値評価が算

図表12-2｜ペイアウトの数値例

【事業と投資】
- 事業資産からの期待FCF＝300/年
- 純投資なし（設備投資＋NWC増加－減価償却費＝0）
  ⇒ 期待FCF＝期待利益
  ⇒ サステナブル成長率ゼロ⇒定額モデル

現金：1,000
β_c＝0
（リスクフリー）

純資産
（株式時価総額）
6,000
β_e＝1.0

事業資産：5,000
β_u＝1.2

発行済み株式数10
株価＝600

期待FCF＝300/年

$$\frac{1,000}{6,000}\beta_c + \frac{5,000}{6,000}\beta_u = \beta_e$$

【バリュエーション】
- 完全競争市場，情報の非対称性なし，有利子負債ゼロ
- リスクフリー・レート＝0%，マーケット・リスクプレミアム＝5%
- 事業資産のベータ（β_u）＝1.2，株式ベータ（β_e）＝1.0
- 事業の資本コスト＝0%＋1.2×5%＝6.0%
- 事業価値＝300÷0.06＝5,000
- 株式時価総額＝事業資産価値＋現金＝6,000
  ⇒ 純資産に等しいと仮定
- 期待ROE＝300/6,000＝5.0%
- 株式資本コスト＝0%＋1.0×5%＝5.0%

出されています。保有現金が事業に使用される予定はありません。現金はリスクフリー・レートで運用します。したがって，現金のベータ(β_c)はゼロです。ベータがゼロの現金があるため，事業のベータ(β_u)は株式ベータ(β_e)より高くなります。

　事業に適用される資本コストは，事業ベータをCAPMに適用して算出します。期待FCFと資本コストを用いると，事業価値が求まります。競争的で情報の非対称性がない資本市場では，資産の価値が適正に評価され，株価に反映されます。いまの場合，株式時価総額は，現金と事業価値の合計になります。株価(一株当たり株式価値)は，株式時価総額を発行済み株式数で割った値です。企業の株式を一株保有している株主の資産価値(株主価値)は，600になります。

　税引後利益を株式時価総額で割ると，時価をベースにしたROEが算出できます。特別損益等は考慮せず，FCFと税引後利益は等しいとします。このとき，期待FCF(税引後利益)を株式時価総額で割った値が，期待ROEになります。期待ROEは5.0％であり，株式資本コストに一致します。

　図表の貸借対照表は時価ベースになっています。分かりにくければ，時価と簿価が等しく，株式時価総額と純資産が一致していると考えてください。貸借対照表の枠内には，ベータの関係が示されています。現金のベータと事業ベータの加重平均は，株式ベータに等しくなります。加重平均のウェイトには，現金と事業の評価額を用います。

3. ペイアウトの無関連命題

(1) 配当無関連命題

　図表12-3(a)には，ペイアウトと財務指標，株主価値の関係が示されています。現状(ペイアウトなし)と比較しながら，ペイアウトが財務指標と株主価値に与える影響についてみていきましょう。

　まず，企業が現金1,000を配当するケースを考えます。株式数は10なので，**一株当たり配当(DPS, Dividends Per Share)**は100になります。配当後の現

図表12−3(a) | ペイアウトと財務指標・株主価値

ペイアウト政策	現状 ペイアウトなし	配当(DPS＝100) ペイアウト総額1,000	自社株買い ペイアウト総額1,000
株式時価総額	6,000	5,000	5,000
株式数(ペイアウト後)	10	10	8.33
税引後利益(年間)	300	300	300
EPS(一株当たり利益)	30	30	36
ROE(利益÷純資産)	5.0%	6.0%	6.0%
株式ベータ 資本コスト	1.0 5.0%	1.2 6.0%	1.2 6.0%
株価(ペイアウト後)	600	500	600
株主価値(既存株主)	600	600(100＋500)	600

金はゼロになりますが，事業への影響はありません。したがって，期待FCF，事業の資本コスト，事業価値は変わりません。配当後の株式時価総額は5,000，株価は500(5,000÷10株)になります。

　株式を一株保有している株主は，配当100を受け取り，価値が500の株式を保有します。株主価値は600です。現状(ペイアウトなし)の株主価値も600でした。株主は，配当によって得をすることも損をすることもありません。株主価値は配当と無関連です。表の第3列(配当(DPS＝100))に，詳細な数値が示されています。

　表から分かるように，財務指標であるROEは変化します。配当の分だけ純資産が減少する一方，税引後利益(FCF)は変わらないからです。ROEが上昇するのに株主価値が変わらない理由は，株式ベータと資本コストの変化にあります。

　リスクフリーの現金をペイアウトした結果，株式ベータは事業ベータと同じ水準まで上がります。株式ベータの上昇を反映して，株式の資本コストも高くなります。株式資本コストは，期待ROEと等しくなる水準まで高くなり，そこでバランスします。資本利益率と資本コストが等しいため，価値の創造も価値の毀損も起こりません。このようなケースにおいて，配当政策は

株主価値に影響しません。

(2) 自社株買いの無関連命題

同様のことは，自社株買いについても成り立ちます。表の第4列（自社株買い）を見てください。配当と同様に，ROEは高くなりますが，株式ベータと資本コストも上昇します。

自社株買いでは，市場に流通している株式を買い入れるため，発行済み株式数が減少します。そのため，**一株当たり利益**（EPS, Earnings Per Share）は増加します。表から分かるように，自社株買いによってEPSとROEは高くなります。配当の場合，発行済み株式数が変化しないのでEPSは変わりません。

配当では，すべての株主が保有株数に応じて配当を受け取ります。一方，自社株買いの場合，企業の自社株買いに応じて株式を売却する株主と，売却せずに株式を保有し続ける株主に分かれます。企業は，両方の株主の資産価値を毀損しない価格で自社株を買う必要があります。

図表12-3(b)に示されているように，その価格は600です。企業が600より高い価格で自社株を買うと，自社株買いに応じた株主は得をしますが，応じなかった株主は損をします。逆に，企業が600より低い価格で自社株買いをオファーすると，誰も自社株買いに応じません。現在の株価より低い値段で株式を売る人はいないはずです。このように考えると，自社株買いの価格は600になることが理解できます。

自社株買いに応じた株主は，一株当たり600の現金を得ます。自社株買いに応じなかった株主は，評価額が600の株式を保有します。自社株買いによるペイアウトは，株主価値に影響しません。

ペイアウトによって純資産や自己資本が減少するため，ROEは上昇します。一方，リスクフリーである現金のペイアウトが株式をハイリスクにするため，資本コストも高くなります。リターン（資本利益率）だけでなく，リスクと資本コストを考えることがポイントです。

- 自社株買いを反映した株式資本コスト＝0％＋1.2×5％＝6.0％

- 自社株買い後の株式時価総額＝300÷0.06＝5,000

- 企業が自社株買いをする株価＝P，買い入れる株式数＝1,000/P，
  自社株買い後の株式数＝10−（1,000/P）

- 自社株買い後の株価＝5,000÷（10−（1,000/P））

- 自社株買いの株価＝自社株買い後の株価 ⇒ P＝5,000÷（10−（1,000/P）） ⇒ P＝600

- 既存株主は自社株買いに応じても応じなくても損得なし，既存株主の資産価値は毀損されない。

4. 自社株買いのシグナル機能

(1) 自社株買いのシグナル機能

　競争的で情報の非対称性がない場合，配当と自社株買いは株主価値と無関連です。企業がどちらかを積極的に選択する理由はありません。現実の世界では，自社株買いを選択する企業もあれば，配当を選択する企業もあります。企業が特定のペイアウトを選択する理由として，現実的な要因を考慮したいくつかの条件付き理論が提示されています。

　ここでは，企業と投資家がもつ情報が異なっている状況を想定し，自社株買いの**シグナル機能**について説明します。資本構成のペッキングオーダー理論で示したように，情報の非対称性がある場合，企業の資本政策が追加的なシグナルを提供する可能性があります。

　図表12−4のグラフは，実際の株式市場のデータを用いて，自社株買いの発表前後の株価動向を調べた結果を示しています。企業は，株価が下落したタイミングで自社株買いを発表します。自社株買いの発表を受けて株価は上昇します。多少の相違はありますが，実証研究の多くが，同じような株価動向を報告しています。

　現実に観察される株価の動向は，次のようなシナリオで説明できます。株

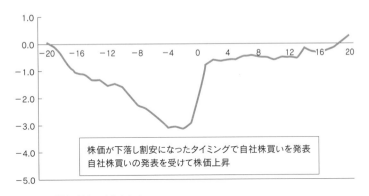

(注)グラフの縦軸は株価の変化率(%),
　　横軸は自社株買いの発表日前後の時点：0が発表日，−4は発表日の4日前，4は発表日の4日後

価の適正な評価額が1,000円である企業を考えましょう。企業の経営陣も，適正な株価水準は1,000円であると分析しています。需給の一時的な不均衡や市場の過小評価によって，株価が1,000円から900円に下落したとします。企業は，将来の期待FCFや自社のWACCを再度分析します。その結果，適正な株価が1,000円であることを確認しました。自社の株価は過小評価され，割安な価格がついています。割安な市場価格を放置するのは，既存株主のためにはなりません。

　株価が割安であると判断したタイミングで，企業は自社株買いを発表します。株式市場は，株価が割安であるとみなし，企業を再評価します。その結果，株価は適正な水準まで上昇します。

　追加的な情報を迅速かつ適正に価格に反映する市場は，**効率的市場**(efficient market)といわれます。効率的な市場において，情報の非対称性がある場合，自社株買いは株価が割安であることを伝えるシグナル機能をもつと考えられます。

　第11章で紹介したロームの自社株買いと株価の上昇は，シグナル機能が作用したと考えられます。同社は，株主還元の強化や資本効率の改善を経営

課題として認識し，転換社債の発行と自社株買いを組合せた財務戦略を実施しました。発表された500億円の自社株買いは，発行済み株式数の9.57%，株主資本の6.4%に相当する規模でした。自社株買いを含む財務戦略が発表された翌日，同社の株価は8,770円から一時9,280円まで上昇しました。株式の売買高は，平時の3倍まで増えました。その後の数日間，同社の株価は9,100〜9,300円のレンジで推移しました。

(2) マーケットタイミングと自社株買いの機動性

金融危機やコロナの感染拡大などのニュースが伝わると，株式市場は悲観的になり，一時的に株価が割安な水準まで下落することがあります。自社株買いの発表は，このようなタイミングで行われることが多いようです。タイミングを見計らって行うという意味で，**マーケットタイミング仮説**といわれることもあります。

適切なタイミングで自社株買いを行うためには，機動性と柔軟性が必要です。自社株買いは，この条件を持ち合わせています。一定の手続きは必要ですが，企業はある程度自由に，自社株買いの時期と金額を決めることができるのです。

HOYAが2003年に行った自社株買いは，マーケットタイミング仮説とシグナル機能の良い事例です。新聞記事によると，同社は，DCF法を用いて算出した株式評価と比較して市場の株価が割安であると判断し，自社株買いを発表しました。

時期は異なりますが，同社が2020年10月に行った自社株買いでは，株主還元を強化し，資本効率の向上および機動的な資本政策の遂行を図るためという理由が公表されています(HOYA，2020年10月27日開示資料)。資本効率の向上はROEの改善，機動的な遂行はマーケットタイミングを意味しています。

トヨタ自動車が2019年11月に行った自社株買いの理由も同様です。手元資金や株価水準等を総合的に勘案し，機動的に自社株買いを実施することで，資本効率の向上を図るためとなっています(トヨタ自動車，2019年11月7日)。

余剰資金を用いて割安なタイミングで自社株を買い，ROEの改善にも結び付けるということでしょう。自社株買いの発表後，同社の株価のレンジは上昇しました。また自社株買いの発表直後，同社の株式売買高(出来高)はそれまでの2倍以上になりました。

5. 配当のシグナル機能

(1) 配当のシグナル機能—ライフコーポレーションの増配—

中間配当や期末配当というように，実際の現金配当は定期的に支払われます。また，自社株買いと比較すると，配当の金額は安定しています。自社株買いが機動性と柔軟性をもつのに対し，配当は定期的で安定的という性質をもっています。このことに注意しながら，配当のシグナル機能について考えましょう。

配当に関するニュースと株価の反応を調べた実証研究は，図表12−5(a)にある株価のパターンを報告しています。増配を発表した企業の株価は上昇し，減配を発表した企業の株価は下落する傾向がみられます。いずれも，株価は迅速に反応し，その後は安定的に推移しています。効率的市場において，増配や減配には追加的な情報を伝える機能があり，市場はシグナルに対して適切に反応しているように見えます。

増配や減配のニュースは，業績や業績予想とあわせて発表されることが多いようです。増配を発表する企業は，その年度の業績と次年度以降の業績予想が良いことを確認して，配当を増やす意思決定をしていると考えられます。

食品スーパーのライフコーポレーション(ライフ)は，2020年9月に業績予想を上方修正し，同時に年間の配当(一株当たり配当)を10円増額して50円にすることを発表しました。一株当たり配当を40円から50円に増やしたわけですから，大幅な増配といえます。増配が発表された翌日の株価は，前日比で10%上昇しました。

日本経済新聞(2020年9月17日付朝刊20頁)は，この現象について次のように解説しています。「株価の上昇は，増配の発表にけん引された部分がある。

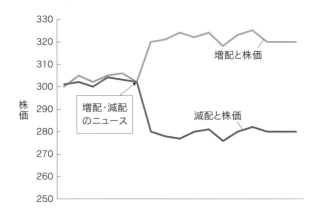

図表12−5(a)│配当のシグナル機能

食品スーパーに関する今後の焦点は，コロナ禍で高まった利益率を維持できるかどうかだといえる。」

　日本経済新聞の解説は，まさに配当のシグナル機能を述べたものです。業績が一時的に良くなることは，その年度の業績を上方修正したことで分かります。さらに増配を発表することで，好業績が持続するという会社側の見方が伝わり，株価の上昇につながったというわけです。好業績が続くという自信がなければ，定期的・安定的に支払われる配当を増やすことは困難です。

(2) 増配の評価

　図表12−5(b)は，DCF法を用いて，増配と理論株価の関係を示したものです。表中①は，増配のニュースが発表される前(現状)の期待FCFと理論株価です。毎期の期待FCFが100，資本コストが5.0％，定額モデルを用いた理論株価は2,000になります。表中②は，増益が持続するという見込みの下で増配が発表された場合です。期待FCFの増加が継続するというシグナルを反映した理論株価は2,100となり，株価は5％上昇します。

　表中③は，業績の改善が一時的な場合です。来期の期待FCFは高くなりま

① 現状の期待FCF	毎期100が継続（永久的）	
理論株価	100/0.05＝2,000（定額モデル）	
② 増配後の期待FCF（継続）	毎期105が継続（永久的）	
理論株価	105/0.05＝2,100（定額モデル）	
③ 一時的な業績改善＼年度	1年後	2年後以降
期待FCF	105	毎期100が継続（永久的）
1年後のターミナルバリュー（TV₁）		TV₁＝100/0.05＝2,000
理論株価	105/1.05＋2,000/1.05＝2,005	

- 資本コスト＝5.0％，配当＝期待FCF
- 一時的な増配の理論株価は1年後の期待FCFとターミナルバリュー（TV₁）の現在価値の合計
- 継続的な増配を反映した理論株価は現状より5％上昇，一時的な業績改善の場合は0.25％の上昇

すが，その後は再び現状と同じ水準になります。増配を発表したとしても，理論株価に与える影響は軽微です。来期は業績が低下するので，減配する必要があるかもしれません。このような状況では，安定的で定期的な特徴をもつ配当を増やすという意思決定は行われないと考えられます。

　配当のシグナル機能において，減配のニュースは，業績の低迷がしばらく続くことを意味します。コロナ禍において，航空事業を営む企業の業績は大きく落ち込み，回復までにはかなりの期間を要するといわれています。大幅な収入減に対応するため，各社はコスト削減や配当をゼロにする無配を発表しました。業績の落ち込みが一時的であれば，配当を維持することや少額の減配を行うという対応ができたと考えられます。業績の低迷が長期間におよぶ見込みが強くなったため，各社は無配という苦渋の選択をしました。業界最大手のANAの株価は，2020年1月に3,500円でしたが，無配が発表された4月末には2,200円まで下落しました。

6. エージェンシー理論とペイアウト

(1) 株主と経営者のエージェンシー問題

　第11章で紹介したように，企業の経営者と投資家(株主)の利害が一致していない状況では，エージェンシー問題が起こる可能性があります。ここでは，資本構成と同様に，エージェンシー理論のフレームワークを用いて，ペイアウトの役割について説明します。日本経済新聞(2006年9月22日付朝刊17頁)は，エージェンシー問題とペイアウトについて，次のように説明しています。

　「株主(プリンシパル)の代理人(エージェント)である経営者は，必ずしも株主の利益のために行動するとは限らないため，株主は不利益を被る可能性がある。例えば，企業に余剰資金があると，経営者は規模の拡張欲にまかせて，採算が合わない事業に資金を投じるかもしれない(過大投資)。株主は，余剰資金の使い道をモニタリングすることが必要である。また，余剰資金を株主に配分することで，過大投資などのエージェンシー問題を解決することができる。」

　簡単な数値例を用いて，ペイアウトにおけるエージェンシー理論について説明しましょう。図表12-6には，二つの経営方針と財務指標，バリュエーションが示されています。この数値例は，負債の規律付けについて説明した図表11-7(b)と似ています。

　企業には，売上重視(拡大志向)と価値重視(効率志向)の経営方針があります。売上重視の経営方針を実践するためには，より多額の資金が必要です。ただし，売上高を除く財務数値は好ましくありません。とくに，事業価値に大きな影響を与える資本利益率は，価値重視の方針より劣ります。事業価値も低く，PBRは1.0倍を下回ります。売上重視の経営は，企業価値を毀損することになります。一方，価値重視の経営を選択すると，資本利益率は高く，事業価値が投下資本を上回るため，企業価値は向上します。

　企業価値の向上や資本コスト経営に対する意識が希薄であれば，拡大志向をもつ経営者が売上重視の方針を選択することはあり得ます。手元資金が

図表12-6 | エージェンシー問題

経営方針	投下資本	売上高	税引後 営業利益	資本回転率	売上高 営業利益率	資本利益率
売上重視	2,000	2,000	100	1.0回	5%	5.0%
価値重視	1,500	1,500	150	1.0回	10%	10.0%

経営方針	期待FCF (税引後営業利益)	資本コスト	事業価値 (定額モデル)	PBR (事業価値/投下資本)
売上重視	100	8.0%	1,250 (100÷0.08)	0.625倍 (1,250÷2,000)
価値重視	150	8.0%	1,875 (150÷0.08)	1.25倍 (1,875÷1,500)

2,000を上回るほど豊富であれば，売上は増えるが，NPVはマイナスになる過大投資が実施されます。株主価値が，エージェントである経営者の行動によって毀損されるというエージェンシー問題が生じます。

(2) ペイアウトによる解決

　手元資金が少なければ，エージェンシー問題による過大投資を回避することができます。手元資金がゼロの場合，投資を行うためには，外部資金を調達する必要があります。事業計画をみた投資家は，価値重視の経営方針であれば資金調達に応じます。企業が調達できる資金は1,500となり，価値重視の経営が行われることになります。

　手元資金を少なくする方法の一つは，事業活動からフリーなキャッシュをペイアウトすることです。成熟ステージに入り，価値を高める投資機会が少ない場合，増配や自社株買いによって現金をペイアウトすることで，エージェンシー問題に対する懸念を払拭することができます。増配や特別配当，自社株買いの発表を株式市場は好意的に受け止め，株価は上昇すると考えられます。自社株買いや増配による株価の上昇は，エージェンシー理論を用いて説明することもできそうです。

日本では2014年頃からコーポレートガバナンス改革が行われました。コーポレートガバナンス・コードや社外取締役の導入など，コーポレートガバナンスの機能が強化されました。また，企業価値の向上や資本コストを意識した経営も浸透しました。近年の日本の上場企業では，エージェンシー問題は低減したと考えられます。

7. ペイアウトのライフサイクル仮説

(1) 成長企業のペイアウト

　成長ステージにある企業は，価値を高める成長投資の機会が豊富にあると考えられます。価値を高める成長投資の資本利益率は，資本コストを上回ります。このような企業は，事業で稼いだキャッシュをペイアウトするより，成長機会に投資することで，企業価値を向上することができます。

　ペイアウトをすると同時に，投資資金を外部から資金調達するスキームもありますが，実際の資金調達には，取引コストと時間がかかります。ペイアウトを見送ったり少なくしたりして現金を保有しておくと，取引コストと時間を節約することができます。

　逆に，成熟ステージにある産業に属する企業には，価値を高める大規模な成長投資の機会がほとんどありません。このような企業は，手元現金を積極的に保有する理由を問われた際に，合理的な説明をすることが困難です。余剰資金をため込むと，先に紹介したエージェンシー問題が懸念される可能性もあります。成熟企業は，相対的に積極的なペイアウトをすることが好ましいと考えられます。

　図表12−7(a)は，企業のライフサイクルとペイアウトに関する数値例です。**配当性向**や**総還元性向**は，利益に対する配当や総還元の割合です。総還元は，配当と自社株買いの合計額です。総還元性向は，**ペイアウトレシオ**(ペイアウト÷利益，payout ratio)ということもあります。近年では，配当性向や総還元性向をペイアウトの指標にする日本企業が増えています。

　ペイアウトをしない利益は，内部留保され成長機会に投資されます。ここ

図表12-7(a) | ライフサイクルとペイアウト

投資プロジェクトの再投資（成長投資）	成長投資ゼロ	成長投資	投資/ペイアウト と価値
配当性向（総還元性向）	100%	60%	
サステナブル成長率	ゼロ	4%	
成長段階：資本利益率＞資本コスト（資本利益率＝10%，資本コスト＝8%）	1,250	1,500	投資は価値を高める
資本利益率＝資本コスト（資本利益率＝10%，資本コスト＝10%）	1,000	1,000	無関連
成熟段階：資本利益率＜資本コスト（資本利益率＝10%，資本コスト＝12%）	833	750	投資は価値を毀損 ペイアウトが好ましい

【前提】新規投資資金＝1,000，サステナブル成長率＝資本利益率×（1−配当性向），定率成長モデル
【計算例】資本利益率＝10%，資本コスト＝8%，配当性向＝60%のケース
来期の期待FCF＝1,000×10%×0.6＝60，成長率＝10%×（1−0.6）＝4%，
価値評価＝60÷（0.08−0.04）＝1,500
資本コスト＝10%のケースでは，60÷（0.1−0.04）＝1,000
資本コスト＝12%のケースでは，60÷（0.12−0.04）＝750

では，コストと時間がかかる外部資金調達は考慮しないことにします。第3章のサステナブル成長モデルの評価と図表の下のパネルにある計算例を参考にして，それぞれの計算結果を確認してください。

　成長ステージにある企業は，資本利益率が資本コストを上回る成長投資の機会があります。ペイアウトを重視して利益の全額を配当や自社株買いで株主還元すると，事業の価値は1,250です。成長投資を重視すると，短期的なペイアウトは低下しますが，サステナブル成長率が高くなります。成長投資の資本利益率が資本コストを上回るため，事業価値や企業価値が向上します。パネルで示したように評価額は1,500になります。このような企業は，ペイアウトを控え，成長機会に資金を投下することが，企業価値の向上に結びつきます。

　成長ステージにある企業は，タイミングよく成長機会に投資をすることが重要です。成熟業界にある企業に比べて，株価の変動が大きく，自社株が過小評価されることも少なくありません。したがって，成長企業のペイアウト

は，定期的・安定的な配当より，機動的で柔軟性がある自社株買いが中心になります。

(2) 成熟企業のペイアウト

図表12-7(a)の成熟段階の行をみてください。成熟ステージにある企業の投資プロジェクトは，資本利益率が資本コストを下回る傾向があります。成長投資をする機会はありますが，それは事業価値や企業価値を毀損します。数値から分かるように，成長投資はバリュエーションを低下させます。

いまの例では，新規投資そのものが価値を毀損します。投資資金1,000をプロジェクトに投資すると，最大でも833の評価にしかならないからです。

図表12-7(b)｜投資機会とペイアウト

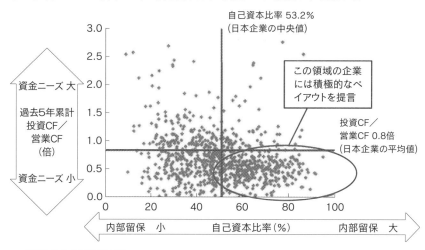

【配当性向が30％を下回る企業の自己資本比率と資金ニーズ（投資CF／営業CF）】

(原出所)生命保険協会調べ
TOPIX構成企業（赤字企業，金融除き），自己資本比率の中央値と投資CF／営業CFの平均値は配当性向30％以上の企業も含む。5年累計の投資CFがプラスもしくは営業CFがマイナスの企業は除く，投資CF／営業CFは絶対値として表示

(出所)平成29年度生命保険協会調査資料「株式価値向上に向けた取り組みについて」

投資プロジェクトの実施は，過大投資であり，エージェンシー問題になります。このようなステージにある企業は，積極的なペイアウトを行うことが好ましいといえます。

　図表12－7(b)は，生命保険協会の報告書「株式価値向上に向けた取り組みについて」で示されているものです。横軸は内部留保の指標，縦軸は投資機会の指標です。この本では，内部留保は再投資されると仮定してきましたが，投資機会が少ない企業の内部留保は，現金のまま保有されていることがあります。図表でいうと，右下の丸枠内の企業群は，投資機会が少なく現金保有が多いカテゴリーに含まれます。報告書においても，特段の資金使途がないまま資金を余剰に抱える企業が多く含まれているという指摘があります。

(3) ライフサイクル仮説の事例──Zホールディングスの配当政策──

　第3章でも述べましたが，マイクロソフトとアップルは，成長ステージにおいて無配という配当政策を採用してきました。高い成長率が株価の上昇に結びついた時期は，両社とも配当をせず，積極的に成長投資を行いました。

　成長期を過ぎて安定期に入ると，投資機会が減少し，投資CFの支出が営業CFを下回るようになります。図表12－7(b)でいうと，右下のポジションに入ってきます。そのような時期に，両企業は株主へのペイアウトを開始しました。成長期には投資を重視し，安定期から成熟期にかけてはペイアウトを重視する。このような投資とペイアウトに関する方針は，ライフサイクル仮説で説明できます。

　ヤフーやPayPayなどの事業ポートフォリオを保有するZホールディングスの配当政策も，ライフサイクル仮説と整合的です。同社は，1996年にヤフー株式会社として設立され，1997年に株式公開（当時の店頭市場），2003年に東証一部に上場をしました。

　設立以降の成長期には，Yahoo!ニュースやYahoo!天気予報などのインターネット関連事業が大きく伸び，M&Aを含む積極的な投資を行いました。この時期，同社は無配を継続しています。企業価値の向上に貢献する投資機会が豊富にあり，スピーディーな投資を実行するため，手元資金を重視したと

考えられます。

　企業規模が一定に達し，成長期から安定期に差しかかった2005年3月期，ヤフー株式会社（当時）は配当を開始しました。同社の「配当方針および株主優待制度廃止に関するお知らせ」（2005年3月3日）には，次のような説明があります。

　「当社はこれまで主に内部留保の充実に努め，企業の財務体質の一層の強化と将来の事業展開への活用により企業価値を高めることで，株主の皆様への利益還元を行うことに重点を置いてきました。このため配当金による利益の分配は行ってきませんでした。今後は，将来の事業展開のための内部留保を中心に据えながら，毎期着実な利益を生み出すように努め，その業績に応じた弾力的な利益配当も同時に実施していくことにします。」

　同社の2005年度の売上高は1,737億円，現金保有高は980億円でした。財務指標をみると，2002年から2004年にかけて40％を超えていたROEが，2005年以降は30％台から20％台へと低下していきます。高い成長期から安定的な成長期への転換点において，同社は配当することを決定したと考えられます。

　配当開始時の2005年3月期，同社の配当性向（連結当期純利益に対する配当の割合）は10％でした。配当性向はその後上昇し，2009年から2013年は20％，2020年3月期には50％になっています。

8. 日本企業のペイアウト政策

　かつての日本企業の資本政策には，安定配当と安定株主という特徴がありました。安定配当政策の下では，企業業績が多少変動しても，配当額は変わりません。安定株主とは，自社の株式を長期的かつ安定的に保有してくれる株主です。安定株主と安定配当の下で，企業は毎年一定額の配当を支払い，株主は安定的な配当を受け取る時代が続きました。よほどのことが起こらない限り，株主提案や議決権の反対行使はなく，安定的で平穏な関係が続きました。

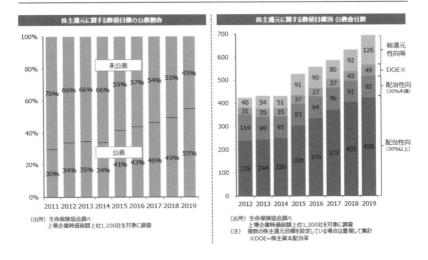

（出所）生命保険協会（2020年4月）「生命保険会社の資産運用を通じた『株式市場の活性化』と『持続可能な社会の実現』に向けた取組について」

　バブル崩壊後，日本企業の資本利益率と株価は低迷します。株式の投資パフォーマンスが向上しない機関投資家は，企業に対して，資本利益率を高めたり，配当政策の見直しを求めたりするようになりました。本書でしばしば取りあげてきた生命保険協会の調査結果は，日米企業のROEを比較したグラフを示し，日本企業のROEの低さを指摘してきました。企業のペイアウトについても，調査結果を示したうえで，機関投資家の立場から様々な提言をするようになりました。

　企業の意識も変わりました。資本利益率の改善や企業価値の向上を経営目標として掲げる企業が増加しました。ペイアウトについても，投資家が求める業績連動型の方針を選択する企業が増えています。図表12-8が示すように，近年の日本企業の主なペイアウトの指標は，配当性向，総還元性向，

DOEです。とくに，配当性向を採用している企業が多いことが特徴といえます。

　前節で説明したように，配当性向は利益に対する配当の割合です。配当性向が30％であるとは，利益の3割を配当としてペイアウトすることを意味します。残り7割は内部留保です。NPVがプラスの投資を行ったり，有事に備える現預金として保有したりします。

　総還元性向は，利益に占める総還元(配当と自社株買いの合計額)の割合です。DOE(Dividends On Equity)は，自己資本(純資産)に対する配当の割合です。分解すると，配当性向(配当÷利益)とROE(利益÷自己資本)になります。配当性向を適用すると，利益変動に応じて配当の変動も大きくなります。過去の利益の蓄積に対する割合であるDOEを用いると，配当の変動は小さくなります。

9. 現金保有に関する諸説

　利益のうちペイアウトをしない分は，**内部留保**されます。内部留保は，固定資産や運転資本への投資に充てられるか，現預金として保有されることになります。資本政策と同様に，企業が現金を保有する理由についても，いくつかの考え方があります。

　エージェンシー問題の懸念が大きい場合，企業が現金を保有することに対する評価はネガティブです。所有と経営が分離した企業の経営者は，企業内に留保されたキャッシュを過大投資する可能性が指摘されています。コーポレートガバナンスが機能しなかったり，投資決定基準が誤っていたりすると，NPVがマイナスの投資が実行されやすくなり，企業価値を毀損するリスクが高まります。コーポレートガバナンス改革以降，エージェンシー問題は小さくなりましたが，以前は余剰現金の保有が過大投資につながるという指摘がありました。

　例えば，過去に行われた実証研究は，エージェンシー問題が大きい企業が保有する1円は，1円より低く評価されているという結果を報告しています。

株式市場は，保有現金を用いた過大投資を懸念し，ネガティブな評価をしていたと考えられます。

　企業の現金保有に対するポジティブな見方もあります。企業内に蓄積された現金を経営成果の蓄積とみなすと，現金を多く保有する企業は優良企業であるといえます。長期間にわたり継続して現金保有比率が高い企業は，事業のパフォーマンスが優れているという実証研究もあります。日本の上場企業で2018年度に手元現金が豊富な企業は，ソニー，信越化学，任天堂，キーエンス，ファナック，NTTドコモ，京セラなどでした。いずれも優良企業といえるでしょう。

　現金保有は，万が一に対する備えでもあります。優良企業であっても，金融危機や新型コロナウイルスの感染拡大のように，自社でコントロールできない外部環境の影響を受け，一時的に業績が落ち込んだり，資金繰りが悪化したりすることがあります。クライシスに備えて現金を保有しておくことを，予備的動機といいます。新型コロナウイルスの感染拡大が始まったとき，多くの企業は短期的な資金ニーズに加えて，中期的な予備的動機による現金保有を増やしました。

　日本経済新聞（2020年7月17日付夕刊3頁）には，次のような記事が掲載されました。「日銀が17日発表した7月の主要銀行貸出動向アンケート調査によると，企業の資金需要の強さを示す判断指数は4〜6月にプラス59と過去最高になった。指数は過去3ヶ月で資金需要が増加したと答えた金融機関の割合から減少したと答えた割合を引くなどして算出する。前回の調査時にはリーマン危機後の2009年1月以来の高水準だったが，今回は一段と上昇した。」

　予備的動機による現金が豊富であれば，長期的な視点で企業経営に取り組むことができます。社員も安心して働くことができ，取引先も支払いの滞りを懸念する必要がありません。社員や取引先との長期的な関係やコミットメントは，企業経営にとって重要な経営資源です。サステナビリティやESGという観点からも，現金保有は好ましいと考えられます。

　成長機会が豊富な企業は，投資機会を逃さないために現金を保有するという見方は有力です。価値創造の機会にタイミングよく投資をするためには，

資金が必要です。資金調達に手間取ると投資機会を失うことになります。い
つ目の前にくるか分からない事業投資やM&Aのチャンスを逃さないために
は，ある程度の現金を保有しておくことが好ましいといえます。

10. 現金保有のデータ分析

繰り返しになりますが，資本構成やペイアウト，現金保有には，普遍的な
理論はありません。条件や前提によって諸説がある条件付き理論があてはま
るテーマです。実際の企業の意思決定もそのようになっています。ここでは
現金保有に関するデータ分析の結果を用いて，実際の企業の現金保有が様々
な要因によって決まっていることを紹介しましょう。

図表12-10は，日本企業の近年のデータを用いて，現金保有比率（現預金
÷総資産）を検証した結果を示しています。分析の対象は，2015年以降の上
場企業です。金融業界は，規制等の特殊要因がありますので，分析の対象外
としました。

図表12-10｜現金保有の要因分析

現金保有に影響するファクター	係数（影響の方向と程度）
規模	−0.01
収益性	0.07*
NWC（流動性）	−0.16*
リスク	0.35*
投資機会	0.05*
設備投資	−0.31*
研究開発	0.36*

- 被説明変数の現預金比率＝現預金÷総資産
- 右上に*がついているファクターは統計的に有意
- サンプル数15,038（2015～2019年，全上場企業（金融除く））

係数の符号とスター(*)の有無に注目をしてください。係数がプラスである項目は，現金保有比率を高める要因です。スターがついているのは，統計的に有意であり，その符号の信頼性が強いことを意味します。順番にみていきましょう。

　現金保有比率について，企業規模はわずかにマイナスですが，その関係は明確ではありません。収益性が高い企業は，現金保有比率が高くなっています。優良企業ほどキャッシュを稼ぐため，現金保有も多くなるということです。NWCが多い企業ほど現金が少ないのは，両者の代替的な関係を示していると考えられます。NWCが多く流動性が高い企業にとって，現金の必要性は低いといえます。

　リスクは収益変動の大きさ(標準偏差)です。収益の変動が大きい企業ほど，いざというときに備えて現金を保有する予備的動機が強くなります。リスク要因の係数がプラスであることは，予備的動機と整合的な結果といえます。

　投資機会の係数はプラス，設備投資の係数はマイナスになっています。投資機会が豊富な企業ほど現金を多く保有し，有益な投資機会に備えます。そして，実際に設備投資をすると，FCF計算の定義通り，その期の現金は減少するというわけです。研究開発の係数は有意なプラスになっています。研究開発型の企業は，事業化まで時間がかかるため，現金を保有する動機が強いといわれています。研究開発投資を継続するために必要な現金を保有しているという解釈もできます。

　図表12−10で紹介した結果は，学術的理論とデータサイエンスが結合した現金保有モデルになっています。企業は，現状と今後の事業計画から，各要因の方向性を予測し，このモデルに適用することで，自社に適した現金保有比率を求めることができます。例えば，ハイリスクの成長市場での事業拡大を目指す場合，リスクと投資機会が大きくなるため，現金保有比率を高めることが合理的です。リスクと投資機会の要因がそれぞれ1ポイント上昇すると予測すれば，現金保有を0.4%(1×0.35＋1×0.05)高めることになります。

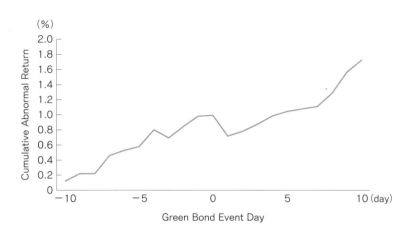

図表 | グリーンボンドの発行と株価の上昇

(出所)Tang, D., and Y. Zhang, 2020, Do shareholders benefit from green bonds? *Journal of Corporate Finance* 66,

　企業の資金調達の手段として，グリーンボンドが注目を集めています。グリーンボンドの発行によって調達した資金の使途は，CO_2削減など環境改善プロジェクトに特定されます。グリーンボンドの発行体はESG活動に注力する企業，買手はESG経営に賛同する投資家です。

　図表のグラフは，グリーンボンドの発行が株価に与える影響を調べた研究の結果です。この研究は，主にアメリカと中国で発行された132件のグリーンボンドを分析の対象にしています。グリーンボンド発行の発表日(Green Bond Event Day)から10日後までの期間，株価は上昇していることが分かります。

　京都大学の砂川研究室と加藤政仁研究室では，日本企業を対象とした同様のデータ分析を行い，やはり株価が上昇していることを確認しています。

　グリーンボンドの発行体は，環境改善に取り組むことを表明した企業です。ESG経営にコミットした企業と考えることができます。これまで紹介してきたように，企業のESG経営は，ROICを高めWACCを低下させる可能性があります。株式市場は，グリーンボンドの発行が企業価値の向上に結び付くことを期待して，好意的な反応を示したと考えられます。

企業と投資家の対話
——IR, エンゲージメント, ESG

第13章のテーマとポイント

● 右上の図が示すように,企業価値の向上には,ステークホルダー(顧客・取引先・社員・投資家・株主・社会など)との建設的な対話(エンゲージメント)や良好な関係の維持が重要です。ここでは,ステークホルダーのうち,主に投資家との関係に焦点をあてます。

● 本章では,IR優良企業大賞に選定されたシスメックスの事例を交えながら,IRについて解説します。IRとは,企業と投資家が,情報開示や建設的な対話(エンゲージメント)を通じて,良好な関係を構築・維持し,企業価値の向上を目指す一連の活動です。

● エンゲージメントを含むIR活動には,投資家の意見を経営に生かし,企業価値の向上に結びつける機能があります。その機能を果たすためには,経営トップの積極的な関与が不可欠です。社内の事業部門や社外取締役の関与も必要になります。

● IRの担当者には,ファイナンスやバリュエーションの知識,顧客・競合・自社・資本市場の4Cに関する情報収集と分析力,投資家や社内の各部門とのコミュニケーションを行う能力,そして投資家の意見に真摯に対応する姿勢が必要です。IRミーティングでは,投資家からの質問が多いデータをあらかじめ開示し,それを前提に議論をすることで,限られた時間における対話の質を高めることができます。

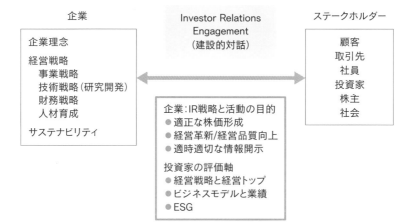

企業　　　　　Investor Relations　　ステークホルダー
　　　　　　　　　　Engagement
　　　　　　　　　（建設的対話）

企業理念

経営戦略
　事業戦略
　技術戦略（研究開発）
　財務戦略
　人材育成

サステナビリティ

顧客
取引先
社員
投資家
株主
社会

企業：IR戦略と活動の目的
● 適正な株価形成
● 経営革新/経営品質向上
● 適時適切な情報開示

投資家の評価軸
● 経営戦略と経営トップ
● ビジネスモデルと業績
● ESG

●最近のIRやエンゲージメントでは，財務的な業績に基づく経済的価値だけでなく，その土台となるESGの要素が重視されています。環境（E），社会（S），コーポレートガバナンス（G）の観点から，企業を評価する潮流が強くなっています。そのため，ESG活動に関するデータを公開する重要性も高まっています。この流れは，今後も持続すると考えられます。

●企業経営においても，ESGをベースにしたサステナビリティが重要です。中長期の視点でマテリアリティ（重点課題）とKPIを設定し，開示する企業が増えています。本書で何度も登場するサステナブル成長モデルが，より多くの方々に，より納得感をもって，利用されるようになるでしょう。

●ESGをベースにした経営に取り組む企業は，社員のロイヤリティの高さや女性マネジメント比率の向上（経営のダイバーシティ）を通じて，社会課題を解決する新製品や新サービスを生み出す可能性が高いと考えられます。また，外部環境の変化に対するレジリエンス（resilience）が強く，経営や事業の安定性を通じて，資本コストが低くなる可能性が指摘されています。

1. IRとエンゲージメント

　IR(Investor Relations)とは，企業が自社の情報を，適時，公平，かつ継続して自主的に開示し，投資家の信頼を醸成し，企業価値向上につなげる戦略的な活動です(日本IR協議会「IR行動憲章」)。戦略的という用語から分かるように，IRは環境変化に対応して進化しています。

　企業のIR活動は，1950年代のアメリカにおいて，個人投資家が積極的に株式投資を行うようになったことを契機に始まったといわれています。1969年には全米IR協会が設立されました。日本では，1993年に日本IR協議会が設立され，IRに注力する上場企業が増加しました。

　当初，企業は適正な株価の形成を目的として，情報提供を主とするIR活動を行っていました。近年では，日本版スチュワードシップ・コードが制定(2014年)されたこともあり，企業価値の向上を目的とした企業と投資家の建設的な対話が行われるようになりました。建設的な対話は，**エンゲージメント**(engagement)といわれます。直近では，ESGをベースにした対話も増えています。

　本章では，日本IR協議会が選定しているIR優良企業賞を3回受賞し，IR優良企業大賞に選定されたシスメックスの事例を交えながら，IRやエンゲージメント，そしてESGの潮流について解説します。

　企業は，IRやエンゲージメントを通じて得た情報や意見を経営に生かすことができます。投資家との間で経営や事業に対する認識に相違があれば，議論を深め，相互に理解が深まるように努めていきます。一般的に，企業と投資家は，企業価値の向上という目的が一致しているため，対話を重ねてWin-Winの関係を構築することができると考えられます。

　資本市場や投資家，証券アナリストとコミュニケーションをとる経営陣やIR担当者は，社内だけでは分からない環境変化の動向や投資家の評価，要望を入手することになります。また，それらを社内にフィードバックし，経営を改善するきっかけやヒントにすることができます。

　シスメックスでは，IRを経営革新のツールと定義し，企業価値の向上に

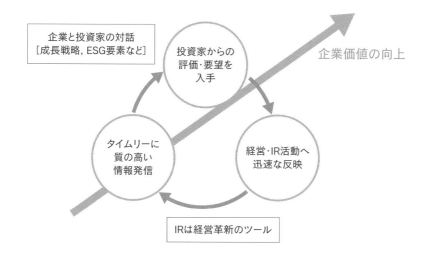

図表13-1 | シスメックスのIR

企業と投資家の対話
［成長戦略，ESG要素など］

投資家からの
評価・要望を
入手

企業価値の向上

タイムリーに
質の高い
情報発信

経営・IR活動へ
迅速な反映

IRは経営革新のツール

取り組んでいます。図表13-1は，その考え方を示したものです。社外からの評価や意見を真摯にとらえ，社内で議論をして，経営に反映しています。

2. IRの実務

(1) IRの目的と主な活動

IRでは，投資家との関係を通じた企業価値の向上が目的になります。今後は，ESGの観点を踏まえ，すべてのステークホルダーとの関係が重要になりますが，ここでは投資家との関係を中心に，IRの実務について説明します。

IRは企業経営とリンクしているため，何よりも経営戦略や成長戦略を正しく伝えることが重要です。企業の将来性が正しく理解されていなければ，情報の非対称が原因で，株価が割安に評価されることがあります。株価が割安な状態が続くと，資金調達に支障が出ます(第11章参照)。割安な株価が，

株主にとって好ましくないことは，いうまでもありません。

　IR担当者は，自社の経営戦略を熟知し，投資家に理解してもらい，適切なフィードバックを社内に還元することが求められます。その上で，企業の業種や業態，ライフステージを考慮し，自社のIR戦略を立案し，具体的な目標や活動内容を決めていきます。

　具体的な目標としては，企業の認知度の向上や株主数の増加，安定株主作り（ファン作り），情報の質の強化などがあげられます。後述するシスメックスの事例でも，東証一部と大証一部に昇格するために株主数を増やし，市場の流動性を高めるという目標に取り組んだことが紹介されます。BtoCのビジネスを展開する企業では，個人株主が自社商品の消費者になるという仮説が有力視されているため，販売チャネルの一つとして個人投資家向けのIRを行うこともあります。

　IR活動は，イベントの開催とツールの作成に大別されます。イベントには，決算説明会やカンファレンスコール，事業や研究開発に特化した説明会，工場や研究施設などの会社見学会などがあります。個人投資家を対象にした説明会や見学会は，人気イベントの一つになっています。最近では，独立社外取締役との対話を希望する投資家も出てきており，IR部門が窓口になって対応します。

　情報開示のツールには，企業のWebサイトで開示される決算説明やデータ集，事業報告書，アニュアルレポートや統合報告書などがあります。アクセスのしやすさ，見やすさ，そして比較可能性などを考慮して，ツールを作成することが大切です。

　Webサイトで公開されているIR情報には，企業情報が集約されています。学生の皆さんや社会人の方が，効率的に企業情報を収集する方法として，企業のIR情報，特に個人投資家向けのサイトを見ることがあげられます。機関投資家の中にも，個人投資家向けのIR資料を用いて勉強する方がいるようです。興味のある方は，シスメックスの個人投資家向けIR情報を見てください（https://www.sysmex.co.jp/ir/individual-investors/index.html）。

　投資家には，個人投資家から資産運用の専門家である機関投資家まで，様々なタイプが存在します。投資スタイルも多種多様です。IR活動におい

■イベント
　●アナリスト，機関投資家対象（国内・海外）
　　－決算説明会，カンファレンスコール
　　－IRインタビュー
　　－証券会社主催カンファレンス
　　－会社見学会
　　－技術説明会
　　　（研究開発進捗説明会）
　●個人投資家対象
　　－会社説明会（オンライン含む）
　　－株主見学会

■ツール
　　－統合報告書
　　－株主通信
　　－フィナンシャルデータ
　　－Web「IR情報」

■その他
　　－社内へのフィードバック（経営層・従業員）
　　－各種問合せ対応

　ても，機関投資家を対象にするものや個人投資家向けの説明会など，投資家のカテゴリーに合わせたメニューがあります。図表13−2(a)は，シスメックスの主なIR活動です。

　図表に記載されているように，投資家や証券アナリストの意見や評価を社内にフィードバックすることもIRの主要な活動です。

(2) 経営トップの関与とIRの体制

　IRの体制は，企業におけるIRの位置づけやその目的によって異なります。財務的な情報開示に重点を置く企業は，決算業務や業績管理を行う財務経理部門にIRを設置します。株主総会や議決権対応とIR活動をリンクさせる企業は，株主総会を扱う総務部にIR部門を置き，IRを経営戦略と深く関連付ける場合は，経営企画部にIR部門を置きます。多様なステークホルダーと

のコミュニケーションを重視する場合，コーポレートコミュニケーション部内にIR，広報，CSRの機能をもつことが適していると考えられます。

　いずれの体制をとるにしても，投資家との良好な関係を維持するためには，経営陣，とくに経営トップの関与が重要です。日本IR協議会や日本証券アナリスト協会が行う企業のIRやディスクロージャーの評価項目には，経営トップの関与が挙げられています。

　実際，社長が投資家との対話に臨み，自社のビジネスモデルや成長戦略，人材育成や環境への取組み，コーポレートガバナンスに対する考え方などを説明すれば，説得力が増します。投資家が，社長の経営姿勢や人柄，経営者としての資質を理解することにもつながります。

　経営トップの積極的な関与は，投資家の意見や提案を社内に反映させる際にも重要です。アナリストや投資家は，社内では気づかない情報やアドバイスを教示してくれることがあります。世界経済や業界事情に通じており，他社の先進的な事例も知っています。経営トップがこのことを理解し，IR部門と一体となって，社外の有益な声を取り入れる。そして，その成果を再び投資家に発信していく。この繰り返しにより，企業と投資家の信頼関係が強くなっていきます。

(3) 価値創造ストーリー

　IRやエンゲージメントでは，将来に向けた経営戦略の説明に時間をかけます。足元の業績に加え，長期的なビジョン，中期経営計画，マクロ経済環境や市場動向，リスクと機会の分析と重要課題，自社のビジネスモデルと競争優位の源泉などです。近年では，価値創造ストーリーを示すことが増えています。図表13−2(b)は，シスメックスの事例です。企業の経営資源や事業活動に加え，そのベースになる社会への貢献やインパクト，SDGs目標との整合性などが，ストーリーとして示されています。

　投資家や証券アナリストは，成長戦略と同時にリスクにも注目します。CAPMでは市場リスクが重視されますが，IRの実務では，業界リスクや企業の固有リスクについても説明をします。企業経営のリスクについて適切な

図表13－2(b)｜シスメックスの価値創造ストーリー

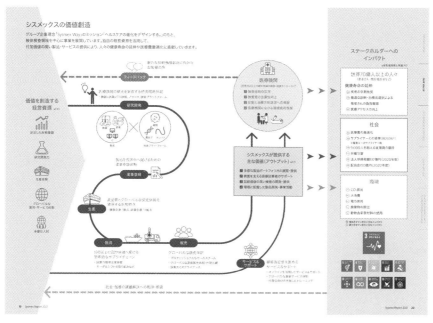

（出所）シスメックスレポート 2021

情報開示を行い，それらを十分に理解してもらったうえで，投資をしてもらうことが重要です。成長というポジティブな面だけでなく，リスクなどのネガティブな要因についても，継続的に正しい情報を伝えることで，信頼関係が構築されます。

(4) IRのリテラシー

　IRには，顧客(customer)，競合(competitor)，自社(company)の3Cに，投資家と資本市場(capital market)を加えた**4C**に関する広範囲の知識が必要です。3C分析は経営戦略分析の基本ですが，投資家や資本市場，加えて情報開示の動向などをフォローし，分析をすることが求められます。投資家との

ミーティングで質問されることが多いのは，次のような項目ですが，すべてに応じる準備が必要になります。

世界各国における法規制対応の状況，政権交代による政策転換が事業に与える影響，貿易摩擦による影響。どの事業が成長市場に属するのか，各事業の競合と自社の競争優位性とその源泉。技術革新によって業界が刷新される可能性，代替的な技術による異業種参入の脅威。災害発生時に原材料調達や製品・サービスの継続提供などのリスクマネジメント体制が構築されているか。資本コストに影響する諸要因。社債発行や公募増資，株式分割，配当政策などの資本政策などです。

これらの項目について，分かりやすく答えるために，IR担当者は，社内外の情報に加え，ファイナンスや経営戦略などのビジネスリテラシーを修得する必要があります。また，IR担当者には，投資家やアナリストとのコミュニケーション力，社外の方の声に真摯に対応する姿勢，どのようなときにも継続的に説明責任を果たす使命感や倫理観が必要になります。

3. IRとコーポレートファイナンス

(1) IRとバリュエーション

これまで学んできたように，企業価値や株式価値の評価（バリュエーション）には，いくつかの方法があります。実際のアナリストや投資家によるバリュエーションにおいても，DCF法やEV/EBITDAマルチプル，PERやEPSなどが用いられています。シスメックスをカバーするアナリストや投資家の間でも，評価の方法は同一ではありません。

例えば，長期的な視点からDCF法を適用し，10年間のFCFとターミナルバリューを予測して企業価値を求める方法があります。企業が投資フェーズにある時期は，減価償却費の影響を調整したEBITDAを用いることが多いようです。経営計画の最終年度のEPS（一株当たり利益）を予測し，PERを乗じる方法もあります。シスメックスは無借金企業なので，PERを使うことが多いようです。マルチプルであるPERを何倍にするかは，過去のPER実績，競

合他社と比較した競争優位性や主力事業の成長率，新製品や新サービスへの期待などを分析して決めるといいます。新たにメディカルロボット分野に本格参入したこともあり，目標株価算出にSOTP法を採用するケースも増えています。

　バリュエーションや価値創造経営における重要なファクターは，資本コストです。2018年のコーポレートガバナンス・コードの改訂を機に，実務における資本コストの重要性が高まっています。資本コストを取り入れた経営，資本利益率を高める事業戦略については，常に意識をしてIR活動に取り組む必要があります。

(2) IRと資本コスト

　投資家との信頼関係を構築するIRは，株価にも影響がありそうです。継続的なIRによって適正な評価をされている企業の株価が，市場全体の下落につれて割安な水準まで下がったとしましょう。投資チャンスととらえた投資家は，株式を購入します。買手の出現によって，株価は下がりにくくなるはずです。このように，市場全体が下落している局面で株価が下がりにくい企業には，今後の成長に自信のある買手がいると推測できます。この現象は，第12章で説明した自社株買い（シグナル機能）と似ています。

　株価が下がりにくいことがシグナルになれば，他の投資家も株式を購入する可能性が高まります。その結果，継続的なIRを通じ，企業の成長性が期待される企業は，市場の下落時における株価の下落率が小さくなります。市場ポートフォリオとの相関が低くなるといってもよいでしょう。

　市場ポートフォリオの変動に対する株式の相関（共分散）の大きさを表す指標は，ベータでした。IRの評価が高い企業の株式は，ベータが低くなると考えられます。ベータが低いと，株式の資本コストも低くなります。資本コストが低いと，企業価値評価額は高くなります。IRに優れている企業の資本コストが低いことは，学術研究でも報告されています。

4. シスメックスのIR
──新規上場とIRの開始（第一フェーズ）──

　以下では，シスメックスのIR活動を継続して行ってきた岡田（執筆者の一人）の経験を踏まえながら，実際のIR活動について紹介します。

　神戸に本社を置くシスメックスは，ヘルスケア分野で事業を展開しているBtoB企業です。血液や尿などの検体検査（IVD）領域において，機器および消耗品である試薬を，開発から生産，販売・サービスまでグローバルに展開しています。主力事業であるヘマトロジー（血球計数検査）のビジネスは，グローバルでトップシェアを獲得しています。コロナの影響を受けながらも，2021年3月期の売上高は3,050億円，営業利益は517億円，当期純利益は331億円，ROEは11.3％という成果をあげています。同社のグループ従業員数は9,510名（2021年3月）です。

　シスメックスは，阪神・淡路大震災が発生した1995年の11月に大阪証券取引所第二部に上場しました。ちょうどその2年前に日本IR協議会が設立さ

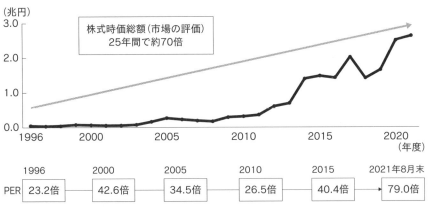

図表13−4(a)｜シスメックスの株式時価総額の推移

（兆円）

株式時価総額（市場の評価）
25年間で約70倍

	1996	2000	2005	2010	2015	2021年8月末
PER	23.2倍	42.6倍	34.5倍	26.5倍	40.4倍	79.0倍

（注）PER：時価総額（自己株式調整後）÷親会社の所有者に帰属する当期利益（実績値）により算出。当該年度末の株価にて算出。

れました。1990年代は，日本におけるIRの黎明期といえます。その後，IR活動は広く普及しました。シスメックスも戦略的にIR活動を行い，企業価値向上へとつなげます。

　強いビジネスモデルに加え，投資家の意見を社内にフィードバックし，経営に反映するIR活動を継続した結果，上で述べた財務的な業績をあげ，2兆円を上回る企業価値評価(株式時価総額)を受けるまでに成長しました(図表13−4(a)参照)。

(1) IR活動の開始

　上場直後は，主幹事証券会社やIR支援会社のサポートを受けながら，決算説明会や少人数の企業説明会(スモールミーティング)などを開催しました。アナリストの所属と氏名を覚え，投資家に対するアプローチを考え始めた時期といえます。

　1996年7月，シスメックスは東京証券取引所第二部に上場しました。IRに関するノウハウを蓄積するため，日本IR協議会での勉強会や研究会に積極的に参加し，他社事例の収集や同業の方々との人脈形成にも注力しました。

　当時のIRの課題は，株式市場における認知度の向上でした。BtoB企業，医療用語が難解，競合が海外企業，本社が神戸であることなどが，企業や事業を理解してもらう際の課題でした。分かりやすさを意識した成長ストーリーを作成し，神戸から東京のアナリストや投資家を訪問し，説明することを繰り返しました。これらの活動を継続する中で，認知度が高まり，決算説明会に参加するアナリストや投資家の数が増加しました。

　市場での認知度を上げるため，証券会社のアナリストに自社の調査レポートを書いてもらうことにも注力しました。アナリストが企業をカバレッジしてレポートを書くには，コストと時間がかかります。カバレッジを開始し，レポートを書いてもらうことは，簡単ではありません。ヘルスケア業界のトップアナリストにアプローチをする一方，会社説明会やスモールミーティング，会社見学会などのIR活動を試行錯誤しながら継続しました。そして，上場後8年が経過した2003年に，初めて大手証券会社によるレーティング付

図表13-4(b) | 初期のアナリストレポート

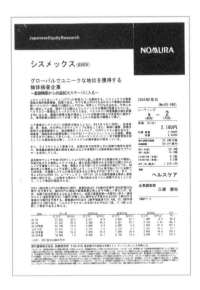

(注)本レポートは，野村證券より2003年7月1日に発行されたものであり，現時点における野村證券のシスメックスに対する投資評価を表したものではない。

きアナリストレポート（全22ページ）が発行され，正式にカバレッジが開始されました。

　企業が投資家に対して自社の説明ができる機会や件数は限られていますが，アナリストにレポートを発行してもらえば，何十倍，何百倍もの投資家に情報が届きます。シスメックスのIR活動の大きなターニングポイントでした。現在では，14社の証券アナリストがシスメックスをカバーしています（2021年8月時点）。

(2) 投資家の声を反映した資本政策

　事業では，成長戦略が明確である一方，増収増益であっても，公表した業績予想の数値が達成できず，機関投資家の方から，厳しい意見をいただくこ

とがありました。将来の成長戦略を評価してもらうためには，実績も必要です。期待通り，あるいは期待を上回る成果が出なければ，信頼関係を維持することも困難になります。

　機関投資家との対話では，資本政策をテーマにすることも多くなります。例えば，市場における流通株式数が少ないため，流動性の観点からまとまった金額での投資が困難であるという意見がありました。ちょうど，二部市場から一部市場への昇格を検討していた時期でもあり，売買単位を1,000株から100株へと変更しました。それまでの10分の1の金額で売買ができるようになり，個人投資家を中心に投資家層が広がりました。投資家層が広がれば，流動性も高まります。

　配当政策や自社株買いについて対話を行う際には，本書で説明してきたコーポレートファイナンスの理論や仮説が出てきます。例えば，株価が低迷した際に，自社株買いを行うタイミングではないかという提案をされることがあります。成長機会があるため，配当よりさらなる成長投資を優先するのが好ましいという意見もあります。最終的には，経営陣が判断をしますが，投資家の提案とその理由(理論)は企業の資本政策の参考になります。

5. シスメックスのIRとエンゲージメント（第二フェーズ）

(1) IRの海外展開

　2000年，シスメックスは，東証一部と大証一部に昇格しました。両市場に昇格するためには，株主数を増やす必要がありました。上で述べたように株式の売買単位を引き下げると同時に，IR活動において個人株主数の増加に取り組みました。個人投資家向けの説明会では，特徴を出すため「三都物語～京都・大阪・神戸の企業の女性IR担当者による説明会」や「神戸の"医・食・住"企業による説明会」などを企画しました。本社がある神戸や関西企業とのコラボレーションは，より多くの方々に会社を知っていただく機会になり，個人株主数が増加しました。

これらの活動には，他の企業のIR担当者の方々との交流や情報交換が有益でした。お互い勉強になり，様々なアイデアも生まれてきます。シスメックスは，日本IR協議会の会員ですが，同協議会ではIR優良企業の事例紹介や勉強会，交流会などがあり，とても有益です。

　さらに，2001年から海外IRを開始しました。企業が海外の投資家を訪問し，ミーティングを行う活動です。当時，海外売上高比率が約50％である一方，外国人株主の比率は約5％にすぎませんでした。日本の株式市場における海外投資家の影響力が高まっていること，グローバルに事業を展開していること，競合が海外企業であり海外投資家の方にも企業を理解していただきやすいこと等の理由で，海外投資家へのIRが必要であると考えました。

　海外IRでは，自社に関心が高いと想定される長期保有志向の投資家を選定し，オフィスへの訪問を行いました。ヨーロッパの場合，1日4～5件の投資家を訪問し，夕方には次の都市に移動するという活動が約1週間続きます。毎回同じような説明と質疑応答を繰り返すことが多く，社長もIR担当者も相当の労力を費やします。会社に興味がなかったのか，ミーティングを途中で打ち切られたこともありました。

　それでもIR活動を地道に継続していく中で，海外の投資家にも少しずつ認知されてきました。タイミングよく，事業のグローバル展開が実を結び，業績面でも着実な成果が現れるようになりました。2006年度には売上高が1,000億円を超え，主力のヘマトロジー事業のグローバル市場のシェアがトップになりました。検体検査の分野から，遺伝子を活用したライフサイエンス分野への新規参入を行うなど，事業領域も拡大しました。

　株式市場での評価が高まり，株式時価総額も増え続けました。海外投資家の注目度はさらに高まり，保有比率も増加し，直近の2021年における外国人株主の比率は，約40％となっています。

(2) 開示情報の充実と対話の質の向上

　事業とIR活動がかみ合ってきたこの時期，情報開示の充実に注力しました。とくに，対話の中でよく聞かれる数字は開示することにしました。例え

ば，事業別や地域別の売上高の過去5年分を開示しました。図表13−5の（A）は，ヨーロッパ，中東，アフリカ地域における検査分野ごとの業績です。目的は，単なる数字の質疑応答をなくし，対話の質を高めることです。限られた時間の中で，投資家との対話の質を高めるためには，事前に開示する情報を充実させ，それを前提に議論をするスタイルにすることが有効です。

　この頃から，対話の質が向上しました。投資家からの本質的な質問や対話の内容を社内で分析し，経営計画や業績管理の改善に役立てることができます。このプロセスは，企業価値の向上につながります。

図表13−5 | 開示情報の充実

（A）詳細な業績データの開示（FINANCIAL DATA）

EMEA（欧州、中東、アフリカ地域 / Europe, the Middle East and Africa）

事業 Business	決算期 Fiscal Term	2017.3 F.Y.	Ratio	Y.O.Y	2018.3 F.Y.	Ratio	Y.O.Y	2019.3 F.Y.	Ratio	Y.O.Y	2020.3 F.Y.	Ratio	Y.O.Y	2021.3 F.Y.	Ratio	Y.O.Y
血球計数検査	Hematology	45,224	70.0	94.8	50,212	67.9	111.0	52,075	68.8	103.7	52,527	68.0	100.9	53,244	64.8	101.4
血液凝固検査	Hemostasis	6,550	10.1	88.9	6,740	9.1	102.9	6,482	8.6	96.2	6,825	8.8	105.3	8,789	10.7	128.8
尿検査	Urinalysis	2,921	4.5	89.2	3,839	5.2	131.4	3,914	5.2	102.0	4,335	5.6	110.7	4,083	5.0	94.2
免疫検査	Immunochemistry	0	0.0	12.4	0	0.0	2.6	3	0.0	14,415.9	5	0.0	142.6	3	0.0	65.7
生化学検査	Clinical Chemistry	18	0.0	8.2	18	0.0	100.3	14	0.0	77.1	13	0.0	93.9	28	0.0	212.0
FCM事業	FCM Business	1,266	2.0	75.3	927	1.3	73.2	835	1.1	90.1	719	0.9	86.2	639	0.8	88.9
IVDその他	Other IVD Business	5,640	8.7	104.3	6,628	9.2	121.1	8,563	8.7	96.1	6,693	8.7	102.0	8,789	10.7	131.0
IVD事業	IVD Business	61,623	95.4	93.8	68,567	92.8	111.3	69,889	92.4	101.9	71,121	92.1	101.8	75,558	92.0	106.2
LS事業 ※	Life Science Business	3,001	4.6	118.6	5,357	7.2	178.5	5,787	7.6	108.0	6,129	7.9	105.9	6,581	8.0	107.4
その他	Other Business															
合 計	Total Sales	64,624	100.0	94.7	73,924	100.0	114.4	75,877	100.0	102.4	77,250	100.0	102.1	82,140	100.0	106.3

※ 臨床検査情報システム、他社製品の販売は「LS事業」その他に含めて表示しています。2020年3月期以降、「IVDその他」「LS事業」として表示します。"Clinical laboratories information systems" and "sales of third-party products (Other)" which were previously classified under "Other IVD Business" and the "Life Science Business" from the fiscal year ended March 31, 2020.

（出所）シスメックスIR資料室　https://www.sysmex.co.jp/ir/library/index.html

（B）技術説明会（研究開発進捗説明会）の様子

(3) IR優良企業

　シスメックスは医療機器や消耗品である試薬を手掛ける検体検査領域で事業を展開しており，BtoBに分類されます。BtoCのビジネスに比べて，事業の内容や製品が分かりにくいといえます。そのため，研究開発の説明会や顧客である病院の視察，工場見学などの機会を設け，製品や事業に対する理解を深めてもらうように努めてきました。

　研究開発については，2004年から年に一度，技術の創出や研究開発テーマの進捗について説明会を開催しています。投資家やアナリストが研究開発を評価する場でもあるため，技術部門や研究開発部門に対する良いプレッシャーになっています。図表13－5の(B)は研究開発の進捗説明会の様子です。

　国内外における販売・サービス拠点の見学会に加え，顧客である病院・検査センターの見学会も開催しています。海外では，2007年にアメリカで開始し，中国，シンガポール，インドネシア，ロシア，フランスなどで行ってきました。訪問国の医療制度や競合状況の説明に加え，顧客である病院を実際に訪問し，ドクターや検査技師との質疑応答の時間も設けています。現地の自社オフィスでは，社員との対話を通じて，事業活動や企業風土，社員のエンゲージメントを理解してもらうように努めています。参加した投資家やアナリストからは，非常に有益な機会であるという評価を受けています。

　社内でのフィードバックにも注力してきました。アナリストレポートや投資家との対話は，役員が出席する会議において，定期的に報告しています。内容は，IR活動の概要，アナリストのレーティング，投資家の評価と要望，株価の推移，同業他社とのPERやPBRの比較，株主構成，今後の計画などです。

　日本IR協議会では，毎年1回，優れたIR活動を実施している企業を選定し，IR優良企業賞として表彰しています。シスメックスは，2004年に奨励賞，2006年と2011年に優良企業賞を受賞しました。2015年には3回目の優良企業賞を受賞し，IR優良企業大賞が授与されました。IR部門だけではなく，経営陣の理解や国内外の事業部門の協力を得て，継続して取り組んできた結果であると考えています。

6. ESGベースのIRと経営（第三フェーズ）

(1) ESG投資の潮流

　日本経済新聞等でよく紹介されているように，近年では企業のESG指標を用いて資産運用を行う投資家やファンドが増えています。ESG投資のベンチマークであるESGインデックスも開発されています。ESGインデックスは，ESGに対する取組みに優れた企業の株式で構成される株価指数で，S&P DJSI（Dow Jones Sustainability Index）やMSCIなどが代表的です。

　日本では，世界最大の年金運用機関であるGPIF（年金積立金管理運用独立行政法人）がESGの視点を取り入れた国連責任投資原則に署名しています。GPIFが採用しているESGインデックスには，FTSE Blossom Japan Index，MSCI ジャパンESGセレクト・リーダーズ指数，MSCI 日本株女性活躍指数，S&P/JPXカーボン・エフィシェント指数などがあります。

　現在，そしてこれからの企業経営にとって，ESG投資の潮流は重要な市場環境の変化です。ESGを軽視する企業は，サステナビリティに疑問があるため，投資家の評価が低くなります。経営陣は，株主総会で責任を追及されたり，取締役の選任議案に反対票が投じられたりする可能性もあります。資金調達にも支障が出てくるでしょう。

　上場企業にとって，ESGインデックスに組み入れられることは，一つのベンチマークになります。自社のESGにおける評価が，投資家や評価機関によって行われるからです。シスメックスでも，経営品質の向上のため，ESGの評価を高める活動に取り組んでいます。具体的には，ESG関連の開示情報の充実はもとより，主要なESGの評価機関における評価項目と評価基準，自社のレーティングについて分析します。評価機関の項目と基準は，業種や業態を考慮していることが多く，グローバルな競合企業との比較が可能であるという点で好ましいといえます。分析結果を社長や経営陣が参画する会議で報告し，改善点について議論をして，経営の質の向上に役立てます。社外の評価を真摯に受け止め，経営に生かすことは，従来からのIR活動と同じです。

(2) ESGベースの対話

　先に述べたように，日本版スチュワードシップ・コードの制定を機に，機関投資家と企業の間で，持続的成長に向けた対話の重要性が増しました。最近では，機関投資家との対話においても，ESGに関するテーマが増えています。具体的には，温室効果ガスの削減目標，プラスチックや廃棄物の削減に向けた施策，気候変動におけるリスクと機会の分析，気候変動が企業の財務に与える影響，そして社員のエンゲージメントや人材育成などです。

　投資家がESG関連の情報を重視するようになったため，企業は財務情報と非財務情報(ESG情報)を統合した**統合報告書**や**サステナビリティレポート**を作成して開示するようになりました。シスメックスでも，統合報告書(シスメックスレポート)とサステナビリティデータブックを作成しています。

図表13−6(a) ｜ ESGに関する投資家との対話

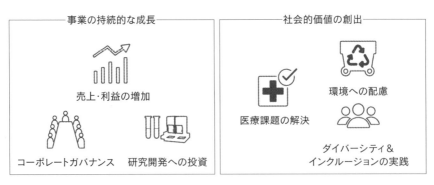

投資家は，事業を通じた社会課題解決と，
売上・利益などの持続的な成長の両立を重視

●主な対話テーマの事例
-事業はどのような社会的価値をもたらしているか
-経営陣は長期的な目線で経営にあたっているか
-事業の存続に影響する経営リスクの把握と対策
-気候変動が企業の財務に与える影響と対策
-ダイバーシティ推進の施策

事業の持続的な成長

売上・利益の増加

コーポレートガバナンス　研究開発への投資

社会的価値の創出

環境への配慮

医療課題の解決

ダイバーシティ＆
インクルージョンの実践

統合報告書では，企業理念，価値創造，持続的な成長を実現する戦略，持続的な成長を支える経営基盤，コーポレートガバナンス，環境への取組み，人材育成，どのような社会的価値を提供していくかなどについて説明しています。統合報告書は，多様なステークホルダーとの関係や提供価値を分かりやすく示したレポートといえます。

多様なステークホルダーへの情報発信を一元化し，双方向コミュニケーションを促進するため，シスメックスでは，2015年にIR・広報部門とCSR部門をコーポレートコミュニケーション本部に統合しました。IR・広報セクションでは，プレスリリースやWebツールの活用，各種説明会などのイベントを通じ企業情報を発信し，投資家や証券アナリストとの対話を行います。CSRセクションでは，企業の非財務目標を設定しCO_2削減をはじめとする環境対応などを推進し，ESG評価機関の評価内容を分析し，その結果などを社内にフィードバックし，経営品質の向上につなげます。

IR・広報・CSRが一体となることで，多様なステークホルダーの支持獲得に向けてコミュニケーション活動を一元化し，企業のサステナブル経営に寄与しています。図表13−1でも示したように，経営革新のツールとしての役割が機能しています。

具体的には，中期経営計画として非財務目標を掲げ，非財務情報の詳細なデータを開示し有意義な対話につなげたり，大学と連携して非財務指標と財務指標の関係性を分析する研究を始めたりするなど，ESGを意識した活動を強化しています。コーポレートコミュニケーション本部は，あらゆるステークホルダーとの良好な関係を構築，維持していくことで，サステナブル経営に貢献するという役割を担っています。

(3) サステナブル経営のマテリアリティ

サステナビリティの観点から，中長期的に取り組むべき重要な課題を**マテリアリティ**(materiality)といいます。近年では，マテリアリティとそのパフォーマンスを表すKPI(Key Performance Indicator)を設定し，開示する企業が増えています。図表13−6(b)は，シスメックスのマテリアリティとKPI

マテリアリティの特定プロセス

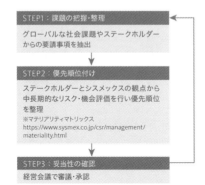

■持続的な成長を支えるマテリアリティ

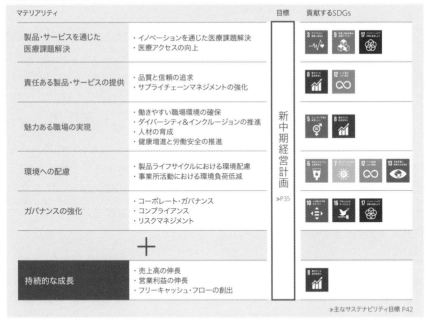

（出所）シスメックスレポート2021

を示しています。KPIには，新興国での事業活動，特許数，離職率，女性マネジメント比率，社員の教育時間数，CO_2排出量の削減率，水消費量の削減率などがあります。

シスメックスでは，マテリアリティとKPIを次の手順で設定しています。多くの企業が，同様の手順をとっているようです。

まず，国際的なガイドライン（GRIガイドライン，ISO26000，SDGs）や近年の法規制などを調査します。社外評価機関の評価項目や政府機関のレポートなどを分析し，考慮すべきテーマを整理します。直近のテーマでは，温室効果ガスの削減の動向，海洋プラスチック問題，生物多様性，人権問題などがあります。ピックアップされたテーマと自社の状況を擦り合わせて，課題を抽出します。

次に，二つの軸を用いて，各課題の優先順位をつけていきます。一つは自社のステークホルダーにとっての（主に社外からみた）重要度，もう一つは自社にとっての（主に社内からみた）重要度です。重要度については，各課題のリスクと機会を明らかにしたうえで，議論を重ねて決定します。経済，環境，社会に与える影響の大きさ（定性的，定量的）についても考慮します。実際のプロセスとしては，CSR部門で課題と優先順位をつけた後，経営企画部門や関連部門，社外取締役や社外の有識者の意見を取り入れ，ブラッシュアップしていきます。

マテリアリティを決めるだけでは不十分です。具体的な活動として展開するため，KPIを設定します。KPIを用いて定期的に進捗を管理し，定期的にレビューを行い，計画から乖離しているものは，修正をしていきます（PDCAサイクル）。マテリアリティは経営課題になるため，経営計画の策定に合わせて設定や見直しをすることが多くなります。

学術研究によって，非財務的なESGのファクターと財務パフォーマンスの関係も明らかになってきました。離職率が低い企業は，採用コストが低下します。離職率の低さは，社員のロイヤリティの高さを介して，労働生産性や売上高利益率にも貢献します。サステナブル経営に積極的に取り組む企業は，社外のステークホルダーと接する機会が多く，その機会が新製品や新サービスのアイデアにつながることが報告されています。女性マネジメント比率が

高い企業は，経営のダイバーシティを介して，新製品や新サービスを生み出す可能性が高いと考えられます。CO_2の排出量や水消費の削減に努めている企業は，製造工程の改善を通じて，中期的に製造コストを下げることができます。これらの取組みができる組織は，様々な環境の変化に素早く柔軟に適応できるレジリエンス（resilience）が強いため，事業のリスクが小さく，資本コストも低くなる可能性が指摘されています。同時に，持続可能な成長に対する信頼性が高くなります。

　第2章でみたように，収益性，成長性，安定性（リスク，資本コスト）は，企業価値を決める財務的な要因です。非財務的なESGのパフォーマンスが，これらの財務パフォーマンスと結びつくことで，サステナブル成長モデルによる企業価値評価が，より多くの方々に，より納得感をもって，利用されるようになるでしょう。

コーポレートファイナンスの広がり

1. SDGsとステークホルダー資本主義
2. 気候変動への対応
3. コーポレートファイナンスの広がり

1. SDGsとステークホルダー資本主義

　2015年，国連で**SDGs**（Sustainable Development Goals）が採択されました。持続可能な開発目標であるSDGsは，17の大きなゴールと169の具体的なターゲットで構成されています。根底にある考え方は，誰一人として取り残さないということです。

　2019年，主要企業が参画するアメリカのビジネス・ラウンドテーブルは，ステークホルダー資本主義への転換を明言しました。2020年には，50周年を迎えたダボス会議（世界経済フォーラム）においても，ステークホルダー資本主義が取りあげられました。

　株主は企業のビジネスリスクの多くを負担するステークホルダーです。議決権を有する株主の合意を得るためには，リスクに見合うリスクプレミアムが必要です。第2章で述べたように，企業の収益配分において，株主は最後に位置します（図表2−7(a)）。概念的には，他のステークホルダーへの対価がきちんと支払われた後に株主への支払いがなされるのですが，株主への配分が重視されすぎていたのかもしれません。

　株主を過度に重視する経営が問題視され，すべてのステークホルダーとの

関係をきちんと見直す必要性が改めて確認されました。同時に，第13章で述べたように，企業が環境や社会に与える影響を評価する流れができてきました。個別企業の不祥事，経済格差や貧困問題，環境問題などが一気にクローズアップされ，持続可能な社会を目指すという取組みが始まり，本格化しています。

　企業と社会の関係に対する考え方も変わりました。これまでの寄附やボランティアから，事業を通じて社会課題を解決し，社会全体に価値を提供することが，企業価値（財務的な価値，経済的な価値）の向上につながるという考え方が主流になっています。BtoS（Business to Society）という言葉も使われます。

　もちろん，社会課題の解決だけでは，ビジネスは成り立ちません。課題の解決のみを重視した結果，赤字が続き株価が大きく下落したのでは，投資家の期待を裏切ることになります。社会課題の解決と経済的な価値は車の両輪であることを理解することが必要でしょう。社会，社員，顧客，取引先，そして投資家，株主。企業はすべてのステークホルダーとの良好な関係を構築し，維持し続けることが必要です。

2. 気候変動への対応

(1) グローバルな政策

　これまで，コーポレートファイナンスやバリュエーションのテキストにおいて，環境や気候変動の問題が取りあげられることはありませんでした。これからのテキストでは，環境問題や気候変動のシナリオが，企業価値評価や資金調達の前提条件に入ってきます。

　周知の通り，森林火災や大雨，洪水などが世界各地で発生しており，その原因が温暖化にあるという説があります。そして，温暖化に対する施策が地球規模で進められています。

　2015年のパリ協定（通称）において，CO_2削減目標が採択されました。その

後，各国でCO_2削減に対する取組みが進み，国の政策としてカーボンニュートラル宣言がなされています。日本政府は，2020年10月に，2050年までに温室効果ガスの排出を全体としてゼロにすること（2050年カーボンニュートラル）を宣言しました。ニュートラルとは，二酸化炭素など温室効果ガスの排出量から，森林などによる吸収量を差し引いて，ネットでゼロにするという意味です。詳細は，環境省のホームページなどを参照してください（https://www.env.go.jp/earth/2050carbon_neutral.html）。

(2) 企業の対応

　企業も気候変動への対応を加速させています。外部環境分析に活用されるPESTフレームワークが示すように，企業経営は政治（Politics）の影響を受けます。CO_2に代表される温室効果ガスの削減は，グローバルな政策です。すべての企業が対応していくことになります。

　カーボンニュートラルの実現に向けて，カーボン価格を導入し，投資評価に適用したり，製造プロセスを見直したりする事例が増えています。CO_2の排出量が少ない製品の開発，プラスチックの削減，資源リサイクルの促進なども行われています。社会ニーズに応えるビジネスとして，シェアリングや容器の再利用に関するサービス等も誕生しています。モノを所有する時代から，必要な分だけを使用する時代へという意識の変化も表れています。

　循環型経済（サーキュラーエコノミー）もキーコンセプトの一つです。企業内では，Reduce（削減，抑制），Reuse（再利用），Recycle（リサイクル）の**3R**について議論し，実践することが増えています。リサイクル可能な素材，リユースを促進する商品やパッケージ，リデュースを目的とした省エネ製品の開発や製造工程の見直しなど，様々な取組みが進められています。これらの取組みは，自社のみではなく，仕入先から顧客までを含めたバリューチェーン全体が対象となります。

　2021年に改訂された日本のコーポレートガバナンス・コードには，**TCFD**（気候関連財務情報開示タスクフォース）に基づく開示が追加されました。上場企業は，気候変動を外部環境変化とするシナリオ，リスクと機会の明確化，

財務インパクトの算出などの情報を開示していくことになるでしょう。第7章のリアルオプションで述べたように，複数の将来シナリオを用意し，各シナリオにおける経営方針を決めておくことには，価値があります。また，環境変化に対して，迅速かつ柔軟に適応できる企業や組織には，レジリエンス（resilience）があります。

　環境対応に優れている企業や事業は，レジリエンスや持続可能性が評価され，資金調達コストが低くなります。サステナブルボンドやグリーンボンドが良い例です。グリーンボンドを発行した企業の株価は，上昇するという検証結果があります。多くの学術研究は，ESGレーティングが高い企業の資本コストが低くなることを報告しています。サステナブルファイナンスとよばれるこの領域は，コーポレートファイナンスとESGが合わさったイノベーションといえます。

3. コーポレートファイナンスの広がり

　サステナブルな経営を行う企業は，人材を獲得し，働きやすい環境を創り，社員エンゲージメントを高め，低い離職率を維持する必要があります。そして，実際に注力をしています。健康経営をしているホワイト企業を認定するホワイト500も制度化されました。多様な人材が健康的に働く環境は，イノベーションを生み出す一因になるといわれています。ホワイト500に選出された企業のパフォーマンスは優れている，という報告もあります。

　環境問題への対応，人材を含む社会との関係，それらを財務的な価値に結びつけるコーポレートガバナンスの体制。サステナブルな企業は，気候変動に配慮しながら，社会課題を解決することで社会価値に貢献し，自社の財務的な価値を高めていきます。現時点から遠い将来まで続くサステナブル経営では，まず将来を見据え，そこから現在の施策を考えるバックキャスティングの方式が適しているといわれます。

　この考え方は，将来の成果を予測して，その現在価値を求めるDCF法と相性が良さそうです。バックキャスティングによる経営計画は，将来キャッ

シュフローの予測の説得力を高めてくれます。企業や投資家がサステナビリティを目標にするため，サステナブル成長率や長期にわたる投資家の期待収益率(資本コスト)の信頼性も高くなるでしょう。

コラムで紹介してきたように非財務とよばれてきたESGのファクターについても，学術研究や実務が蓄積され，財務指標との関係が明らかになりつつあります。京都大学でも，経営や事業の論理とデータサイエンスの手法を用いて，ESG活動と財務指標や資本コストの関係を分析しています。ESG研究会やグリーンボンド，ジェンダーボンドに関するセミナーの開催，京都大学カーボン・ニュートラル推進フォーラムの設置など，産学連携の新しい動きも始まっています。

これらの動きと歩調を合わせ，コーポレートファイナンスの領域が広がっています。同時に，コーポレートファイナンスの考え方が必要になる場面も多くなっています。コーポレートファイナンスのテキストである本書が役立つ機会も増えてくることでしょう。

索 引

本文中の見出しや太字にしている重要語を中心に用語を選んでいます。

50音順

▶あ行

▶か行

[著者略歴]

朝岡大輔（あさおか・だいすけ）
京都大学経営管理大学院客員准教授，明治大学准教授
東京大学法学部卒業, University of California at Berkeley, MBA（top 5%），東京大学大学院工学系研究科博士後期課程修了，博士（学術）（Ph.D.）
日本開発銀行（日本政策投資銀行），国土交通省を経て現職。日本証券アナリスト協会試験委員，国土交通省の委員も務める。
主要著書
『戦略的コーポレートファイナンス』（NTT出版，2006年）
『企業成長と制度進化』（NTT出版，2012年）
『企業のアーキテクチャー』（東京大学出版会，2022年）
Financial Management and Corporate Governance（World Scientific, 2022年）

砂川伸幸（いさがわ・のぶゆき）
京都大学経営管理大学院・経済学部 教授
シスメックス寄附講座・プルータス寄附講座担当教員
日本経営財務研究学会会長，京都大学ESG研究会座長補佐
船井総研ホールディングス社外取締役，インバウンドテック社外取締役
博士（経営学・神戸大学）
主要著書
『コーポレートファイナンス入門 第2版』（日経文庫，2017年）
『日本企業のコーポレートファイナンス』（共著，日本経済新聞出版社，2008年）
『経営戦略とコーポレートファイナンス』（共著，日本経済新聞出版社，2013年）
『はじめての企業価値評価』（共著，日経文庫，2015年）

岡田紀子（おかだ・のりこ）
シスメックス株式会社　内部統制室長
京都大学経営管理大学院客員教授
関西大学文学部ドイツ文学科卒業，シスメックス株式会社入社。IR・広報部長などを経て，2017年よりコーポレートコミュニケーション本部長として，シスメックスのIR, 広報，ブランド，ESG・サステナビリティ活動などを統括。上場直後から従事してきたIR活動の成果として，IR優良企業賞・IR優良企業大賞（日本IR協議会），Institutional Investor「Best IR Professionals , Medical Technologies & Services」などの受賞に貢献。IR, 広報に関する寄稿や講演多数。2023年より，内部統制室長として，内部統制，リスクマネジメント，BCPを統括。

※購入者特典のExcelファイルの入手方法については「はじめに」の5頁を参照してください

ゼミナール コーポレートファイナンス

2022 年 2 月 24 日　　1 版 1 刷
2024 年 3 月 5 日　　　2 刷

著　者　朝岡大輔・砂川伸幸・岡田紀子
　　　　©Daisuke Asaoka, Nobuyuki Isagawa,
　　　　Noriko Okada, 2022

発行者　國分正哉

発　行　株式会社日経 BP
　　　　日本経済新聞出版

発　売　株式会社日経 BP マーケティング
　　　　〒 105-8308　東京都港区虎ノ門 4-3-12

装丁・本文設計　竹内雄二
DTP　マーリンクレイン
印刷・製本　シナノ印刷

ISBN978-4-532-13524-9

Printed in Japan